PERSPECTIVAS JUNGUIANAS SOBRE SUPERVISÃO CLÍNICA

Dados Internacionais de Catalogação na Publicação (CIP)
(Câmara Brasileira do Livro, SP, Brasil)

Perspectivas junguianas sobre supervisão clínica / editado por Paul Kugler ; tradução de Gentil Avelino Titton. – Petrópolis, RJ : Vozes, 2023. (Coleção Reflexões Junguianas)

Título original: Jungian perspectives on clinical supervision
Bibliografia.

1ª reimpressão, 2023.

ISBN 978-65-5713-893-9

1. Clínica psicanalítica 2. Psicologia clínica – Supervisão 3. Psicólogos – Formação profissional 4. Psicanálise junguiana 5. Psicoterapia 6. Psicoterapeutas 7. Teoria junguiana
I. Kugler, Paul. II. Série.

22-138231   CDD-150.1954

Índices para catálogo sistemático:

1. Psicanálise junguiana : Psicologia   150.1954

Inajara Pires de Souza – Bibliotecária – CRB PR-001652/0

PERSPECTIVAS JUNGUIANAS SOBRE SUPERVISÃO CLÍNICA

Editado por Paul Kugler

Tradução de Gentil Avelino Titton
Revisão técnica de Viviane Richardson

EDITORA
VOZES

Petrópolis

© 1995 Daimon Verlag, Einsiedeln, Suíça.

Tradução realizada a partir do original em inglês intitulado
Jungian Perspectives on Clinical Supervision.

Direitos de publicação em língua portuguesa – Brasil:
2023, Editora Vozes Ltda.
Rua Frei Luís, 100
25689-900 Petrópolis, RJ
www.vozes.com.br
Brasil

Todos os direitos reservados. Nenhuma parte desta obra poderá ser
reproduzida ou transmitida por qualquer forma e/ou quaisquer meios
(eletrônico ou mecânico, incluindo fotocópia e gravação) ou arquivada
em qualquer sistema ou banco de dados sem permissão escrita da editora.

CONSELHO EDITORIAL

Diretor
Volney J. Berkenbrock

Editores
Aline dos Santos Carneiro
Edrian Josué Pasini
Marilac Loraine Oleniki
Welder Lancieri Marchini

Conselheiros
Elói Dionísio Piva
Francisco Morás
Gilberto Gonçalves Garcia
Ludovico Garmus
Teobaldo Heidemann

Secretário executivo
Leonardo A.R.T. dos Santos

Editoração: Letícia Meirelles
Diagramação: Daniela Alessandra Eid
Revisão gráfica: Beatriz Giorgi
Capa: Editora Vozes
Ilustração de capa: Mandala produzida por uma paciente de Jung e
reproduzida por ele em *Os arquétipos e o inconsciente coletivo*, vol. IX/1
das Obras Completas. 5. ed. Petrópolis: Vozes, 2007, p. 341, nota 182.

ISBN 978-65-5713-893-8 (Brasil)
ISBN 978-3-85630-552-9 (Suíça)

Este livro foi composto e impresso pela Editora Vozes Ltda.

Sumário

Colaboradores, 9

Agradecimentos, 17

Parte I: Pano de fundo, 19

Introdução, 21

Observações históricas, 36

Parte II: Supervisão individual, 49

Sugestões para uma teoria da supervisão, 51
Michael Fordham

Teoria e prática da supervisão de Michael Fordham, 65
Norah Moore

Supervisão e o arquétipo do mentor, 77
Lionel Corbett

Supervisão e campo interativo, 105
Mario Jacoby

Projeções de transferência na supervisão, 115
Joseph Wakefield

Estilos de supervisão, 130
Judith Hubback

Sustentando o estado de ânimo do analista potencial, 134
John Beebe

Parte III: O colóquio de caso, 143

Êxtases e agonias na supervisão do seminário de casos, 145
Donald Kalsched

Sobre a supervisão de seminários junguianos de casos contínuos, 162
Crittenden E. Brookes

Alguns pensamentos sobre o processo clínico, 175
Joan Reggiori

Parte IV: Avaliação do progresso na supervisão, 197

Um simpósio: como avalio o progresso na supervisão?, 199

[A] Alfred Plaut, 199

[B] Gustav Dreifuss, 203

[C] Michael Fordham, 208

[D] J.L. Henderson, 213

[E] Elie Humbert, 223

[F] Mario Jacoby, 226

[G] A.B. Ulanov, 230

[H] H.-J. Wilke, 242

Parte V: Fases na vida de um supervisor, 251

A transição de candidato em formação para analista supervisor, 253
Paul Kugler

A educação do supervisor, 264
Marga Speicher

O supervisor idoso, 283
H.-J. Wilke

Parte VI: Supervisão e instituições, 293

Supervisão, formação e a instituição como uma pressão interna, 295

James Astor

Um modelo de supervisão clínica, 321

Jean Carr

Supervisão: A profissão impossível, 330

Louis Zinkin

Bibliografia seleta, 343

Índice, 355

Índice de autores, 369

Colaboradores

James Astor é analista em formação na Sociedade de Psicologia Analítica de Londres. Formou-se em análise de crianças e adultos e trabalhou no Departamento da Criança e da Família de um hospital universitário por diversos anos, mas agora dedica-se à prática clínica em tempo integral. Continua a lecionar e a supervisionar na Sociedade de Psicologia Analítica e na Associação Britânica de Psicoterapeutas e, atualmente, está preparando um livro sobre a obra de Michael Fordham.

John Beebe, M.D., tem sido analista controle (supervisor) de candidatos no Instituto C.G. Jung de San Francisco e presidente do Conselho de Certificação do Instituto. Editor e fundador de *The San Francisco Jung Institute Library Journal* e primeiro coeditor norte-americano de *The Journal of Analytical Psychology*. É autor de "Integrity in depth".

Crittenden E. Brookes, M.D., PhD., possui consultório particular de psiquiatria e análise junguiana em San Francisco. Ex-Diretor de Currículo e ex-membro do Conselho de Diretores do Instituto C.G. Jung de San Francisco e também membro da Sociedade Inter-Regional de Analistas Junguianos. Colega e ex-membro do Conselho de Diretores da Academia Americana de Psicanálise e também membro da Associação Psiquiátrica

Americana. Dr. Brookes tem também um grau de Faixa Preta em Aikido.

Jean Carr formou-se primeiro como assistente social e trabalhou em diversos ambientes, inclusive o Departamento de Psiquiatria de Adultos no Guys Hospital de Londres. Depois formou-se como psicoterapeuta junguiana na Associação Britânica de Psicoterapeutas. Atualmente trabalha como diretora sênior no Departamento de Serviços Sociais de Oxfordshire e possui consultório particular. Seu interesse pela supervisão surgiu do fato de trabalhar e supervisionar, em um contexto organizacional, a influência do sistema mais amplo no par supervisionado.

Lionel Corbett, M.D., obteve a graduação pela Escola Médica da Universidade de Manchester, na Inglaterra, em 1966. Prosseguindo sua formação psiquiátrica, mudou-se para os Estados Unidos em 1972. No corpo docente de várias faculdades de medicina atuou diversos anos como pesquisador em psicofarmacologia. Passou 12 anos no Rush Medical College e no Hospital Presbiteriano São Lucas em Chicago, trabalhando como diretor clínico da unidade de psicogeriatria e da unidade de psiquiatria geral. Diplomou-se no Instituto C.G. Jung de Chicago e tem contribuído para o desenvolvimento no novo programa de formação analítica em Santa Fé, no Novo México, onde reside desde 1989.

Gustav Dreifuss, Ph.D., diplomado no Instituto C.G. Jung de Zurique, em 1959. Analista didata e ex-presidente da Associação de Psicologia Analítica de Israel. Ex-professor e supervisor da seção de Psicoterapia da Universidade de Tel Aviv e da seção de

Psicoterapia na Escola de Medicina, Departamento de Psiquiatria, no Hospital Rambam, em Haifa. Autor de muitos ensaios desde 1965. Atualmente atua em Haifa.

Michael Fordham, M.D., é analista da formação na Sociedade de Psicologia Analítica. É também coeditor de "Collected Works of C.G. Jung" e foi o primeiro editor do *The Journal of Analytical Psychology*. Escreveu numerosos ensaios em revistas científicas e diversos livros. Os três mais recentes são "Jungian psychotherapy", "Explorations into the self" e uma autobiografia, "The making of an analyst".

John Henderson, M.D., é psicólogo analítico com consultório particular em San Francisco, membro fundador do Instituto C.G. Jung em San Francisco e antigo vice-presidente da Associação Internacional de Psicologia Analítica. É autor de "Threshold of initiation", coautor de "Man and his symbols" de Jung, de "The wisdom of the serpent" (com Maud Oakes), de "Cultural attitudes in psychological perspective" e de "Shadow and self".

Judith Hubback, M.A. (Cantab.), é analista didata da Sociedade de Psicologia Analítica de Londres. Faz supervisão individual e em pequenos grupos. Foi editora do *Journal of Analytical Psychology* de 1977 a 1986 e editora consultiva de 1986 a 1994. Muitos de seus ensaios foram publicados com o título "People who do things to each Other", pela Chiron, em 1988.

Elie Humbert, Ph.D., foi formado como psicanalista pessoalmente por Jung. Conferencista de renome internacional, lecionou na Universidade de Paris no Departamento de Psicanálise. Cofundador da Sociedade Francesa de Psicologia Analítica e ex-presidente da Sociedade Junguiana Francesa, trabalhou como editor chefe do *Cahiers de Psychologie Jungienne*. É autor de "C.G. Jung" (Chiron) e de numerosas outras obras em francês.

Mario Jacoby, Ph.D., é analista didata, conferencista e membro do Curatorium (Conselho de Diretores) do Instituto C.G. Jung em Zurique. Analista e psicoterapeuta em consultório particular. Por dez anos, antes de tornar-se analista, foi violinista de concertos. Fez conferências em toda a Europa, nos Estados Unidos e na Borda do Pacífico e é autor de numerosos artigos e livros sobre psicologia analítica. Seus livros disponíveis em inglês são: "Longing for paradise" (Sigo Press 1984), "The analytical encounter" (Inner City Books 1984), "Individuation and narcissism" (Routledge 1989), "Shame and the origins of self-esteem" (Routledge 1994).

Donald Kalsched, Ph.D., é psicólogo clínico e analista junguiano com consultório particular em Nova York e Katonah/NY. É membro da faculdade de ensino e supervisão do Instituto C.G. Jung em Nova York e da Sociedade Inter-regional de Analistas Junguianos. Atualmente está trabalhando no livro sobre "Inner world of trauma" a partir de um ponto de vista junguiano (Routledge).

Paul Kugler, Ph.D, obteve o diploma no Instituto C.G. Jung de Zurique, em 1979. É ex-Diretor de Formação e atual presidente da Sociedade Inter-regional de Analistas Junguianos. Lecionou na Universidade do Estado de Nova York e é autor de

Perspectivas junguianas sobre supervisão clínica

numerosos artigos, que vão desde a psicanálise contemporânea (Lacan, Kohut, Langs etc.) até a sedução infantil pelo teatro experimental e o pós-modernismo. Entre seus livros estão: "The alchemy of discourse" e "Clinical psychopathology" (no prelo).

Mary Ann Mattoon, Ph.D., é analista junguiana com consultório particular em Minneapolis, no Minnesota. Recebeu seu diploma do Instituto C.G. Jung em Zurique em 1956 e seu Ph.D. em psicologia da Universidade de Minnesota em 1970. Atualmente é professora clínica de psicologia na Universidade de Minnesota e analista didata sênior da Sociedade Inter-regional de Analistas Junguianos. É autora de três livros, "Understanding dreams", "Jungian psychology in perspective", "Jungian psychology after Jung", e editora dos anais "Proceedings of the International Association for Jungian psychology" (1986, 1989, 1992).

Norah Moore é analista didata e supervisora da Sociedade de Psicologia Analítica de Londres. É autora de diversos ensaios sobre aspectos clínicos e transferência, como também sobre temas arquetípicos, e está particularmente interessada em integrar essas duas abordagens. É ex-diretora de Formação da S.P.A. e tem um interesse especial por questões de formação e de supervisão. Seu consultório é em Londres e Surrey, na Inglaterra.

Alfred Plaut, M.D., nasceu em Düsseldorf, na Alemanha. Em 1913, emigrou para a África do Sul e, em 1933, completou seus estudos de medicina. Depois de trabalhar como oficial médico na Segunda Guerra Mundial, especializou-se em psiquiatria geral, em psiquiatria infantil e formou-se como psicólogo analítico. É membro do Colégio Real de Psiquiatras e ex-diretor do *The Journal of Analytical Psychology*. É autor de numerosas publicações, das quais a mais recente é "Analysis analyzed" (Routledge 1993). Em 1986 retornou a Berlim, onde atualmente possui consultório particular.

Joan Reggiori formou-se primeiro como assistente social psiquiátrica antes de formar-se como psicóloga analítica na seção junguiana da Associação Britânica de Psicoterapeutas. Como analista didata da A.B.P. e supervisora didata, leciona e supervisiona seu curso de qualificação. Supervisiona também o curso de qualificação do Instituto de Análise de Grupo e é psicoterapeuta no Hospital São Bartolomeu. Possui consultório particular e escreveu sobre psicoterapia no Serviço Nacional de Saúde.

Marga Speicher, M.S.W., Ph.D., é membro do corpo docente e ex-presidente do Instituto C.G. Jung de Nova York. Atuante em organizações profissionais com uma perspectiva interdisciplinar e multiteórica, é membro fundador e presidente da Federação Internacional para a Educação Psicanalítica, tendo representado, muitas vezes, o ponto de vista junguiano em conferências interdisciplinares. Ela realizou conferências e escreveu sobre a compreensão simbólica do folclore e da literatura e sobre aspectos do processo educacional no campo analítico.

Ann B. Ulanov, M.Div., Ph.D., L.H.D., é professora de Psiquiatria e Religião no Union Theological Seminary, psicanalista com consultório particular e analista supervisora do Instituto C.G. Jung de Nova York. Junto com o marido, Barry Ulanov, é autora de "Religion and the unconscious", "Primary speech: a

Perspectivas junguianas sobre supervisão clínica

psychology of prayer", "Cinderella and her sisters: the envied and the envying"; livros de sua autoria: "The feminine in Christian theology and Jungian psychology", "Receiving woman", "Picturing God", "The wisdom of the psyche", "The functioning transcendent e the wizards' gate".

Joseph Wakefield, M.D., estudou medicina na Faculdade de Medicina de Stanford e completou sua formação analítica no Instituto C.G. Jung de San Francisco. Entre seus interesses estão: os aspectos psicológicos da supervisão e a ética. Suas publicações recentes são: "The supervisor", em "Closeness in personal and professional relationships", de edição de Harry Wilmer, Shambhala (1992), e "Am I my brother's keeper? – impairment in the healing profession", em "Cast the fire stone: ethics in analytic therapy", edição de Lena B. Ross, Chiron Publications (no prelo).

Hans-Joachim Wilke, M.D., é membro da Sociedade Alemã de Psicologia Analítica, analista didata e conferencista no Instituto de Psicoterapia em Berlim. Editor executivo do *Zeitschrift für Analytische Psychologie*. Possui consultório particular desde 1967.

Louis Zinkin, M.D., morreu repentinamente em março de 1993. Era um analista junguiano com consultório particular em Londres. Era membro do Colégio Real de Psiquiatras, analista didata da Sociedade de Psicologia Analítica e do Instituto de Análise de Grupo, e psicoterapeuta consultor honorário e conferencista sênior no Hospital São Jorge de Londres, onde trabalhou por dez anos antes de sua aposentadoria em 1989.

Além de trabalhar com indivíduos, o Dr. Zinkin praticava a terapia de grupo e de casais. Foi autor de numerosos ensaios e, com Dr. Dennis Brown, coeditor do "The psyche and the social world", publicado pela Routledge, Londres, em 1994.

Agradecimentos

Sou particularmente grato às seguintes pessoas por seu apoio em várias fases do desenvolvimento do livro e da preparação do manuscrito: Joan Buresch, Patricia Cox, Harry Hunt, Thomas Kapacinskas, Richard Mennen, David Miller, Andrew Samuels, John Talley, Barbara e Dennis Tedlock, Joe Wakefield, e especialmente aos membros da Sociedade Inter-regional de Analistas Junguianos por seu apoio durante os anos de meus esforços para organizar programas de educação continuada relacionados a questões de formação. Um agradecimento especial a meus supervisores pessoais, David Hart, Marie-Louise von Franz e Adolf Guggenbühl-Craig, por fornecerem-me experiências profundamente significativas de supervisão. Robert Hinshaw, um velho amigo e editor talentoso, merece um agradecimento particular, porque sem ele este livro nunca teria sido possível. Uma nota de apreço a todos os autores por seu árduo trabalho e paciência durante todo o processo de edição. E um agradecimento especial a Marga Speicher por seu generoso apoio financeiro a este projeto.

Eu gostaria também de reconhecer minha dívida para com *The Journal of Analytical Psychology* e para com os autores por sua generosa permissão para reimprimir os seguintes ensaios: "Suggestions towards a theory of supervision", de Michael Fordham (1961, 16), "Michael Fordham's theory and practice of supervision", de Norah Moore (1986, 31), "A symposium: how do I assess progress in supervision?", de Alfred Plaut, Gustav Dreifuss, Michael Fordham, Joseph L. Henderson, Elie Humbert, Mario Jacoby, Ann B. Ulanov (seu ensaio aparece em forma revisada) e Hans-Joachim Wilke (1982, 27), "Supervision, training and the institution as an internal pressure", de James Astor (1975, 22). Um agradecimento particular merece o trabalho feito por vários ex-editores de *The Journal of Analytical Psychology* sobre esses ensaios: Michael Fordham, Alfred Plaut, Judith Hubback e Rosemary Gordon.

Foram reimpressos de "The IAAP 1993 yearbook", com permissão dos autores, os seguintes ensaios: "Supervision and the interactive field", de Mario Jacoby, "Styles of supervision", de Judith Hubback, "The transition from training candidate to supervising analyst" (em forma revisada), de Paul Kugler.

Sou grato aos seguintes autores pela permissão de reimprimir seus ensaios: "The impossible profession", de Louis Zinkin, "Some thoughts on the clinical process", de Joan Reggiori e "A model of clinical supervision", de Jean Carr. O ensaio de Louis Zinkin, "The impossible profession", aparece neste livro em uma forma consideravelmente revisada. Esses ensaios foram publicados originalmente pela Associação Britânica de Psicoterapeutas em uma monografia intitulada "Clinical supervision: issues and techniques" (1989).

E, por fim, um caloroso agradecimento a Karen Wolff, minha esposa, por sua infinita paciência e gentil apoio ao projeto.

PARTE I

Pano de fundo

1 Introdução

Nos últimos anos, o papel da supervisão na formação de psicólogos, psiquiatras, assistentes sociais e psicanalistas assumiu uma importância crescente. Embora os diversos programas de formação para psicoterapeutas variem desde o behaviorismo até a psicologia profunda e difiram quanto à necessidade de o terapeuta-em-formação se submeter ou não à análise pessoal, todos os programas requerem alguma forma de supervisão. Embora a supervisão tenha sido já há muito tempo uma parte essencial da formação dos psicoterapeutas, muito pouco se escreveu sobre o tema até dez anos atrás. Nossa compreensão do processo supervisório teve uma evolução lenta e, mesmo hoje, existe pouca formação formal disponível para o futuro supervisor.

A ideia deste livro surgiu a partir de diversos programas sobre supervisão que organizei como membro do Comitê de Formação para a Sociedade Inter-regional de Analistas Junguianos. Enquanto trabalhávamos para desenvolver programas de educação continuada para supervisores e analistas didatas, tornou-se cada vez mais evidente que os junguianos haviam publicado muito pouco sobre a supervisão. Este volume responde à necessidade de haver, na psicologia junguiana, uma discussão mais aberta sobre as várias facetas da supervisão na prática clínica, na formação dos candidatos como analistas e em campos afins. Meu principal objetivo ao editar este livro foi proporcionar um fórum para discussão sobre os vários aspectos práticos e teóricos da supervisão. Os ensaios incluídos consistem, quase todos, em material sobre supervisão publicado anteriormente na literatura junguiana, suplementado por muitos ensaios novos encomendados especificamente para este livro, a fim de proporcionar uma ampla perspectiva multiteórica. Os tópicos analisados terão um particular valor para os profissionais que utilizam uma abordagem de orientação junguiana da supervisão da análise e da psicoterapia nos campos da psicologia clínica, da psiquiatria, do trabalho social, da enfermagem psiquiátrica, do aconselhamento religioso e espiritual.

A supervisão envolve uma variedade de aspectos importantes que procuram intensificar o trabalho do supervisionando, elaborando técnicas, elucidando questões de transferência e contratransferência, propondo orientação e foco para a pesquisa clínica, sugerindo formulações dinâmicas e arquetípicas sobre o processo analítico e explorando padrões repetidos de comportamento, pensamento e fantasia.

Algumas questões da supervisão

Enquanto o analista precisa somente das habilidades de um analista, um supervisor precisa das habilidades tanto de analista quanto de instrutor. Mas o que é supervisão e como nos tornamos analistas supervisores? O eminente filósofo e educador americano John Dewey observou, certa vez, que uma pergunta formulada adequadamente é uma pergunta meio respondida. Por isso, para começar este livro sobre a supervisão, gostaria de formular uma série de perguntas concernentes a esse tema:

1. Como abordamos, na supervisão, os supervisionandos que estão apenas começando a trabalhar analiticamente? Como os ajudamos a estruturar sua compreensão do processo analítico, a delineá-lo, a regular o ritmo e a trabalhar com o fluxo do material psíquico, a cultivar a empatia, a ensinar como pesquisar analiticamente, a visualizar o que está sendo contado pelo analisando e a fazer perguntas mais reflexivas quando um complexo é constelado ou quando o que está sendo discutido não é claro?

2. Quais são os diferentes estilos de supervisão? Existe, por exemplo, o supervisor que decide e confirma sentado em silêncio e não dizendo quase nada, o supervisor pedagógico que ensina a teoria e a técnica e que amplifica mediante imagens mitológicas e paralelos interculturais, o supervisor metaterapêutico que aborda a supervisão basicamente como uma extensão da análise do candidato, o supervisor zen que cria continuamente uma atmosfera de desorganização criativa, questionando constantemente os pressupostos e fantasias inconscientes dos candidatos. E existem, evidentemente, muitos que são uma mestiçagem desses, como também muitos outros estilos de supervisão. Como nos tornamos mais conscientes de nossa própria abordagem singular da supervisão e permanecemos conscientes de seus aspectos sombrios?

3. Como a tipologia influencia o supervisor? Será que um "tipo sentimento" focaliza mais a empatia, enquanto um "tipo pensamento" enfatiza o *insight* e a consciência? Será que o supervisor intuitivo presta atenção à capacidade de imaginação, enquanto o "tipo sensação" valoriza mais o compromisso com a realidade? E como a tipologia do candidato impacta a supervisão?

4. O que estamos supervisionando? É a análise real de outra pessoa (o paciente)? É o comportamento do supervisionando enquanto terapeuta? É a imagem fantasiosa do paciente enquanto imaginada separadamente pelo supervisor e pelo supervisionando? Como nos mantemos conscientes das limitações daquilo que realmente sabemos a respeito do "analisando" quando entramos no complicado salão de espelhos conhecido como supervisão?

5. Até que ponto o requisito de que os supervisores escrevam avaliações afeta a escolha do supervisor pelo candidato e limita a abertura no processo supervisório? De que maneira a necessidade institucional de avaliações pode conflitar com a necessidade de o candidato ser honesto, aberto e exposto?

6. Que papel desempenha a contratransferência na supervisão? Até que ponto é importante que o supervisor diferencie as reações resultantes dos complexos existentes no candidato das reações resultantes de complexos existentes no paciente ou no supervisor? Trabalha o supervisor com todos os três tipos de reações ou remete à análise pessoal as reações induzidas pelo terapeuta?

7. Como a supervisão psicológica profunda difere de outras formas de supervisão terapêutica?

8. Quem tem a responsabilidade final pelo caso? O supervisionando ou o supervisor?

Essas perguntas introdutórias destinam-se simplesmente a iniciar o processo de discussão de algumas das questões complicadas associadas à supervisão psicológica profunda.

Uma visão geral do livro

O volume está dividido em seis partes: "I – Pano de fundo", "II – Supervisão individual", "III – O colóquio de caso",

"IV – Avaliação do progresso na supervisão", "V – Fases na vida de um supervisor" e "VI – Supervisão e instituições".

A "Parte I – Pano de fundo" é composta por uma "Introdução" minha e pelas "Observações históricas" de Mary Ann Mattoon. Apresentando um relato da história da supervisão na psicologia junguiana, Mattoon entrelaça sua experiência pessoal de formação em Zurique com a história mais ampla da disciplina. A evolução da supervisão na psicologia analítica é rastreada desde os primeiros seminários e discussões de casos de Jung até os requisitos mais formais de análise de controle, como é adotada nos vários institutos de formação, proporcionando ao leitor uma genealogia valiosa e estabelecendo o contexto histórico para o presente volume.

A "Parte II – Supervisão individual" contém sete ensaios que vão desde um modelo de supervisão, passando por uma análise das estruturas arquetípicas que reforçam a díade supervisória, até chegar à administração clínica da dinâmica interpessoal e das projeções de transferência. Michael Fordham começa a seção com seu ensaio clássico "Sugestões para uma teoria da supervisão", no qual diferencia cuidadosamente o papel e a função do supervisor em relação ao supervisionando e ao analista pessoal. Quando, na análise, um candidato à formação começa a supervisão, podem desenvolver-se diversas consequências problemáticas, que vão desde uma diluição prematura da transferência analítica até uma transferência idealizada para o supervisor. Exigindo uma humanização da relação, Fordham recomenda que, desde o início, o supervisor trate o supervisionando como um colega mais moço, não como um paciente. O supervisor é estimulado a limitar a discussão da contratransferência do supervisionando às reações induzidas pelo cliente, evitando interpretações analíticas do material pessoal, a não ser em condições excepcionais.

O capítulo de Norah Moore, "Teoria e prática da supervisão", proporciona ao leitor uma lembrança valiosa e comovente de sua supervisão pessoal com Fordham. Mesclando teoria e experiência clínica, Moore resume concisamente muitas das contribuições mais notáveis de Fordham para a supervisão. O capítulo consegue desenredar algumas das implicações práticas de escritos e ensinamentos clínicos de Fordham ao longo de mais de trinta anos.

Em seu capítulo "Supervisão e o arquétipo do mentor", Lionel Corbett apresenta uma análise de várias estruturas arquetípicas subjacentes ao processo e traz argumentos convincentes para desenvolver uma abordagem especificamente junguiana, focada em discernir o funcionamento do si-mesmo e seus constituintes arquetípicos no processo supervisório. Particularmente sensível à importância de ter consciência do viés teórico, tanto do supervisor quanto do supervisionando, Corbett apresenta ilustrações práticas da maneira como ele trabalha para desenvolver uma avaliação da abordagem teórica do supervisionando, de maneira a não estabelecer um antagonismo com a sua. Para fazê-lo efetivamente, os supervisores precisam ser sensíveis aos efeitos clínicos de seu viés teórico como também de sua "equação pessoal".

A contribuição de Jacoby, "Supervisão e campo interativo", amplia a abordagem junguiana mais tradicional para incluir as várias dinâmicas do campo interativo. O clássico foco nos "conteúdos" inconscientes é ampliado, para incluir a dinâmica interpessoal inconsciente tal como se expressa no espaço terapêutico. Sutilidades do campo interativo, como inflexão da voz, linguagem corporal e outras comunicações não verbais, são mencionadas de passagem, bem como a importância de monitorar as reações de contratransferência dos terapeutas para os sentimentos de amor, agressão, depreciação, ambivalência etc., dos seus pacientes.

O foco na dinâmica de transferência e contratransferência é prosseguido no ensaio provocante de Wakefield, "Projetos de transferência na supervisão". O capítulo analisa várias percepções e expectativas inconscientes que podem manifestar-se entre supervisor e supervisionando, proporcionando uma útil compreensão da administração dessas dinâmicas. O leitor achará particularmente útil a revisão da atual literatura clínica sobre as reações de contratransferência sintônicas e induzidas pelo terapeuta. As várias projeções consteladas entre supervisor e supervisionando são analisadas a partir das perspectivas da psicologia analítica, da teoria das pulsões, da teoria das relações objetais e da psicologia do si-mesmo.

O ensaio de Judith Hubback, "Estilos de supervisão", diferencia os vários tipos de supervisão que vão do permissivo ao didático. Capacitar o desenvolvimento da identidade analítica dos supervisionandos implica capacitá-los a explorar seu estilo e capacidades analíticas singulares. A facilitação desse processo pode ser aperfeiçoada através de esforços para reduzir a ansiedade na supervisão e desenvolver uma discussão de tipo colega-para-colega.

A seção sobre a supervisão individual se encerra com o provocativo capítulo intitulado "Sustentando o estado de ânimo do analista potencial", de John Beebe. O ensaio é uma exploração ulterior do papel do supervisor no desenvolvimento da identidade analítica do supervisionando, mas, desta vez, a partir da perspectiva de proporcionar um espaço terapêutico para conter e superar significativamente as decepções em sua análise pessoal. O supervisor está em uma posição singular de colaborar construtivamente e de ajudar a metabolizar a ferida analítica que pode ter ocorrido na terapia pessoal do supervisionando. O autor argumenta persuasivamente que a mais importante função que o supervisor pode realizar talvez seja facilitar a superação das feridas necessárias da infantil idealização da análise.

A "Parte III – O colóquio de caso" inclui três capítulos dedicados ao estudo da supervisão nos seminários de casos clínicos. Essa parte inicia-se com a investigação dos "Êxtases e agonias na supervisão de seminário de estudo de caso", de Donald Kalsched, um comovente relato pessoal das recompensas e das ciladas emocionais encontradas num colóquio de casos. Realçando a importância do seminário como grupo de trabalho, não como grupo de processo, o autor esboça duas tarefas primárias do seminário: em primeiro lugar, desenvolver uma compreensão mais profunda do atual paciente do terapeuta e, em segundo lugar, obter uma compreensão da interação entre paciente e terapeuta. A fim de cumprir essas metas, é preciso providenciar uma atmosfera "suficientemente segura", livre de julgamento e avaliação, para uma investigação da comunicação inconsciente entre paciente e terapeuta. O lado sombrio da dinâmica de grupo é analisado: divisão, comportamento impulsivo, rivalidade entre irmãos, inveja, criação de bodes expiatórios, alianças conspiratórias triangulares, codependência etc. O capítulo proporciona um valioso antídoto à dinâmica potencialmente tóxica encontrada em seminários de casos.

O ensaio de Crittenden Brookes, "Sobre a supervisão de seminários junguianos de casos contínuos", examina como a dimensão extrovertida da psique pode ser mobilizada construtivamente no colóquio de casos para aprofundar a compreensão da transação terapêutica pelos participantes. O seminário tem o potencial de aplicar uma variedade de perspectivas e respostas emocionais ao material clínico apresentado, cada qual tornando disponíveis aspectos diferentes e importantes do processo analítico. A fim de efetivar melhor esse potencial, o líder do grupo precisa trabalhar para cultivar um ambiente mutuamente solidário e aberto, livre de hierarquias e julgamento.

No capítulo final dessa parte, "Alguns pensamentos sobre o processo clínico", Joan Reggiori examina as diferenças entre supervisão individual e supervisão em grupo numa variedade de ambientes profissionais, que vão desde organizações de saúde mental até institutos de formação. São analisadas várias dinâmicas de grupo encontradas no colóquio de casos e apresentadas técnicas práticas para administrá-las. Comum à supervisão individual e também à supervisão em grupo é a necessidade de se criar um espaço no qual o supervisionando possa atuar com segurança, fazer experiências com ideias, explorar possíveis abordagens e tornar-se mais consciente daquilo que já conhece e também do que ainda é desconhecido. O capítulo termina com uma seção que resume três seminários sobre supervisão conduzidos por Reggiori, como uma continuação de sua apresentação pública original deste material. A seção proporciona uma valiosa compreensão da possibilidade de trabalho em grupo de colegas sobre supervisão como um meio de desenvolver ulteriormente habilidades profissionais.

A "Parte IV" consiste em oito ensaios feitos por analistas didatas, cada qual empenhado em formular uma resposta pessoal à espinhosa questão de "Avaliação do progresso na supervisão". Alfred Plaut começa a discussão expondo seus critérios na forma de três perguntas: (1) "Pode o candidato fazer uso da supervisão?", (2) "Quais são os obstáculos que impedem o candidato de fazer pleno uso de mim?" e (3) "Como, na prática, eu sei – ou acredito saber – que o progresso requerido foi alcançado, de modo que eu possa recomendar o candidato como membro associado?". Em sua resposta a essas perguntas, o autor proporciona muitas compreensões valiosas da dinâmica encontrada enquanto avaliava o supervisionando.

A avaliação do progresso na supervisão é abordada por Gustav Dreifuss a partir da perspectiva da tipologia. Embora existam certos critérios objetivos para avaliar um supervisionando, a importância relativa de cada um é, em grande parte, uma função da personalidade do supervisor. Um "tipo sentimento" pode enfatizar a importância da empatia no supervisionando, um "tipo intuição" procura a capacidade de imaginação, um "tipo pensamento" valoriza o *insight* (consciência), enquanto um "tipo sensação" pode focalizar mais a adaptação à realidade. São apresentados exemplos clínicos práticos para ilustrar cada tipo.

Michael Fordham aborda a questão em termos da supervisão da análise de crianças. Apresentando o *setting* formal e as técnicas básicas utilizadas para maximizar a natureza interativa do processo analítico e, com isso, reduzir a capacidade da criança de escapar pelo *acting out* em certos tipos de brincadeiras. São examinadas duas situações clássicas para demonstrar a sutileza necessária para avaliar a atitude analítica em desenvolvimento e as capacidades clínicas do supervisionando. Fordham sugere que a melhor maneira de avaliar o progresso consiste em partir das experiências comparativas e não de padrões abstratos.

A supervisão como um rito de passagem é examinada por Joseph Henderson, que observa que os programas de formação analítica tendem a promover o arquétipo da iniciação, começando com um supervisor como mestre-de-iniciação e terminando com uma avaliação do progresso de acordo com os requisitos do grupo de pares mais amplo. Um aspecto importante no papel do supervisor inclui uma discussão atenta das dimensões moral, ética e psicológica do tabu do incesto.

Diversos fatores são considerados por Elie Humbert ao avaliar o progresso: capacidade clínica, desenvolvimento cultural geral, uma compreensão da relação entre a patologia pessoal dos supervisionandos e a escolha e exercício de sua profissão, e a maneira como seu próprio inconsciente utiliza a análise de outra pessoa. A capacidade de reconhecer mudanças no inconsciente, assim como a flexibilidade de passar de uma posição epistemológica a outra, são também fatores importantes.

A capacidade de superar a preocupação predominante com "o que se espera que eu faça?" é de particular importância para Mario Jacoby. Pressupostos como "é preciso gostar de seu paciente", ou "é preciso entender seus sonhos", ou "é preciso saber o que Jung disse sobre a possessão do *animus*" etc., são característicos da atitude do "bom estudante" e muitas vezes impedem o progresso e o desenvolvimento de um estilo analítico pessoal. Os supervisores precisam ter consciência de sua própria tendência narcisista para formar e avaliar o supervisionando de acordo cum sua própria imagem.

Como as habilidades clínicas dos supervisionandos desenvolveram-se junto ao aprofundamento da identidade pessoal e ao estilo analítico, elas são critérios importantes para Ann Ulanov. A capacidade de assimilar material inconsciente e de relacionar-se interpessoalmente são também fatores importantes. Existe um aumento da percepção detalhada do analisando e de como o supervisionando monitora e utiliza terapeuticamente respostas não verbais, como postura corporal, frequência respiratória, movimento da cabeça e assim por diante? Será que o supervisionando parece suscetível ao aprendizado e o estilo pessoal passou da persona para a pessoa? O ensaio erudito de Ulanov apresenta uma riqueza de *insights*, não só da avaliação do progresso, mas também da natureza da própria supervisão.

A seção sobre a avaliação é concluída com a estimulante discussão da supervisão feita por Wilke a partir de várias perspectivas: supervisão como assistência, supervisão como apoio e o supervisor como adjunto. Os terapeutas iniciantes precisam ser supervisionados nas seguintes áreas: (a) compreensão da dinâmica do caso, (b) uso de métodos terapêuticos e (c) na chegada de uma estimativa válida de seu papel, além do discernimento como seus próprios complexos são integrados na análise do paciente. O sucesso da supervisão pode ser avaliado parcialmente na medida em que o supervisionando é, mais tarde, integrado com êxito no grupo profissional mais amplo.

A "Parte V – Fases na vida de um supervisor" focaliza várias dimensões da vida profissional, começando com os primeiros anos enquanto estudante (candidato) e sua ênfase em desenvolver habilidades clínicas e uma identidade analítica, continuando com tornar-se um analista didata e supervisor e, finalmente, confrontando as realidades psicológicas e físicas do processo de envelhecimento. O período imediatamente posterior à conclusão da formação analítica através do assumir as responsabilidades de analista supervisor é analisado por mim no capítulo inicial dessa seção. "A transição de candidato em formação para analista supervisor" pode ser emocionalmente turbulenta à medida que o recém-graduado trabalha para consolidar uma prática analítica, passa por aculturação na comunidade profissional e começa a desenvolver as habilidades analíticas, didáticas e clínicas necessárias para trabalhar como analista supervisor. A integração da identidade analítica durante esse período envolve satisfazer não só os requisitos institucionais externos da profissão, mas também os inerentes à própria psique.

"Como um analista prepara-se para tornar-se um supervisor?" Essa pergunta está sendo feita cada vez mais na comunidade profissional e constitui o foco central do capítulo de Marga Speicher, "A educação do supervisor". Após um exame das práticas e requisitos correntes da supervisão nos programas de formação junguianos, a autora proporciona uma atenciosa discussão da maneira como pode ser planejado e implementado um programa de preparação para supervisores junguianos.

O capítulo final da parte, "O supervisor idoso", é uma emocionante apresentação dos problemas encontrados pelo supervisor na velhice. Wilke observa que muitas das habilidades necessárias para a supervisão são adquiridas em uma idade mais avançada e, consequentemente, são mais vulneráveis à deterioração ao longo do processo de envelhecimento. Esse ensaio proporciona uma notável sensibilidade no tratamento das questões psicológicas associadas às responsabilidades de supervisão e ao analista que envelhece.

A "Parte VI – Supervisão e instituições" aborda a dinâmica e as questões encontradas na supervisão como é praticada em vários ambientes, desde institutos de formação profissional até organizações voltadas à saúde mental. James Astor, em seu capítulo "Supervisão, formação e a instituição como pressão interna", contrasta a supervisão procurada para desenvolvimento profissional à supervisão empreendida com o objetivo de cumprir um requisito da formação. Quando a supervisão e a formação estão juntas, os candidatos confrontam-se simultaneamente com as complexidades de uma organização, com sua mentalidade institucional e com seu próprio desenvolvimento psíquico. O autor articula sutilmente as dificuldades encontradas, sendo leal ao processo analítico no contexto da dinâmica institucional, concluindo que a supervisão é uma necessidade para todos contrapor-nos aos efeitos mortíferos da "institucionalização interior".

Utilizando uma abordagem de sistemas, Jean Carr examina a estrutura institucional na qual ocorre o processo, a fim de desenvolver "Um modelo de supervisão clínica". São delineados os vários componentes do sistema (paciente/cliente, supervisionando, supervisor e organização) e é fornecida uma análise, particularmente útil, das relações diádicas e triádicas que constituem a rede total. Cada relação contém seu próprio conjunto de dinâmicas complexas: transferências e contratransferência, eu e sombra, comportamentos ritualizados, bem como necessidades e alianças abertas e dissimuladas.

No capítulo conclusivo do livro, Louis Zinkin inverte as posições da profissão e pergunta como os indivíduos e as instituições avaliam um bom supervisor. Enfrentando essa pergunta, o autor nos ajuda a compreender melhor a impossibilidade de nossa tarefa como supervisores. O que essa profissão impossível está supervisionando? Certamente o supervisor está supervisionando algo, mas esse algo não é decerto a análise literal do paciente. O que nós chamamos de "supervisão", sugere Zinkin, é na realidade uma fantasia compartilhada – o supervisionando tentando imaginar o que o paciente esteve fazendo na análise e o supervisor tentando fazer o mesmo. E "a supervisão funciona melhor se ambos permanecem conscientes de que aquilo que estão imaginando conjuntamente não é verdade".

Esperamos que os ensaios aqui apresentados contribuam para o avanço de nosso entendimento da supervisão junguiana. Poucos aspectos da prática clínica proporcionam o tipo de desafio profissional encontrado na supervisão. A qualidade dessa experiência pessoal e suas possíveis recompensas são difíceis de serem transmitidas pela linguagem. Talvez este volume ajude o leitor a desenvolver uma compreensão mais empática da vitalidade do processo supervisório.

2 Observações históricas

Mary Ann Mattoon

A supervisão (conhecida também como "controle") está hoje bem estabelecida na formação analítica junguiana. Nem sempre foi assim. Eu experienciei algumas ramificações dessa carência através da minha primeira analista junguiana – uma mulher que exercia a prática em Nova York e já faleceu há bastante tempo. Ela foi analisada em Zurique por Jung e em Nova York por uma das analistas pioneiras dessa cidade, Eleanor Bertine. Quando comecei minha análise no final da década de 1950 (aos 32 anos de idade), minha analista, como a maioria do então pequeno grupo de analistas de Nova York, trabalhava da maneira como Jung evidentemente trabalhava: focalizando nos sonhos – especialmente nos sonhos arquetípicos – e desestimulando a análise de tópicos altamente emocionais da vida desperta.

Sua abordagem não funcionava bem para mim, em parte – sem dúvida – porque minha tipologia era diferente da tipologia dela e eu era 40 anos mais jovem. No entanto, pode ser que seu trabalho tenha se beneficiado com a supervisão, ajudando-a a lidar com uma pessoa que não se encaixava no padrão dos analisandos intuitivos introvertidos, da classe média e mais velhos, que eram os que geralmente a consultavam, como também os que consultavam Jung.

Não podemos ter certeza de que esses primeiros analistas, que estudaram com Jung nas décadas de 1920 e 1930, não tiveram nenhuma supervisão antes de começarem a praticar. Todos eles tiveram pelo menos uma parte de sua análise com Jung e, entrelaçada com ela, podem ter tido alguma supervisão, embora no contexto do declarado menosprezo de Jung por métodos e técnicas.

A formação nessa época consistia, evidentemente, em análise pessoal e seminários conduzidos por Jung. Em algum momento, obviamente, ele dizia a cada estudante quando estava pronto para exercer a prática de analista. Mas muitos desses estudantes vinham de fora da Suíça – especialmente da Inglaterra e dos Estados Unidos – e alguns passavam apenas uns poucos meses em Zurique. Consequentemente, sua formação era limitada – se comparada com a prática corrente.

O requisito de que os futuros analistas se submetessem a uma análise pessoal foi uma grande contribuição de Jung, como primeira pessoa conhecida a fazer essa proposta, para todo o movimento psicanalítico. A escola freudiana adotou esta ideia oficialmente em 1918 (Fleming & Benedek, 1966). Obviamente, desde que Jung selecionou futuros analistas dentre seus analisandos, a análise pessoal passou a integrar a formação junguiana desde o início.

Em 1925, a escola freudiana acrescentou formalmente a supervisão aos seus requisitos para a formação. Jung não utilizou o termo, mas providenciou uma espécie de supervisão mediante seus cursos de conferências e seminários.

O primeiro desses cursos foi relatado no diário de Fanny Bowditch, uma americana que pode ter se encontrado com Jung durante a viagem dele aos Estados Unidos, em 1909. De acordo com William McGuire (1984), o curso intitulado "Einführung in die Psychoanalyse" ('Introdução à psicanálise') foi ministrado em 1912 e 1913, na Universidade de Zurique. Além do material teórico e do Teste de Associação, o curso incluiu casos da prática analítica de Jung, que foram transcritos e mimeografados para os membros da turma. Em 1914, outro curso foi ministrado privadamente por Jung. (Ele havia renunciado ao seu cargo de professor na Universidade.)

O relato de McGuire (1984) continua:

> Após o fim da guerra, Jung viajou novamente – para Londres a fim de dar palestras nas sociedades profissionais em 1919 e novamente no final de 1920; para a Argélia e Túnis na primavera de 1920; e, durante o verão de 1920, para a Inglaterra, na extremidade da Cornualha, para seu primeiro seminário no exterior (pp. 8-9).

Esse seminário, organizado por Constance Long, incluiu M. Esther Harding e H. Godwin Baynes. Foi o único dos seminários de 1919-1920 que é conhecido por ter tratado de casos clínicos. O tema foi um livro intitulado "Authentic dreams of Peter Blobbs and certain of his relatives".

De acordo com McGuire (1984), "o primeiro seminário *registrado* reuniu-se também na Cornualha, em Polzeath, durante o mês de julho de 1923. Baynes e Harding o organizaram; participaram vinte e uma pessoas, inclusive Emma Jung e Toni Wolff" (p. 9). As anotações escritas à mão trazem o título "Human relationships in relation to the process of individuation" (Harding & Mann, n.d.).

Dois anos mais tarde, outro seminário, organizado pelos junguianos britânicos, foi ministrado em Swanage, no condado de Dorset, com cerca de 100 participantes. As notas de Har-

Perspectivas junguianas sobre supervisão clínica

ding escritas a mão se conservaram com o título "Dreams and symbolism". Parece provável que tanto o seminário de 1923 quanto o de 1925 incluíram casos clínicos.

No início de 1925, Jung apresentou um "Seminário sobre psicologia analítica", em Zurique. Foi o primeiro da série de seminários de Zurique em inglês, realizados no Clube Psicológico, que iriam prosseguir por 14 anos. Nele, Jung descreveu o desenvolvimento de algumas de suas teorias e os casos nos quais elas se baseavam. Esse seminário parece-se com uma consulta de caso, mas menos do que os seminários subsequentes.

O seminário seguinte, sobre a análise dos sonhos, começou no outono de 1928. Como relatou McGuire (1984): "em encontros semanais, interrompidos por recessos sazonais de um mês ou mais, o seminário reuniu-se até o fim de junho de 1930" (p. 10). Uma das biógrafas de Jung, Barbara Hannah, chegou a Zurique em janeiro de 1929 e frequentou esse seminário e seminários subsequentes enquanto foram realizados, até o final de fevereiro de 1939. Sobre eles, Hannah (1976) afirmou:

> Até o fim do verão de 1930 o tema desses seminários foi uma série de sonhos de um homem. Do outono de 1930 até o fim do inverno de 1934, Jung tratou de uma longa série de visões (imaginação ativa) de uma mulher (p. 191).

Dos seminários de Jung (1930-1941) realizados no Instituto Federal de Tecnologia, só os seminários sobre "Sonhos infantis" (1936-1940) se aproximaram de uma consulta/supervisão de caso.

Embora o interesse principal de Jung fosse pelo conteúdo arquetípico dos sonhos e das visões, os seminários proporcionavam algumas pistas relativas à sua abordagem do material dos analisandos e podem ser considerados um passo na direção da consulta de caso ou mesmo na direção de uma supervisão real.

Quando foi estabelecido o Instituto de Zurique em 1948, o conceito de supervisão parece ter entrado em cena. "Um Relatório sobre os primeiros doze anos: 1948-1960", impresso, incluiu em sua lista de requisitos para o diploma de analista a "conclusão bem-sucedida de pelo menos 250 horas de análise de controle sob a supervisão de um analista didata". O requisito especificava apenas o número de horas que o candidato devia passar com os analisandos; o número de horas com os analistas de controle não foi mencionado.

Em 1962, quando comecei meu trabalho de controle em Zurique, era costume haver um analista de controle diferente para cada caso. Assim, um candidato era exposto a vários pontos de vista. Resolver quaisquer contradições entre eles fazia parte do desenvolvimento muito valorizado do estilo próprio de alguém.

Os candidatos ao estágio de controle tinham um colóquio de casos semanal, com oportunidade alternada para apresentação de casos. Além de obter um *feedback* sobre seus próprios casos, era de grande valia ouvir e discutir o trabalho dos outros. Descrever casos e ver seu tratamento dos casos criticado nos exames de diploma servia como supervisão adicional.

Embora não fosse enfatizada conceitualmente, a transferência estava implícita nas consultas com a maioria dos analistas de controle e explícita com alguns outros. A consideração da contratransferência apresentava, às vezes, um desafio à política do Instituto de desestimular a mescla da análise de controle com análise pessoal. Com efeito, de acordo com minha experiência e a de outros candidatos, só o analista pessoal pode dar uma ajuda em um nível mais profundo para as questões de contratransferência do candidato.

A diretriz mais útil a que fui exposta no tocante ao trabalho de controle foi a declaração de meu analista em Zurique: "o que conta não é o que você faz; é o que você é". Foi assustador considerar isso, mas essa declaração manteve o foco em meu próprio trabalho psicológico – uma condição *sine qua non* para um analista – e abriu caminho para eu desenvolver meu próprio estilo. Assim, a abordagem do trabalho de controle manifestou a visão de Jung de que é importante descobrir o que sustenta alguém quando seus apoios costumeiros falham.

A situação em Zurique – a supervisão tornando-se parte da formação e aumentando em quantidade – teve paralelos em outros centros de formação. Plaut et al. (1961) afirmou que foi da

> primeira geração de candidatos da Sociedade [de Psicologia Analítica (SPA) de Londres], a qual foi apresentada um tipo de programa estruturado de formação, e que se lembra muito bem de quando me tornei consciente de que nenhum dos analistas didatas dos tempos anteriores tivera qualquer formação apropriada nos moldes daquilo que, então, estávamos prestes a receber (p. 98).

Depois da fundação da Associação Internacional de Psicologia Analítica (International Association for Analytical Psychology IAAP) em 1958, a situação refletiu internacionalmente em sucessivas mudanças nos requisitos da IAAP. "Os Estatutos concernentes ao quadro de membros" (1962) exigiam que um candidato passasse um ano e meio no Estágio de Controle e 180 horas com clientes; o requisito do número de horas que um candidato devia passar com o supervisor foi especificado pela primeira vez em 1971: 50 horas. Em 1983, foi aumentado para 100 horas. Assim, à medida que a profissão de analista se definiu melhor, foram acrescentados outros requisitos (inclusive análise pessoal e títulos acadêmicos) na IAAP e em suas sociedades membras, assim como também os requisitos de supervisão.

Embora eu tenha utilizado o termo "supervisão", a palavra tradicional para designar o processo é "controle", uma transliteração da palavra alemã *kontrolle*, que significa "exame" ou "supervisão". (Os freudianos também utilizam o termo "controle"; Freud, como Jung, falava alemão.) Por causa da conotação de controle como um rígido domínio do poder, meus colegas e eu, em Minnesota, dávamos originalmente ao estágio final da formação o nome de "consulta". Adotamos o termo "controle" da Sociedade Inter-regional quando entramos nessa Sociedade. Em anos mais recentes, o termo "supervisão" tem sido usado cada vez mais. Com efeito, foi utilizado por Plaut e provavelmente por outros londrinos, já por volta de 1961 pelo menos.

As publicações junguianas sobre a supervisão são suficientemente escassas para permitir-me mencionar todas as obras relevantes que encontrei. A primeira obra disponível desse tipo encontra-se em um "Simpósio sobre formação" (Plaut et al., 1961). Examinados os programas da SPA de Zurique e de Londres, tanto Alfred Plaut como Michael Fordham (em ensaios separados) focalizaram – no tocante à supervisão – os problemas criados pelo fato de haver uma terceira pessoa (o supervisor) complicando a relação entre o analista pessoal e o analisando/candidato. (O artigo de Fordham aparece como capítulo 3 no presente volume.) Embora não discutam o ensino da técnica como parte da supervisão, Plaut e Fordham parecem pressupor esse ensino.

No mesmo Simpósio, Kathleen Newton identifica a supervisão como um dos três "instrumentos da formação". Sem elaborar essa afirmação, ela examinou outros aspectos da formação.

Outra contribuição ao Simpósio foi dada por Hillman (1962). Como ele descreveu a formação em Zurique nessa época: "não existia uma clara separação entre formação e análise. Isto reflete a atitude de que a formação é análise e, por isso, não pode ser separada dela" (p. 8). Ao mesmo tempo, as sessões analíticas pessoais não deviam ser utilizadas amplamente como sessões de controle.

Afirmando também sua crença de que a terapia junguiana não pode ser ensinada, Hillman (1962) disse que ela ocorre

> principalmente através [...] da atividade espontânea do inconsciente [...] e não pode ser codificada em técnicas repetíveis. [...] Por isso, o que se ensina especialmente [...] no Instituto C.G. Jung é o conhecimento sobre as manifestações do inconsciente, enquanto relacionadas com a situação terapêutica (p. 10).

Hillman (1962) explicou que para alguém

> é mais importante [para o candidato] desenvolver um estilo a partir da sua natureza e experiência do que aprender técnicas. A técnica é adquirida nas sessões de controle, nos colóquios de grupo, nos seminários de casos clínicos e, evidentemente, a partir da sua própria análise ditada. Mas só aquilo que é adquirido (integrado) é efetivo, não o que é doutrinado. A supervisão rígida pode atrapalhar o desenvolvimento do estilo, o que poderia ser destrutivo se considerarmos que a prática da psicoterapia é uma arte como também uma ciência. Controle demasiado só pode atenuar a insegurança imediata, prevenindo constelações mais profundas. Muitas vezes, portanto, o candidato atenua a insegurança em sua análise pessoal. Mas isto também faz parte, porque seu caso clínico é a parte mais importante dos seus problemas de vida no momento e, por isso, aparecerá naturalmente em sua análise pessoal (p. 14).

A minimização da técnica continua na afirmação ulterior de Hillman (1962):

> O principal objetivo consiste em deixar, na medida do possível, a responsabilidade ao [...] candidato e intervir e corrigir somente quando parece começar o perigo ou o dano. Assim, o problema de intervenção por parte do analista de controle é administrado satisfatoriamente (p. 15).

A seguinte obra publicada sobre a supervisão, quanto eu saiba, foi um Simpósio: "How do I assess progress in supervision?" (Plaut et al., 1982). Alguns anos depois apareceu "Michael Fordham's Theory and Practice of Supervision" (1986), de Norah Moore. Ambas as obras estão incluídas neste volume.

Mais recente na literatura junguiana é o artigo "Supervision, training and the institution as an internal pressure" (1991), de James Astor. Ele mencionou o trabalho anterior sobre a supervisão e respondeu especialmente ao artigo de Fordham de 1961. Astor mostrou que

> durante a formação está sempre presente a pressão interna que brota da presença avaliativa do comitê de formação. Também está presente a compatibilidade ou incompatibilidade entre a maneira como o supervisionando foi analisado e a maneira como o supervisor está mostrando [...] como analisar. [Além disso,] registrar por escrito o que o supervisor está dizendo [...] pode ser um processo de assumir o conhecimento do supervisor sem pensar sobre ele (p. 183).

Astor (1991) concluiu que o candidato deveria ser tratado como um colega mais novo e que "a supervisão se torna um debater, refletir e esmiuçar as interações na sessão, com a oportunidade de ter o material ouvido atentamente por outro analista como se fosse seu próprio analista" (p. 189).

Poucas obras escritas por junguianos sobre a supervisão apareceram em publicações não junguianas. Três delas foram apresentadas à Federação Internacional de Educação Psicanalítica e apareceram em seu Boletim informativo. Uma versão revisada da apresentação de John Beebe (1991) aparece neste volume. Marga Speicher (1991) mostrou que a tarefa da supervisão consiste em enfocar o trabalho do candidato e não em envolver-se numa pseudoanálise. Além disso, tanto o supervisor quanto o candidato precisam estar conscientes da função avaliativa do supervisor e, também, da função de aconselhamento. Susan Bostrom-Wong (1991) examinou a supervisão sob o ponto de vista do candidato. Ela enfatizou o impacto do supervisor na psique do candidato e que a função avaliativa do supervisor pode ajudar o candidato a enfrentar os comitês de avaliação menos conhecidos do instituto.

Desde os primeiros anos da supervisão, como fica evidente a partir de minha experiência em Zurique, a supervisão em grupo tem sido utilizada junto com a supervisão individual, pelo menos em alguns centros de formação. Agora, em Zurique, qualquer candidato pode participar em mais de um "colóquio de caso" por semana. Acontece que minha própria experiência de atuação como supervisora tem sido mais em grupo do que individual. Essa situação inicialmente foi necessária devido à falta de analistas diplomados em minha localidade, enquanto os primeiros candidatos estavam se preparando para o diploma como membros individuais da IAAP. Trouxemos analistas de outras localidades para dar supervisão individual periódica; a supervisão semanal era feita num grupo que, por necessidade, eu dirigia. (O atual programa de Minnesota inclui supervisão tanto individual quanto em grupo.)

Apresso-me em acrescentar que não vejo a supervisão em grupo como secundária. Com efeito, ela é muito valiosa por proporcionar a riqueza dos pontos de vista de todos os membros do grupo. O candidato pode ouvir uma variedade de *insights* ou perspectivas difíceis de serem aceitas.

Outro conceito que merece mais consideração é a supervisão continuada do analista diplomado. Muitos analistas participam desse tipo de trabalho, em grupos ou em duplas. Sinto que cabe a cada analista discutir casos com os pares regularmente.

A formação de futuros supervisores é talvez o aspecto menos desenvolvido da supervisão. Essa formação recebeu pouca atenção entre os analistas junguianos e, na verdade, entre os profissionais da saúde mental em geral. (Parece haver um pequeno número de programas de psicologia clínica e trabalho social em que os clínicos são formados para serem supervisores.) Clare Thompson, uma analista de San Francisco e professora de psicologia clínica, dizia, em meados da década de 1970, que os institutos junguianos deveriam proporcionar formação em supervisão. (A Dra. Thompson, hoje falecida, exerceu grande parte da supervisão individual no programa de formação de Minnesota de 1974 a 1976.) Essa supervisão incluía presumivelmente a supervisão do supervisor-em-formação.

A formação em supervisão exigiria que abandonássemos o pressuposto de que, se sabemos como analisar, sabemos como ensinar alguém a fazê-lo. Astor (1991) assinalou:

> Quando a formação está 'completa', nenhum estudo sistemático ou supervisionado ulterior é incluído no progresso através das etapas da hierarquia analítica, desde membro profissional associado, passando por membro profissional, até chegar a analista didata. Em nenhum lugar, portanto,

Perspectivas junguianas sobre supervisão clínica

é fomentado pela instituição o ethos do 'trabalho em grupo' como parte necessária do desenvolvimento individual (p. 181).

Se aceitamos a premissa da supervisão continuada após a formação, podemos esperar que a supervisão seja ainda mais interminável do que a análise.

Referências

Astor, J. (1991). Supervision, training and the institution as an internal pressure. *Journal of Analytical Psychology*, *36*(2), 177-191.

Beebe, J. (1991). Sustaining the potential analyst's morale. *IFPE Newsletter*, *1*(1), 16-17.

Bostrom-Wong, S. (1991). (Sem título). *IFPE Newsletter*, *1*(1), 17-19.

Fleming, J., & Benedek, T. (1966). *Psychoanalytic supervision: A method of clinical teaching*. Grune & Stratton.

Hannah, B. (1976). *Jung: His life and work*. Putnam's.

Harding, M.E. (n.d). Texto datilografado inédito, 101 pp., Kristine Mann Library, Clube de Psicologia Analítica de Nova York.

Harding, M.E., & Mann, K. (n.d). Texto datilografado inédito, 38 pp., Kristine Mann Library, Clube de Psicologia Analítica de Nova York

Hillman, J. (1962). *Journal of Analytical Psychology*, *7* (1), 3-28.

McGuire, W. (1984). Introduction. In W. McGuire (Ed.), *Dream analysis: Notes of the seminar given in 1928-30 by C.G. Jung* (757 pp.). Princeton University Press.

Moore, N. (1986). Michael Fordham's theory and practice of supervision. *Journal of Analytical Psychology, 31*(3), 267-273.

Plaut, A., Newton, K., & Fordham, M. (1961). Symposium on training. *Journal of Analytical Psychology, 6* (2), 95-118.

Plaut, A., Dreifuss, G., Fordham, M., Henderson, J., Humbert, E., Jacoby, M., Ulanov, A., & Wilke, H.-J. (1982). *Journal of Analytical Psychology, 27*(2), 105-130.

Speicher, M. (1991). (Sem título). *IFPE Newsletter, 1*(1), 17.

PARTE II

Supervisão individual

3 Sugestões para uma teoria da supervisão

Michael Fordham

Quando a Sociedade de Psicologia Analítica de Londres começou a formular um programa de formação para candidatos, houve duas questões sobre as quais logo se chegou a um consenso: a primeira facilmente, a segunda, após alguma hesitação. Foi decidido, em primeiro lugar, que a formação devia basear-se em estudos clínicos e, tendo essa finalidade em mente, os candidatos deveriam assumir dois casos de controle após dois anos de análise preliminar. Isso estava de acordo com a repetida afirmação de Jung de que suas pesquisas se baseavam na experiência clínica, ainda que tenha optado, por razões que não precisamos examinar aqui, por apresentar suas conclusões em termos da mitologia.

A segunda decisão, sobre a qual não foi fácil chegar a um acordo, especificava que um analista didata devia supervisionar a maneira como o candidato administrava seus casos de controle e ensinar sobre essas questões à medida que surgiam do material que o candidato trazia para discussão.

As dúvidas a respeito da segunda decisão surgiram da ênfase de Jung sobre a importância que a personalidade do analista assume inevitavelmente em qualquer análise. Esse traço essencial de suas ideias a respeito da prática analítica pode ter levado os analistas didatas a decidir que o ensino didático da teoria e da técnica pode ser mais bem feito mediante o método do seminário para os candidatos enquanto grupo, deixando o resto ao analista do candidato. Pode-se presumir que, dessa maneira, as habilidades do candidato se desenvolveriam com maior certeza a partir de sua personalidade e haveria menos oportunidade de ele separar a aquisição delas do seu próprio desenvolvimento pessoal. A rejeição dessa política baseou-se na crença de que ela mudaria o papel do analista em aspectos importantes. Ele poderia muito bem ser tentado ou até sentir-se obrigado a agir como professor, no sentido didático, e também como analista e, assim, ser incapaz de voltar toda a sua atenção e interesse ao desenvolvimento interior do candidato. Em minha opinião, essa foi a principal razão, na mente de alguns analistas didatas, pelo menos, e em minha própria mente, em particular, para instituir um supervisor que não fosse o analista do candidato.

Como o tempo mostrou, essas primeiras reflexões foram um bom exemplo de como é valioso considerar cuidadosamente o modo de pensar de Jung; de quando em quando a questão tem sido suscitada novamente e, na verdade, constituirá a base do que será dito aqui. Outra consideração que favoreceu a instituição de um supervisor não era tão bem fundamentada, mas mesmo assim foi justificada pela experiência subsequente. Temia-se que, se somente o analista conhecesse bem o candidato, isso colocaria sobre uma só pessoa demasiada responsabilidade de avaliar a aptidão do candidato para conduzir análises. Acreditava-se que se poderia esperar que o supervisor agisse como um controle sobre a identificação do analista com seu candidato, o que poderia predispô-lo a apoiar candidaturas à Sociedade com base em fundamentos inadequados. Atualmente existe incerteza sobre quantas vezes essa consideração se justifica.

Uma questão que precisa ser levantada aqui é a seguinte: no início, presumia-se que se sabia em que consistia a análise; no entanto, ficou evidente, com o passar dos anos, que isso só era verdade apenas num sentido um tanto limitado; na verdade, um exame crítico da nossa prática mostrou que aquilo que constitui uma análise é muito incerto e que o próprio termo "análise" estava sendo utilizado de maneira um tanto imprecisa. Procurei defini-la mais rigorosamente alhures (cf. Fordham, 1957) e, por isso, não preciso desenvolver o tema aqui. É necessário apenas observar que a análise era e será aqui considerada essencialmente diferente do ensino, no sentido de que ensinar não implica lidar com a transferência mediante interpretações.

A seguir, pretendo registrar algumas das minhas próprias conclusões às quais cheguei com base em decisões anteriores dos analistas didatas, que não foram alteradas desde que a formação começou. Isso implicará examinar aspectos da relação entre o candidato e seu paciente, seu analista e seu supervisor, partindo de duas perguntas concernentes à supervisão que foram feitas no início e novamente no decurso dos anos de forma mais desenvolvida.

(i) Deveria a supervisão ser feita na forma de ensino?

(ii) Deveria ela ser considerada uma espécie de análise extra?

Sobre a resposta à pergunta (i) já foi tomada uma decisão, mas o tema da pergunta (ii) não é tão fácil e representa a recorrência da questão levantada nos primeiros anos, quando estavam sendo estabelecidos regulamentos. Em vista dessa discussão, a pergunta (ii) precisa necessariamente ser formulada de maneira diferente, a fim de evitar que seja considerada uma alternativa à pergunta (i); não pode ser assim, já que a pergunta (i) é desejável. A pergunta (ii) implica a necessidade de se discutir o papel do analista do candidato quando a formação começa e esse tema proporcionará um lugar de partida adequado.

Presumiremos aqui, mas apenas por motivo de brevidade, que os traços essenciais da análise ordinária possam ser mantidos na estrutura da formação e, portanto, o analista não precisará alterar o essencial de sua técnica. Por isso, é necessário considerar apenas se ele irá topar com dificuldades especiais quando a formação começar e se essas dificuldades são do tipo que justifica mais análise por um segundo analista disfarçado de supervisor.

É suficientemente evidente que essas mudanças ocorrem na relação de transferência entre o candidato e seu analista, quando começa a formação, e os problemas daí resultantes podem ser considerados sob o tópico geral das diluições prematuras da transferência, que são desintegradoras; com isso, entende-se que a transferência do candidato se torna menos intensa por causa das ansiedades que surgem das complexas relações estabelecidas, resultantes de uma formação organizada.

1. O analista pode perceber imediatamente que um candidato chega a conhecer mais do que antes a respeito dele: o candidato checará suas conclusões a respeito de seu analista durante a análise, comparando-as com as opiniões de outros e, além disso, terá acumulado mais informação sobre seu analista do que pode ser desejável em qualquer momento específico. Isso é indesejável, porque comparar projeções com a percepção direta do comportamento do analista (cf. Fordham, 1957, p. 79.) se torna mais difícil, uma vez que as opiniões de outras pessoas se intrometem no discernimento do candidato.

Perspectivas junguianas sobre supervisão clínica

2. A transferência pode ser diluída ulteriormente pela projeção nos casos de controle e depois, como resultado da situação de supervisão, no desenvolvimento de uma transferência para o supervisor. É evidentemente da maior importância a maneira como isso é administrado, como se pode demonstrar facilmente pela análise continuada após o término da supervisão, um traço comum do que pode ser designado como análise pós-formação. Nesse período torna-se mais fácil analisar aqueles aspectos do candidato que estiveram ocultos na situação de supervisão.

3. O grupo do seminário levará o candidato a trabalhar ou interpretar os conflitos de transferência com outros membros do grupo composto por outros estagiários.

Eu gostaria de fazer apenas uma sugestão no tocante à administração desses traços bastantes complexos da formação: os candidatos precisam ser observados com suficiente frequência por seus analistas a fim de se evitar uma diluição demasiado defensiva da transferência, e parece-me vantajoso se forem observados no mesmo dia após ocorrer a supervisão ou, no mais tardar, no dia seguinte. Então, se descobrir situações de conflito no candidato, o supervisor pode sentir-se mais confiante em que elas estarão disponíveis para análise e não serão encobertas novamente.

Passemos agora a considerar a supervisão. Como já afirmei, ela foi instituída originalmente com a intenção de evitar que o analista se torne um professor e, assim, dificulte a integração dos conteúdos inconscientes. Só mais tarde surgiu a questão de verificar o que poderia tornar-se a posição mais detalhada da supervisão.

Desenvolvendo a formulação de A. Plaut (1961, p. 100): o supervisor é a pessoa mais importante para iniciar o candidato a membro da Sociedade, porque está ocupado principalmente em desenvolver as habilidades conscientes do supervisionando e funciona como um controle da tendência do candidato a representar durante as regressões que surgem como parte de sua análise ou como resultado da pressão da formação. Os fatores sociais complexos que entram na supervisão foram analisados detalhadamente por Minna Emch (1955). Ela mostra convincentemente a complexa situação suscitada pela formação. As combinações possíveis num sistema que envolve sete elementos, que assumem valência, são 126. Se for levada em consideração a ambivalência emocional, o número sobe para 1.183. Os elementos que ela considera são: um supervisor, um estudante, um caso de controle, o analista didata, outro supervisor passado ou presente, o comitê de formação e um líder de seminário. Essas figuras nos obrigam a refletir que as tensões emocionais envolvidas são tão complexas que não podem ser descritas e mostram a necessidade de simplificá-las, selecionando aquelas atitudes e papéis que parecem mais importantes do que outros em qualquer programa de formação de tipo analítico; no entanto, essa simplificação não precisa levar-nos a descuidar as complexidades, embora possa aparentemente violentar as contracorrentes continuamente encontradas durante a formação.

Como ponto de partida, desejo propor dogmaticamente que é papel do supervisor, junto aos líderes do seminário, tratar o candidato ativamente, já desde o início, como um colega mais novo e não como um paciente. Com isso, entende-se que o candidato tem o livre direito de utilizar como quiser todo o conhecimento e a experiência do supervisor, sem respeitar quaisquer deficiências na personalidade do candidato que possam aparecer. Em particular, existem as experiências que ele traz para a supervisão, que ampliarão a experiência do supervisor e, por isso, lhe darão a oportunidade de aprender e desenvolver suas teorias e técnicas.

Já que o supervisor estará ocupado em ouvir o material de casos apresentado pelo candidato e procurará discutir os casos na qualidade de colega, ele não precisa diluir a transferência e, se levar em conta claramente esse problema, ele pode ajudar a análise do candidato de maneiras a serem consideradas posteriormente. A discussão durante a supervisão pode ser concebida como um concentrar-se em questões referentes à administração geral dos casos, e o supervisor sugere uma leitura à medida que for relevante para as questões técnicas e teóricas que surgirem de seu ensino sobre o material de casos. Tudo isso implica partilhar habilidades técnicas, como a interpretação de todos os tipos de material trazido pelo paciente sob controle, prestando particular atenção à transferência do caso de controle para o candidato. Isso evocará uma contratransferência por parte do candidato e, por isso, apresenta a pergunta importante, mas difícil: é desejável que o supervisor mostre ao candidato onde está sua contratransferência e a maneira como ela interfere em sua relação com o caso de controle ou a facilita? Essa questão é de particular importância porque leva à possibilidade do início da análise do candidato pelo supervisor. Em minha opinião, ele deveria mostrar as manifestações de contratransferência, mas sem analisar o candidato, apenas confrontando-o com elas. Isso é possível pelas razões seguintes. O tempo da supervisão é dedicado principalmente à apresentação e discussão do material trazido pelo candidato. Já que um candidato está pedindo supervisão, seu tempo está essencialmente ocupado, e ele não desejará dar informações sobre sua própria vida pessoal. É de particular importância que o supervisor nunca procure evocar nenhuma informação. Esse procedimento é apoiado por uma consideração ulterior. É um dos pressupostos tácitos dos candidatos que os supervisores se abstenham de analisá-los, e o supervisor, dando-se conta disso, concorda implicitamente. A não ser que ambos queiram conscientemente alterar o acordo, este deveria ser mantido escrupulosamente.

Essa visão da supervisão parece à primeira vista excluir dela totalmente a análise. Mas, embora tanto a análise quanto a supervisão estejam sendo bem conduzidas, ainda assim acontece que um candidato mostre ocasionalmente claros indícios de que deseja de seu supervisor um pouco de análise. Considero que é conveniente o supervisor proporcionar essa análise, porque existem suficientes controles para ela não ir longe demais. Por "claros indícios" entendo que o candidato afirme que não deseja supervisão, mas deseja falar com seu analista sobre si próprio e mesmo sobre sua transferência para seu analista, na próxima sessão; no melhor dos casos, ele pedirá abertamente o consentimento do supervisor. A teoria da transferência como fenômeno social torna fácil compreender por que isto acontece. Quando começa a formação, é evidente que cada candidato precisará projetar as formas arquetípicas relacionadas com a supervisão sobre a Sociedade, os comitês, os conferencistas e também sobre o supervisor, que consequentemente se tornará não apenas uma pessoa real, mas também uma figura ambivalente. Se nos lembrarmos que o supervisor pretende relacionar e fundamentar as energias disponíveis no eu do candidato, pode-se perceber que, ao fazer isso, ele está cumprindo o papel arquetípico do iniciador. Como tal, ele não

Perspectivas junguianas sobre supervisão clínica   59

prestará atenção e, de fato, resistirá à discussão dos processos de transferência envolvidos e, de preferência, visará cumprir o papel que se pode esperar de satisfazer o objetivo delibera-do do candidato de adquirir conhecimento e habilidades em contraposição às suas necessidades ambivalentes inconscien-tes. Visto que não é possível fazer isto com sucesso completo sempre, o candidato e também o supervisor podem passar sessões esclarecendo a situação afetiva que surgiu entre eles. Isso não precisa chegar ao ponto de o supervisor abster-se, como penso que ele geralmente faz, de interpretar os motivos inconscientes do candidato. Evidentemente as interpretações da transferência precisam ser evitadas se a política que estou propondo quiser prosseguir.

Somente quando o supervisor é levado a agir como ana-lista, ao ponto de seu papel de supervisor sofrer interferência por longo tempo, será necessário investigar o que aconteceu. Existem duas possibilidades:

1. Suponhamos que a supervisão foi conduzida corretamente de acordo com as linhas até aqui traçadas. Então a transferência do candidato para seu analista deve ter incorrido em dificuldades: ou ela não está sendo assumida pelo analista, porque o candi-dato não está sendo observado com suficiente frequência para permiti-lo, ou então o candidato encontrou forte resistência e precisa utilizar a supervisão como parte de seu sistema de defesa. Nessas circunstâncias, não acredito que o supervisor precise fazer alguma coisa a não ser continuar supervisionando na medida do possível. Pode, no entanto, acontecer que, apesar dos esforços do supervisor, esse estado de coisas evolua de tal forma que um candidato deseje ser analisado pelo supervisor em lugar de seu primeiro analista; por "desejar uma mudança" entende-se que

ele a pedirá ao seu supervisor depois de tratar do assunto com seu analista. Então a mudança pode ser feita abertamente. Ela não precisa desacreditar o candidato, contanto que a evidente necessidade de mudança provenha dele e seja reconhecida como desejável por parte de seu analista e também de seu supervisor.

2. A segunda causa possível do fracasso da supervisão é o fato de ela ter sido conduzida de modo a induzir uma neurose de transferência para o supervisor, em contraste com a transferência arquetípica considerada inevitável, e o candidato pode, então, desejar uma mudança de analista por motivos neuróticos. Isso acontece quando a contratransferência de supervisor para o candidato não é reconhecida. A mudança não ocorrerá se sua análise estiver sendo bem conduzida, mas podem resultar conflitos raivosos entre supervisor e analista, e o candidato desejará justificavelmente mudar de supervisor. Se o supervisor provocou uma transferência neurótica, o desejo de mudança pode aparecer como uma manifestação neurótica. Isso ocorreu na Sociedade de Londres, mas entendeu-se que uma mudança precisava ser feita, e o candidato prosseguiu até tornar-se membro da Sociedade.

A mais frequente fonte das dificuldades acima enumeradas está na parte da supervisão, que consiste em mostrar ao candidato onde está sua contratransferência para seu caso de controle. Durante o processo de fazê-lo, é inevitável que os defeitos do candidato se tornem particularmente evidentes para o supervisor, cujo objetivo consiste, na verdade, em realçá-los. Mas o candidato pode, então, começar a apresentar fenômenos neuróticos, de modo que o supervisor pode ser presenteado, como numa bandeja, com todas as neuroses residuais do candidato; essa é uma situação em que o supervisor, que afinal de contas pode ter provocado este estado, pode acreditar erroneamente que o analista é o responsável. Vale a pena sublinhar que as manifestações não levam o candidato a pedir análise da parte do supervisor, porque ele desejará levá-las de volta ao analista, se tudo correr bem; essa formulação só se sustenta quando o supervisor não nega nem manipula a situação, mas apenas a mantém (por "manter" entende-se percebê-la sem nada fazer). Nesse contexto, acredito que, se o supervisor disser ao candidato que revele ao seu analista o que foi descoberto na supervisão, isso precisa ser classificado como uma manipulação que interfere na análise do candidato e não a facilita e, se feita desajeitadamente, põe em perigo a relação de supervisão.

Em minha opinião, na supervisão vale o seguinte critério para dar interpretações: elas não podem ser dadas a não ser que o candidato ofereça suficiente informação pessoal para deixar bastante claro que ele deseja que a interpretação seja dada. É devido à natureza da boa supervisão, na qual, na maioria das vezes, informações desse tipo não estarão disponíveis, que só podem ocorrer fragmentos de análise.

Em resumo: um supervisor pode apontar e discutir a contra-transferência do candidato para seu caso de controle e confron-tá-lo com ela, mas evitará fazer observações ou interpretações analíticas, a não ser em condições excepcionais.

Em tudo isso está implicada a questão da relação entre analista e supervisor. Em minha opinião, os métodos analíticos seguidos por cada qual deveriam estar razoavelmente próximos, pelo menos no primeiro ano de formação. Quando são conside-ravelmente diferentes, a situação pode ser grave; e a gravidade da situação tende a tornar-se racionalizada e, assim, atenuada.

Se o supervisor discorda demasiadamente do analista ou se está convencido de que as análises do analista não são adequadas, ele se encontrará sob considerável tensão. Ele não pode supervisionar sem mostrar ao candidato como conduzir a análise de seu caso de controle de acordo com sua própria visão; mas, ao fazê-lo, ele sabe que o candidato irá inevitavelmente comparar o que lhe é ensinado com a maneira como sua própria análise foi conduzida. O risco de diluir seriamente a transferência é então considerável. Isso tornou-se um problema bem difícil para mim quando, certa vez, eu estava desenvolvendo ideias sobre a transferência não sustentadas por alguns outros analistas de formação; também a supervisão de candidatos em análise comigo dificultou suas análises, porque o supervisor explorou o fragmento de transferência do candidato para ele utilizando uma combinação de técnicas analíticas e manipuladoras. Através do candidato, tive a impressão bastante clara de que o supervisor pensava que minha análise era excessivamente defeituosa e que ele tentou complementá-la. Isso, no entanto, só levou a uma transferência preponderantemente negativa para o supervisor e marcou nele as projeções feitas pelo candidato; elas podem ser definidas, mas não reduzidas. Quando o candidato continuou a análise após a supervisão, tornou-se evidente quão danosa tinha sido a experiência para a formação do candidato, embora ele tivesse razoável clareza sobre o que estava acontecendo na ocasião. Durante esse período de conflito acerca do sentido da análise na Sociedade, minha supervisão levou um candidato a aumentar o desejo de uma análise do tipo que eu lhe mostrava como conduzir. Acredito que o motivo de a mudança de analistas ter sido efetuada com o acordo consciente de todas as partes foi o fato de eu ter conduzido a supervisão da maneira aqui descrita.

O ponto que me interessou, enquanto analista em contraste com o fato de ser supervisor, foi que os supervisores só assumem ou tentam analisar pontos que já haviam entrado na análise do candidato, mas não estavam prontos para ser resolvidos. Isso é interessante porque o supervisor pode ter a impressão de que não era esse o caso.

Tendo em mente essas considerações, e também o fato de que muitas vezes os supervisores pensam que os analistas não estão analisando adequadamente ao descobrirem a neurose residual do candidato, é evidentemente recomendável que o analista e o supervisor devem ser selecionados entre analistas que conseguem comunicar e mapear seus pontos de acordo e suas diferenças, que não devem ser grandes demais. Não penso que seja necessário que os dois se encontrem para discutir sobre o candidato, mas pode ser útil para eles discutirem suas ideias acerca da prática analítica. Com poucas exceções, eu me abstive de discussões com os analistas enquanto supervisionava, e vice-versa, e no final, quanto eu saiba, isso funcionou muito bem. Não penso que as discussões beneficiaram o candidato, embora tenham sido bastante esclarecedoras em termos da situação triangular que está manifestamente em ação e é importante; nisso o traço mais proeminente parece ser a tendência de desenvolver-se uma rivalidade entre analista e supervisor. Em vista dessa eventualidade, segue-se que, quando é bem administrada, essa situação leva a uma boa formação; mas, se não for, então o candidato pode ser transformado em instrumento de um conflito de duas figuras parentais opostas, em detrimento dele próprio. Enquanto alguns candidatos podem sobreviver a isso, outros com antecedentes menos favoráveis estão sujeitos a tornarem-se vítimas. Como ocorre nas famílias, isto é particularmente danoso se o conflito é inconsciente.

Existe ainda outra função do supervisor até agora não mencionada. É função do supervisor, e não do analista, exercer controle sobre a solicitação do candidato para tornar-se membro da Sociedade. É proveitoso se ele disser claramente ao candidato sua opinião sobre a aptidão do candidato para analisar pacientes. Isso resulta inevitavelmente de seu objetivo de tratar o candidato como um colega.

Concluindo: é evidente que em toda formação precisamos lembrar o seguinte: os candidatos são submetidos a maior tensão do que qualquer analista didata e, por isso, precisamos descobrir uma forma de diminuí-la. Uma maneira de fazê-lo é que analista e supervisor tenham clareza sobre o que estão fazendo como parte da estrutura da formação.

Referências

Emch, M. (1955). The social context of supervision. *International Journal of Psychoanalysis 36*, 4-5.

Fordham, M. (1957). *New developments in analytical psychology*. Routledge & Kegan Paul.

Plaut, A. (1961). A dynamic outline on the training situation. *Journal of Analytical Psychology, 6*(2).

4 Teoria e prática da supervisão de Michael Fordham

Norah Moore

Temos uma grande dívida para com Michael Fordham por sua contribuição para a supervisão por um período de trinta anos ou mais. Ele sempre considerou a supervisão uma jornada de iniciação integradora, durante a qual o supervisor cumpre o papel arquetípico de iniciador; ele não analisa nem interpreta outros processos inconscientes, mas se baseia nas energias disponíveis no eu do estudante; pois, na visão de Fordham, a supervisão é separada e diferente da análise didática. A distinção tornou-se mais necessária à medida que a transferência assumiu maior importância, já que ela pertence à análise didática por um lado, e essa última, por outro, pertencente ao ensino, só podendo receber o devido cuidado se forem mantidas separadas. Segue-se que os analistas não deveriam ensinar aos seus analisandos nem os supervisores deveriam analisar seus supervisandos (Fordham, 1958, 1961).

A separação da supervisão levanta problemas no tocante a administrar a contratransferência do candidato (que Fordham aponta, mas não analisa) e a ensinar-lhe a utilizá-la em seu trabalho (Fordham 1961). Em 1969, Fordham revisou o livro de Racker sobre a contratransferência (Fordham, 1969b). Racker dissera: "o perigo da fé exagerada nas mensagens do inconsciente de alguém é menor do que o perigo de reprimi-las e negar-lhes qualquer valor objetivo" (Racker, 1968).

Fordham (1969a) pensava de maneira semelhante e comentou:

> na supervisão a importância de mostrar a contratransferência recebe renovada importância a partir do livro de Racker e surge uma maneira de abordá-la sob uma luz positiva. A contratransferência é primeiramente um assunto para a análise do próprio candidato; mas, uma vez consciente, seu uso pode ser desenvolvido na supervisão.

Isso levou a uma descrição da contratransferência ilusória do candidato, na qual ele acentuou a importância de integrar a experiência do próprio candidato em sua análise ao seu trabalho com os seus pacientes (Fordham, 1970a). Seguiu-se um relato da contratransferência sintônica do candidato como fonte de informação (Fordham, 1972). Ali ele sugere ensinar aos candidatos uma abordagem aberta do sistema, com pleno uso de sua contratransferência, e seu completo envolvimento com seus pacientes (Fordham, 1972). Assim, é vital um engajamento entre analista e paciente.

Um modelo teórico tem também importância decisiva na integração do material do paciente; mas esse deve ser um modelo que se relaciona com a experiência pessoal do analista, seja com sua vida, com sua análise didática ou com a experiência com seus pacientes. Ele precisa também compreender que o que ele lê e lhe é ensinado à luz de sua experiência na análise pessoal serve para integrar a teoria em si próprio; ele precisa aprender a manter as sessões abertas permitindo o seu pleno desenvolvimento sem impor um modelo (Fordham, 1978a).

A relação do supervisor com a análise didática

Para Fordham, a análise é sempre o centro da formação. Em sua opinião, durante a formação ela é aprofundada e se torna mais transformadora, não ameaçadora. A supervisão é essencialmente diferente, embora entre nela a resposta afetiva do candidato; embora nela ele não enfrente as reações da contratransferência (deixando isso para a análise). Ele supõe que "um candidato pode confrontar, elucidar, interpretar e resolver os conflitos suscitados pelo caso apontados na supervisão" (Fordham, 1978a).

O analista e o supervisor deveriam estar de pleno acordo, especialmente para o primeiro caso. Demasiada diferença causaria uma tensão tanto para o candidato quanto para o supervisor, especialmente se as duas figuras parentais forem conflituosas ou rivais. É importante que o par analista-candidato confie em outras pessoas envolvidas na formação. Na opinião de Fordham, embora conversas entre analista didata e supervisor a respeito da prática analítica sejam desejáveis, o debate ou a discussão sobre o candidato não o são. Com a supervisão, surge uma situação social muito complexa, já que os candidatos precisam projetar formas arquetípicas e outros componentes infantis sobre a sociedade, o grupo de formação, os líderes de seminário e os diretores da formação; e isso pode entrar na supervisão e ali ser esclarecido (Fordham, 1961, 1969a).

Um supervisor pode considerar difícil evitar a doutrinação ou intrusão na análise. Tanto mais se os métodos do analista didata forem muito diferentes dos seus próprios métodos, de modo que, então, pode ocorrer uma divisão da transferência. Quando supervisor e analista se contrapõem a respeito de conflitos científicos, se o candidato comete erros graves recorrentes, ou se afasta dos padrões analíticos, ou se comporta com recorrente inadequação, o supervisor se torna crítico do analista e o candidato pode tomar consciência disso (Fordham, 1969a, 1978b).

Certa vez, quando estava supervisionando durante um período de disputa sobre transferência na sociedade, Fordham chegou a pensar que o analista didata não entendia a relevância da transferência e, embora geralmente confiasse nele, não podia concordar com ele sobre esta questão. Mais tarde, o candidato ficou irritado porque Fordham não deixou de ser seu supervisor para iniciar uma análise com ele, julgando isso ser contrário à ética. Outro supervisor pensou que a análise de Fordham era deficiente e procurou complementá-la, resultando no desenvolvimento de uma transferência negativa do candidato para o supervisor. Em outra ocasião, um candidato trouxe indícios, sugerindo que seu supervisor não era tão satisfatório como, em sua opinião, seu analista seria. (Não está claro aqui se Fordham falou como analista ou como supervisor). O analista pode sentir rivalidade num caso como esse e ser tentado a concordar, especialmente se considerar o supervisor menos competente que ele em alguma área (Fordham, 1961, p. 10).

Usos e problemas da contratransferência

A contratransferência é não só inevitável, mas necessária e valiosa; quando um candidato se envolve afetivamente com um paciente, ele precisa compreender a natureza e importância desse fato como uma fonte tanto de erro quanto de informa-

Perspectivas junguianas sobre supervisão clínica

ção, e a formação deve levar isso plenamente em consideração (Fordham, 1978a).

Quando a contratransferência é notada pelo supervisor, Fordham considera que ele não deveria analisá-la (já que não conhece suficientemente bem o candidato) nem deveria sequer provocar informação pessoal nem manipular o candidato para que revele essa contratransferência a seu analista. A ilusão é inevitável aos olhos de Fordham. As ideias analíticas são formuladas em relação à transferência do candidato para o analista e para o supervisor, e esses entram em sua contratransferência para o paciente, causando uma ansiedade que pode interferir num processo tranquilo de trabalho; ou um candidato pode comportar-se como um paciente, ou experimentar os pacientes como pais (Fordham 1975, 1978a).

Um supervisor deve ter como objetivo mostrar a um candidato suas interpretações errôneas ou inadequadas (a não ser que isso seja inconsciente e, portanto, inacessível à supervisão). Visto que a ilusão ajuda o candidato a mudar e a desenvolver-se, é importante explicar-lhe sua responsabilidade e estimulá-lo a encontrar sua fecundidade nele próprio mediante sua análise e autoanálise. A formação é o tempo em que a contratransferência está sendo descoberta como uma coisa viva através da formação. Jung afirmou:

> Nenhum artifício evitará que o tratamento seja o produto de uma interação entre o paciente e o médico, como seres inteiros. O tratamento propicia o encontro de duas realidades irracionais, isso é, de duas pessoas que não são grandezas limitadas e definíveis, mas que trazem consigo não só uma consciência, que talvez possa ser definida, mas, além dela, uma extensa e imprecisa esfera de inconsciência. [...] O encontro de duas personalidades é como a mistura

de duas substâncias químicas diferentes: no caso de se dar uma reação, ambas se transformam. [...] Na medida em que o médico se fecha a essa influência, ele também perde sua influência sobre o paciente (OC 16/1, §§ 163 e 166).

Quando um candidato tenta utilizar o que aprendeu em sua própria análise, ele pode desiludir-se acerca de si próprio; mas como resultado, se a análise o tornou flexível, ele pode aprender a mobilizar o interesse quando perde o ânimo, descobrir o que ele pode e o que não pode fazer e desenvolver seu próprio estilo; ele descobre traços regulares no que faz e chega a compreender sua técnica (relacionada com a experiência pessoal) e esta integração enquanto indivíduo é uma descoberta única (Fordham, 1978a).

O analista saberá que cada afirmação individual que faz é um relato do estado de sua psique, seja ela um fragmento de compreensão, uma emoção ou um *insight* intelectual; todas as técnicas e todo aprendizado sobre como analisar se baseiam nesse princípio. Assim, faz parte da experiência da formação do analista perceber que ele vai aprender, às vezes mais, às vezes menos, cada paciente e que, como consequência, ele próprio vai mudar (Fordham, 1970b).

O lugar do modelo teórico e a visão do sistema aberto

Hillman perguntou se a interação essencial entre terapeuta e paciente pode ser ensinada sem que se interfira desastrosamente no processo alquímico (Hillman, 1962). Fordham sustenta que as habilidades são desejadas e devem ser adquiridas, sendo essencial a teoria, mas que esta vem dos seminários e não da supervisão. Ele não fornece aos candidatos uma estrutura teórica

Perspectivas junguianas sobre supervisão clínica

na qual suas observações possam ser encaixadas, mas procura transmitir sua experiência e estimulando os próprios dons do candidato, evitando assim o perigo da doutrinação e tornando possível um encontro empírico, e não doutrinal.

Uma identificação do candidato com o analista e com o supervisor é a base desse estilo. Fordham ouve os diferentes relatos detalhados que os estudantes trazem, discute, aconselha sobre a administração geral e a leitura e elucida questões que surgem do material. Ele cria uma situação para aplicar o que já foi aprendido do procedimento analítico, ensinando como ouvir, como e quando intervir confrontando um paciente com sua situação, como detectar a transferência e a contratransferência, como interpretar e como evitar o uso da técnica para interferir; ajudando-o a definir onde se pode fazer uma melhora nas habilidades analíticas (Fordham, 1961, 1969a, 1982).

A supervisão diz respeito ao trabalho do estudante com seu caso, não ao seu mundo interior. Mas a técnica de relacionar-se com os pacientes pouco adianta para qualquer um, se ele não tiver êxito em integrar à sua experiência pessoal ao que ele aprende intelectualmente e se não descobrir em si mesmo o equivalente ao que lhe é ensinado:

> A psicopatologia não pode ser ensinada e, mais exatamente, precisa ser descoberta na experiência analítica do próprio candidato. [...] Inclino-me para esta postura porque ela é dinâmica e evita uma ideia estática e até formal da psicopatologia. [...] O que é aprendido através de livros, conferências, observações clínicas, experiência de hospitais psiquiátricos e departamentos pacientes de ambulatório pouco servirá se o candidato não experimentou e resolveu sua própria patologia. Se não tiver feito isso, o conhecimento intelectual se tornará uma obstrução positiva, visto

que tudo o que ele aprendeu será utilizado para reforçar defesas, tornando-as rígidas quando poderiam ter sido flexíveis (Fordham, 1978a).

Fordham ensina uma visão do sistema aberto, na qual o terapeuta se envolve totalmente com o paciente:

> Esta visão do sistema aberto, quando aplicada às interpretações, significa que seu *timing* leva em consideração tanto o analista quanto o paciente em qualquer intercâmbio. Isto contribui para a complexidade (Fordham, 1975).

Um sistema aberto implica ser assistemático intencionalmente, com total reação ao paciente, tornando-se então a contratransferência uma fonte de informação e uma influência terapêutica sobre o paciente (Fordham, 1972, 1978a).

Essa visão pode significar que candidato precisa permitir-se não saber o que está acontecendo e começar cada sessão como se ele nada soubesse sobre o paciente: "em quase todas as entrevistas, o analista pode experimentar hesitações, dúvidas, tateamentos no escuro e pistas falsas que, no final, levam a um resultado favorável expresso, em cada entrevista, por uma ou mais interpretações que o paciente poderá utilizar" (Fordham, 1978).

Avaliação e autoavaliação do progresso

Na visão de Fordham, um supervisor deve evitar a avaliação durante o trabalho em conjunto, não só para ajudar a se desenvolverem os dons disponíveis e o estilo pessoal, mas também para julgar como pode ocorrer a melhora. Ele prefere a experiência comparativa com os candidatos a padrões abstratos de julgar os candidatos. Por exemplo, ele descreve um estudante que era bom em observar as defesas superficiais, mas pobre em refreá-las, e outro que era o inverso. Quando precisa avaliar a solicitação para entrar no quadro de membros, Fordham expõe ao candidato sua opinião e procura diminuir a tensão, já que, como supervisor, ele controla a solicitação, mas não sua aceitação ou rejeição. Seu objetivo é orientar o autojulgamento, um processo integrativo central para o conceito do si-mesmo, que se infiltra em todas as esferas da vida do candidato. Os didatas podem se mostrar excessivamente ansiosos ao revelar os supostos defeitos ou, por outro lado, podem se mostrar falsamente condescendentes e competentes (Fordham 1961, 1978a).

Uma recordação pessoal como supervisionanda de Fordham

Lembro-me claramente como Fordham começou a partir de onde eu estava, não de onde ele pensava que eu deveria estar, e baseou-se nisso. Levou-me a sentir que nosso trabalho era um trabalho de descoberta, propondo e testando hipóteses únicas para o paciente e para mim: ele estava tão interessado e empolgado com isso quanto eu estava e fez com que me sentisse valorizada. Evidentemente ele se esforçava muito para não interferir em minha análise. Não me lembro de ele ter chamado a atenção para minha contratransferência: geralmente ele era mais sutil, elogiando-me por não ter caído em falhas recorrentes, ou aludindo às suas próprias dificuldades que eu, então, aplicava a mim mesma. Eu nunca soube se ele inventou isso para meu proveito ou não (talvez o tenha feito, porque ele disse que inventava sonhos para seu analista quando certos tópicos não estavam sendo discutidos). Ele se ocupava com os

74 Coleção Reflexões Junguianas

aspectos práticos, com a sala, com os quadros, com os vidros duplos, com as finanças, para a pessoa sentir-se confortável e levar em conta suas fraquezas. Fazia poucos comentários e deixava-me analisar. Às vezes eu ficava irritada com ele e, às vezes, me comportava de maneira inadequada, mas ele sempre fazia-me entender que isso era algo cuja responsabilidade cabia a nós dois.

Ele me desaconselhava a ouvir com demasiada frequência o paciente ou fazer demasiadas interpretações, mostrando-me que isso não funcionava quando eu o fazia, permitindo-me, ao invés, encontrar e prestar atenção à minha contratransferência (quando eu não ousava fazê-lo). O que ele me ensinou sobre a contratransferência ilusória e sintônica estava muito à frente dos desenvolvimentos atuais. Mesmo assim, dizia ele, alguns a consideravam ruim e queriam livrar-se dela. Mas, também dizia ele, todos nós fazemos projeções o tempo todo (alguns sendo projetores e alguns introjetores) e, se alguém examina a contratransferência, descobre-a constantemente num nível infantil: alguém pode ser enredado na contratransferência ou observá-la, recuar e distinguir sua própria contratransferência da contratransferência do paciente. Às vezes, dizia ele, a pessoa se torna relativamente consciente de que algo está acontecendo e pode esperar que isso se esclareça, tolerando a incerteza, não rejeitando interpretações. Um paciente pode precisar que prossiga a projeção inconsciente do analista (Fordham, 1966)[1].

O ambiente da supervisão com Fordham era quase analítico, sendo as fronteiras rigorosas em muitos aspectos. Embora a análise não visasse o material dos pacientes, ela tinha alguns

---

1. Comunicação pessoal.

Perspectivas junguianas sobre supervisão clínica

correlatos, começando cada sessão com uma atitude de "não saber" e com uma espécie de visão do sistema aberto no relato e na discussão, utilizando informação tanto inconsciente quanto consciente.

Referências

Fordham, M. (1958). A suggested center for analytical psychology. In M. Fordham, *The Objective Psyche*. Routledge & Kegan Paul.

Fordham, M. (1961). Suggestions towards a theory of supervision. *The Journal of Analytical Psychology, 6*(2).

Fordham, M. (1969a). Technique and countertransference. *The Journal of Analytical Psychology, 14*(2).

Fordham, M. (1969b). Review of Racker's transference and countertransference. *The Journal of Analytical Psychology, 14*(2).

Fordham, M. (1970a). Reflections on training analysis. *The Journal of Analytical Psychology, 15*(1).

Fordham, M. (1970b). Notes on the transference. In M. Fordham, *New Developments in Analytical Psychology*. Routledge & Kegan Paul.

Fordham, M. (1972). The interrelation between patient and therapist. *The Journal of Analytical Psychology, 17*(2).

Fordham, M. (1975). On interpretation. *Zeitschrift für analytische Psychologie, 6*(2).

Fordham, M. (1978a). *Jungian Psychotherapy, a Study in Analytical Psychology*. John Wiley.

Fordham, M. (1978b). Some idiosyncratic behavior of therapists. *The Journal of Analytical Psychology*, 23(2).

Fordham, M. (1982). How do I assess progress in supervision? *The Journal of Analytical Psychology*, 27(2).

Hillman, J. (1962). Training and the C.G. Jung Institute, Zurich. *The Journal of Analytical Psychology*, 7(1).

Jung, C. G (1931). *Problems of modern psychotherapy*. Collected Works 16(1).

Racker, H. (1968). *Transference and countertransference*. Hogarth.

5 Supervisão e o arquétipo do mentor

Lionel Corbett

Introdução

Apesar da crucial importância da supervisão, o tema recebeu insuficiente atenção na literatura junguiana. Essa estranha indiferença é coerente com a tendência junguiana clássica de negligenciar o processo de psicoterapia em favor da análise do conteúdo, de modo que os pormenores do material intrapsíquico foram tradicionalmente mais valorizados do que a dinâmica interpessoal. O perigo que isso criou no passado foi que os programas junguianos de formação enfocaram quase exclusivamente a psicologia junguiana e muito pouco a prática da psicoterapia. Com a nossa sensibilidade atual, a situação não é mais defensável; ambas são aspectos importantes da formação e da supervisão. Mas esse novo foco no processo e não apenas no conteúdo acarretou uma nova dificuldade, encontrada muito mais nos programas junguianos do que no resto do mundo psicanalítico, onde os institutos de formação tendem a ser relativamente homogêneos. Em nossos institutos, embora todos compartilhemos uma adesão filosófica básica ao pensamento junguiano, no nível personalista, existem junguianos hillmanianos, kleinianos, freudianos, kohutianos e langsianos, para mencionar apenas algumas espécies. Esse fato complica os processos de formação e precisa de atenção especial. Ele suscita dificuldades especialmente para candidatos nos institutos onde os analistas são de convicções teóricas diferentes, de modo que existe uma escolha de supervisor e de teoria. O aspecto positivo dessa situação é a oportunidade de enriquecimento que ela proporciona ao candidato, mas o lado negativo é visto nas consequências políticas resultantes, para não mencionar a constelação de problemas sombrios de divisão e inveja. Essa situação pouco abordada aumenta a já considerável responsabilidade do supervisor, que é o resultado de diversos fatores que vale a pena repetir:

1) A supervisão tem um efeito pirâmide; através de nossa influência sobre um candidato influenciamos indiretamente, para o bem ou para o mal, a terapia de muitas das pessoas que ele ou ela tratarão ao longo de sua carreira.

2) Embora supervisão não seja sinônimo de terapia, ambas têm alguns elementos em comum. A supervisão pode ter um efeito terapêutico ou um efeito antiterapêutico sobre o candidato. Por causa da identificação não analisada com o supervisor ou da transferência para o supervisor, ou por causa de uma necessidade de defender-se contra aspectos traumáticos da situação, o processo pode beneficiar ou consolidar tanto a saúde quanto a patologia pessoal do candidato, como também a de seu paciente, e pode ajudar a reforçar ou dissolver alguns dos hábitos terapêuticos do candidato.

3) Assim como o terapeuta precisa estar consciente de suas próprias dificuldades, também o supervisor precisa estar suficientemente consciente para não prejudicar o candidato pela imposição de uma posição teórica inadequada, baseada

nas necessidades do próprio supervisor. Se for forçado a adotar uma teoria imprópria para seu temperamento e habilidades ou a adaptar-se a ela, o candidato pode levar anos para superar o dano.

A necessidade de uma escolha consciente de um modelo de formação

Embora reconhecendo o valor da literatura psicanalítica sobre a supervisão, é hora de definirmos uma abordagem especificamente junguiana da formação, o que requer que distingamos o funcionamento do si-mesmo e seus constituintes arquetípicos nesse processo. Por causa do amplo leque de possibilidades que esse esforço disponibiliza, pretendo enfocar apenas aqueles fatores da supervisão que realçam esse processo ou nele interferem. Em especial, escolhi uma forma arquetípica particular que considero a mais apropriada para a supervisão e para a formação em geral – a da mentoria – a fim de compará-la com outras possibilidades pedagógicas.

Obviamente é possível formar dentro de atitudes arquetípicas diferentes. Espero que o modelo do mentor forme um útil contraste com as atitudes encontradas em alguns institutos analíticos, que promovem, consciente ou inconscientemente, uma atitude parental para com os estagiários, que, por sua vez, é uma atitude de afastamento apolíneo ou de parentalidade narcisista. Acredito que ocorra uma infantilização desnecessária dos estagiários quando seus mestres utilizam modelos pedagógicos inadequados. Não basta insistir, como ouço frequentemente, que a transferência para o supervisor ou para o instituto é inevitavelmente uma transferência parental; a natureza da relação pode realmente ser imposta ao candidato.

Insistir que a transferência do candidato é apenas o resultado de suas fantasias endógenas, sem nenhuma contribuição do ambiente, já não se sustenta, em vista do avanço ocorrido na compreensão dos fundamentos intersubjetivos da vida psíquica (Stolorow & Atwood, 1992). A atitude de culpar o candidato por tudo o que ele/ela experimenta é uma extensão da atitude analítica tradicional, que atribui todo o conteúdo da análise ao material pessoal do analisando, como se o analista ou a realidade não contribuíssem com nada. Com efeito, o estudante é profundamente afetado pela tendência geral do instituto de formação e pela abordagem de seus supervisores. Quando a atmosfera do instituto é destrutiva, ela se opõe às necessidades maturacionais do candidato. As ansiedades persecutórias e depressivas do candidato não são então necessariamente o resultado da projeção de fantasias – o instituto ou o comitê podem realmente ser persecutórios. Se o supervisor é incapaz de permitir o desenvolvimento de uma relação de confiança, impedirá o desenvolvimento de uma "aliança de aprendizado". Condenação, crítica inútil ou desprezo do candidato tendem a impedi-lo de apresentar algum material que lhe causa vergonha e o condicionam a apresentar e exercitar-se de maneiras que negam ou distorcem seu potencial real a serviço das necessidades do supervisor.

Mesmo em situações mais benignas, o próprio fato de pressupor um modelo de formação pai/mãe-criança tende a constelar ou a enfatizar excessivamente esse arquétipo particular na relação de supervisão. O inconsciente de ambos os participantes responde de acordo e, assim, a transferência é distorcida. Por isso, sugiro que a adoção de qualquer modelo particular de formação deva ser uma escolha consciente por parte do instituto e do supervisor, e não deixada ao acaso. Aos interessados em teorias feministas da psicoterapia, sugiro que o modelo de mentor resolva alguns dos problemas de hierarquias, que são tão problemáticos para os que desejam trabalhar num modelo relacional. Evidentemente, se argumentará que existe uma necessidade de algum tipo de autoridade na situação de formação. Acredito que a forma mais apropriada de autoridade seja a que Paterson (1966) denomina "sapiencial", que é o direito de ser ouvido em razão da sabedoria e do conhecimento especializado. Essa autoridade reside na pessoa e não é possuída simplesmente em virtude da posição estrutural que alguém ocupa numa hierarquia. A autoridade sapiencial permite a alguém aconselhar, ensinar e orientar, mas não dar ordens ao outro.

O modelo de mentor da formação

Etimologicamente, de acordo com os dicionários, a palavra "mentor" significa consultor/conselheiro, da raiz *men*, que significa lembrar, pensar ou aconselhar. Na mitologia, o Mentor era o nome de um nobre de Ítaca, amigo de Ulisses. Atena assumiu a forma de Mentor quando quis guiar e aconselhar o jovem filho de Ulisses, chamado Telêmaco, durante sua busca por seu pai. Nesse mitologema é possível ver muitos dos elementos arquetípicos da mentoria. A busca pelas qualidades do pai entre os jovens é facilitada por uma figura mais velha, semelhante ao pai, mas que não é exatamente o pai, capaz de encarnar a sabedoria, especificamente as qualidades semelhantes às de Atena. Embora Atena seja especialmente uma protetora e conselheira de homens heroicos, a relação mentor-mentorando é encontrada evidentemente entre mulheres e também entre mulheres e homens, sendo que qualquer um deles pode assumir o papel de mentor.

Burton (1979) esclareceu a importância dos aspectos de mentor da psicoterapia, realçando os efeitos mútuos do terapeuta e do paciente, *excetuados* os da transferência/contratransferência. Para Burton (1979, pp. 507-517), o mentor é: "uma pessoa carismática que pode ajudar em transições difíceis da vida de uma maneira diferente da usual, [...] uma pessoa poderosa que se transformou e agora tem visibilidade social como empreendedor eminente". O mentor é um modelo de personalidade "que pode estar numa relação criativa especial conosco – não como pai, mãe, amigo ou amante, [...] mas como um par e uma autopossibilidade". Entre várias dessas relações criativas, Burton cita as relações entre Freud e Lou Andreas-Salomé, e entre Jung e Toni Wolff. A mais detalhada descrição da mentoria talvez seja a fornecida por Levinson (1978) em sua descrição da transição da meia-idade. Em sua acepção, o mentor é um mestre, conselheiro e patrocinador, um anfitrião e guia para o mundo no qual seu protegido/a quer entrar, um modelo que proporciona conselho e apoio moral. E o que é mais importante: o mentor facilita que os/as jovens realizem seu sonho – ou visão – juvenil do tipo de vida que gostariam de viver. O mentor é um análogo do "pai/mãe suficientemente bom"; ele/ela fomenta o desenvolvimento acreditando no mentorando e abençoando seu sonho. Mas, é importante realçar, o mentor não é um pai/mãe, mas antes uma figura intermediária, que permite ao monitorando deixar a imaturidade e tornar-se um par com outros adultos. O mentor é, portanto, uma mistura de pai/mãe e par, porque:

Perspectivas junguianas sobre supervisão clínica

> Se é totalmente um par, ele não pode representar o nível avançado que o/a jovem se esforça para atingir. Se ele é muito parental, é difícil para ambos chegar à relação de iguais, que é o objetivo último (embora nunca plenamente alcançado) da relação. Os pais reais podem suprir certas funções de mentoria, mas estão ligados demasiadamente ao desenvolvimento pré-adulto de sua prole (tanto na mente da prole quanto na deles próprios) para serem figuras primárias de mentor (Levinson, 19978, p. 99).

A relação de mentor parece um aprendizado para tornar--se uma pessoa "mais avançada, perita e autoritativa". Com o passar do tempo, o mentorando adquire um "sentimento mais pleno de sua própria autoridade e de sua capacidade de ação responsável autônoma". A relação se torna gradualmente mais mútua, com um equilíbrio entre dar e receber. Isso possibilita ao mentorando transcender a divisão pai/mãe-criança. Levinson adverte que é difícil terminar essa relação sensatamente. Ela pode terminar em amizade ou com maus sentimentos e decepção, mas o processo de internalização produzido por ela é de importância evolutiva crítica para o desenvolvimento.

Aqui são necessários dois comentários adicionais. Em primeiro lugar: a relação do candidato com o supervisor, que pode resultar na internalização do conhecimento técnico e numa filosofia do tratamento, deve ser utilizada para consolidar as aptidões profissionais do candidato à sua própria maneira única, de modo que ele se torne seu próprio tipo de terapeuta, sem identificação grosseira com o supervisor. Em segundo lugar: grau de decepção controlável no supervisor-mentor é essencial para o crescimento do candidato. Na medida em que o grau desse tipo de deficiência for ótimo, permitirá ao candidato assumir para si mesmo aquelas funções de supervisor que ele anteriormente confiava que seu mentor providenciasse. O mentor deve permitir que essa decepção ocorra, com base em suas próprias deficiências inevitáveis, sem sofrer lesão narcisista, percebendo sua importância para o desenvolvimento do candidato. Com efeito, as fraquezas do supervisor podem tornar-se trampolins para o ulterior conhecimento do candidato se o supervisor o estimular a prosseguir nessas áreas.

É óbvio evidentemente que os elementos da transferência infantil precisam entrar nessa relação, como entram em todas as relações importantes. Com efeito, é importante observar que uma parte do comportamento do candidato para com o paciente é realmente uma função de sua transferência para seu supervisor e não é determinado simplesmente pela contratransferência do candidato para o paciente. As vertentes da idealização, do espelhamento e da gemelaridade, enquanto determinadas pelas mútuas necessidades de *self-object* dos participantes, são claramente necessárias para a supervisão ser bem-sucedida; os aspectos pai/mãe-criança não podem ser evitados totalmente, embora possam ser, em grande parte, superados com a ajuda do supervisor. Componentes eróticos, tanto homossexuais quanto heterossexuais, podem também desempenhar um papel. No entanto, a relação mentor-mentorando é por demais rica e complicada para ser descartada como se fosse unicamente uma confluência de fenômenos de transferência. Parece ser uma forma arquetípica irredutível por si mesma. Levinson a considera essencialmente uma relação de amor e é por isso que tem essa propensão a malograr; mas eu acredito que, com base nas imagens míticas descritas acima, é mais adequado caracterizar o objetivo da mentoria como transmissão de sabedoria e que esse é seu sentido arquetípico irredutível. Se trabalhar nesse modelo, o supervisor certamente observará elementos de transferência entre ele próprio e o candidato, mas só precisa gastar tempo com eles em situações específicas. Estas são: 1) quando a transferência, para ele, é indiscutivelmente negativa. Quando essa situação causa dificuldade real, pode ser apontada discretamente e remetida a um trabalho detalhado dentro da terapia pessoal do candidato, contanto que o supervisor seja também honesto quanto às possíveis maneiras de seu próprio comportamento contribuir para os sentimentos do candidato. 2) No caso de processos paralelos entre a supervisão e o caso que está sendo supervisionado, é muito valiosa a atenção aos detalhes da transferência na supervisão. Se for irrepreensível ou útil, a transferência na supervisão pode ser ignorada.

Resistência à adoção do modelo de mentor

O traço eminente do modelo de mentor que causa dificuldade é que ele estimula o candidato a desenvolver seu próprio estilo de prática e tornar-se o terapeuta que ele foi destinado a tornar-se, baseando-se na teoria da terapia que for mais adequada ao indivíduo do ponto de vista temperamental e espiritual. Teoricamente, o mentor apoiará essa escolha se for razoável, sem insistir que o candidato adote o modelo de tratamento do próprio supervisor. Esse é o análogo educacional da esperança de que, após a psicoterapia bem-sucedida, o paciente não será um clone do terapeuta, como resultado de uma identificação grosseira, mas utilizará a relação terapêutica para desenvolver suas próprias estruturas do si-mesmo. Percebo que existem modelos alternativos viáveis de supervisão, por exemplo aquele que diz: "é pegar ou largar: é isso que ensinamos neste instituto". Aqui não estou tão preocupado com objeções teóricas ou técnicas válidas ao modelo de mentor quanto com identificar fontes de resistência a ele, baseadas nas necessidades defensivas do supervisor. Observei várias fontes dessa resistência, geralmente baseada nos problemas que surgem quando o candidato não está preparado para adotar completamente a filosofia de tratamento do supervisor ou submeter-se a ela.

É preciso dizer que, assim como os pais podem utilizar as crianças para satisfazer suas próprias necessidades narcisistas, também o supervisor inconsciente pode esperar que o candidato o idealize automaticamente e adote respeitosamente o modelo pessoal de terapia do supervisor, em vez de encontrar seu próprio modelo. Naturalmente é mais provável que esse pressuposto ocorra se o supervisor utilizar seu modelo particular de terapia defensivamente. Isso acontece, por exemplo, quando o próprio supervisor foi tratado e supervisionado de uma maneira inadequada ou inútil. Nessas situações, o supervisor pode recorrer a uma determinada teoria, e à comunidade de verdadeiros crentes da mesma opinião, como *self-objects* que o tranquilizam e o ajudam a manter sua autoestima e posição profissional. No pior dos casos, quando o supervisor foi realmente abusado ou retraumatizado durante sua própria terapia, ele pode identificar-se com o agressor e tratar seus próprios analisandos e supervisionandos da maneira como foi tratado. Porque o fato de o candidato não trabalhar da mesma forma que o supervisor ameaça as estruturas defensivas do supervisor e se torna uma fonte de lesão narcisista. É importante que o supervisor não utilize o candidato com o objetivo de lidar com seu próprio problema de autoestima, seja formando discípulos ou sendo onisciente. O supervisor, como o analista, precisa manter razoavelmente sob um controle suas próprias necessidades emocionais. Por exemplo, uma intensa necessidade de igualdade – ou seja, de estar cercado de "pessoas iguais a mim" – entre os analistas seniores de um instituto significa que o candidato precisa desvirtuar-se a fim de satisfazer os requisitos de seus professores. Esses podem culpar o candidato por não ser teoricamente (entendido em sentido político) correto, ignorando a necessidade de o candidato ser fiel a seu si-mesmo. Isso o retraumatiza a serviço de proteger os compromissos teóricos do formador, que o candidato pode entender perfeitamente, mas com os quais pode simplesmente não concordar.

Uma situação potencialmente difícil surge também quando o candidato utiliza um modelo de terapia no qual é formado, mas que o supervisor simplesmente não entende ou, pior ainda, pensa que entende, mas de fato não entende. Teoricamente, o supervisor pode, então, aprender com o candidato, o que faz parte da mutualidade do modelo de mentor, especialmente quando se trabalha com candidatos avançados. Mas o investimento emocional do supervisor em sua própria maneira de trabalhar ou as demandas narcísicas de ser um analista da formação podem impossibilitar esse resultado. Novamente o risco consiste em que o supervisor projeta no candidato seu próprio modelo de "analista ideal", baseado nas forças e fraquezas do próprio supervisor, e na educação que o supervisor deseja que tivesse recebido. Estamos, então, na posição dos pais que insistem que suas crianças vivam a vida que os próprios pais não viveram, independentemente da sua conveniência para a criança. Então, o instituto repete a necessidade traumática de desenvolver um falso-*self* terapêutico, insistindo que o candidato se desenvolva de uma única maneira, não permitindo que surja seu verdadeiro si-mesmo terapêutico.

Eu gostaria de esboçar agora algumas das aplicações do modelo de mentor na prática supervisória sob diversos títulos.

Seleção do material a ser tratado na supervisão

Muitos elementos possíveis da terapia podem ser selecionados para uma atenção especial na supervisão, mas inevitavelmente só podemos ocupar-nos com uma parte do trabalho do candidato, de modo que é necessária uma seleção do seu material. É um processo sumamente revelador. Assim como na terapia selecionamos certos aspectos da interação a serem tratados e ignoramos outros, baseando-nos no que julgamos realmente importante, o mesmo ocorre na supervisão. O supervisor ou o candidato podem desejar focalizar os sonhos, a dimensão arquetípica ou simbólica, a transferência/contratransferência, a estrutura e assim por diante. Com isso, ignora-se algo, que é, geralmente, importante e inconsciente. Tanto na terapia quanto na supervisão, os elementos com que nos ocupamos são uma função de diversos fatores que causam inevitavelmente um viés para determinadas direções. Alguns desses fatores que induzem o viés são: áreas da teoria e da prática que compreendemos realmente, áreas sobre as quais conhecemos o suficiente para saber que somos relativamente ignorantes a respeito delas, áreas que não sabemos que não conhecemos, nossas próprias necessidades emocionais, material pessoal contra o qual nos defendemos com sucesso e material pessoal que devemos evitar totalmente. As duas últimas situações de defesa impedem que o candidato traga certos materiais para a supervisão e operam no supervisor quando ele inibe sutilmente o candidato de apresentar certo material ou projeta o problema no candidato ou em seu paciente.

O supervisor pode gostar de pensar que a seleção do material para supervisão se orienta pelo material trazido pelo candidato; mas a percepção que o candidato tem das preferências e aversões do supervisor e o que ele sabe que o fará avançar no instituto logo moldam e influenciam o conteúdo desse material. A natureza desses processos de seleção e a atitude do supervisor no tocante àquilo que o próprio candidato pensa ser importante são bons indicadores do modelo de supervisão que está sendo utilizado. Existe, em certas escolas de formação do tipo "papai (ou mamãe) sabe melhor", uma tendência a pressupor que o supervisor está automaticamente correto em sua abordagem do candidato. Nesse caso, que de fato impõe deliberadamente um determinado modelo de terapia, o supervisor decide sobre o conteúdo daquilo que é trazido para supervisão e diz ao candidato o que ignorar, o que ouvir com atenção e como interpretá-lo. Por exemplo, o candidato pode ser exortado a procurar sonhos, trazer anotações do processo, ficar atento aos derivados, prestar atenção especialmente à transferência negativa, frustrar o paciente para estimular a expressão de raiva, ocupar-se com distúrbios na estrutura, estar alerta a disrupções no elo *self-object* etc. Como resultado, em vez de comportar-se naturalmente para que a situação no tratamento que ele está apresentando surja organicamente, o candidato, consciente ou inconscientemente, evoca, ou pelo menos apresenta, seu material de acordo com a prescrição do supervisor. Muitas vezes isso o leva a distorcer a verdadeira natureza do que acontece realmente na terapia ou seu tratamento do paciente sofre com o constrangimento da presença tácita do supervisor. Normas absolutas de prática impostas ao candidato, como estruturas terapêuticas mantidas rigidamente, levam certamente o candidato a encontrar-se com sua própria raiva ou dor infantil por causa da frustração e da vergonha, que pode proporcionar munição útil para a terapia do próprio candidato. Mas esse absolutismo leva também a uma condescendência regressiva infantil ou a soluções da persona com ressentimento tácito, que parecem adesão às normas, mas que de fato ignoram as reais necessidades de formação do candidato e traem sua personalidade autêntica. Essas pseudor-resoluções de conflito com o instituto ou com os supervisores individuais são difíceis de detectar em candidatos que são so-breviventes experientes de famílias difíceis. Candidatos feitos de natureza mais resistente, que recusam submeter-se ao que é percebido precisamente como uma repetição do trauma da infância, podem abandonar totalmente a formação, em certos casos, para grande perda da comunidade analítica.

No modelo mentor de supervisão, permitimos ao candidato apresentar seu caso sem dizer-lhe o que selecionar ou como apresentar, exatamente como não dizemos aos pacientes sobre o que devem falar. É axiomático que aquilo que não é relatado é provavelmente importante. Mas essas omissões são observadas discretamente e investigadas no momento certo. A supervisão utiliza os mesmos princípios que governam o ritmo das inter-pretações na psicoterapia, com o trabalho prosseguindo em estágios gradualmente mais profundos. O objetivo da supervisão consiste em compreender o que está acontecendo realmente entre terapeuta e paciente, porque presume-se que a com-preensão real levará a corrigir o comportamento terapêutico. É inevitável que a formulação dessa compreensão possa assumir diversas formas, baseadas em determinadas teorias. O supervisor mostrará sua opinião pessoal sobre o que está acontecendo, mas deve ser suficientemente educado para poder moldar a dinâmica da terapia de outras maneiras, se isso for necessário para o desenvolvimento profissional do candidato. Presume-se que o terapeuta sabe realmente muita coisa sobre o paciente que o candidato ainda não sabe como articular; o supervisor o ajuda a encontrar palavras e uma estrutura adequada para o que está acontecendo e explica que essa compreensão pode ser melhor moldada de acordo com diferentes perspectivas teóricas. Assim, a interferência do supervisor no trabalho do candidato enquanto terapeuta e a imposição da postura teórica do supervisor, embora inevitáveis até certo ponto, são minimizadas. Isso se alcança também quando o supervisor reconhece seus vieses, dando suas razões para considerá-los necessários.

O mentor-supervisor se lembrará que seu estilo pessoal na supervisão e o que ele julga importante não são aplicáveis universalmente. São influenciados por aquilo que ele considera importante na terapia, por aquilo que lhe aconteceu em sua própria terapia e supervisão e por suas aversões e paixões pessoais. A fim de ser útil ou importante para o candidato, o supervisor distinguirá suas próprias necessidades nessas áreas das necessidades do candidato e procurará discernir quem o candidato é ou está tentando tornar-se. Algumas habilidades são importantes para todos os terapeutas, enquanto outras são uma questão de estilo pessoal. Por exemplo, na primeira categoria é sempre importante realçar a formação da atenção que o terapeuta presta ao paciente; a própria atenção pode levar a surpreendentes mudanças sem a aplicação de qualquer outro expediente terapêutico. A atenção pode assumir a forma de um rigoroso rastreamento do material do paciente e de seu estado afetivo, como também a forma de uma atenção às imagens e reações somáticas do próprio terapeuta. Quando o candidato iniciante pergunta o que ele deveria fazer, eu recomendo a abordagem "obstétrica" da terapia, que consiste simplesmente em tentar partejar a parte que apresenta – ou seja, limitar-se ao que o paciente está dizendo no momento, em vez de correr atrás de alguma outra coisa. Na categoria do estilo pessoal, é útil lembrar que certos terapeutas são temperamentalmente "caçadores", que gostam de ser relativamente ativos e, até certo ponto, perseguem o paciente, enquanto outros preferem "preparar armadilhas", um estilo mais paciente e de espera. Cada um desses estilos tem vantagens e desvantagens. O que quero salientar aqui é que o mentor procura discernir como esse determinado candidato trabalha melhor e não o encaixar à força num sistema de pensamento. Para isso, o supervisor precisa ser sensível aos efeitos de seu viés teórico e também pessoal. Apresento aqui minha atitude pessoal a respeito deste problema.

O viés teórico do supervisor e o candidato

Nos casos em que tenho consciência de meu viés teórico, eu o declaro ao candidato, naquelas ocasiões em que percebo que existem diferentes maneiras de conceitualizar a situação clínica particular que me é apresentada, se eu sentir que o candidato não ficará por demais embaraçado por ouvi-lo. Quando percebo o viés teórico do candidato, mostro-o a ele, sem julgar, mas simplesmente assinalando que aquilo que ele disse revela uma atitude *kohutiana* ou kleiniana ou qualquer outra atitude subjacente. Muitos candidatos não percebem que aquilo que acabaram de dizer a um paciente representa um compromisso teórico e podem não se dar conta dos sustentáculos da teoria que serviu de base para aquilo que falaram. Aqui estou interessado em procurar preencher ao máximo a eterna lacuna entre teoria e prática; às vezes o candidato fica horrorizado ao ouvir o que está implícito naquilo que ele disse, enquanto, às vezes, ele concorda; mas acredito que ele deveria conhecer suas implicações. Se não conhecer as ramificações de sua abordagem, o terapeuta está apenas falando sem criatividade.

Quando são possíveis diferentes abordagens numa dada situação clínica, se o candidato estiver interessado nessa investigação e for suficientemente avançado para captar suas possibilidades, eu diria mais ou menos o seguinte: "aqui Freud diria isto, Klein diria aquilo, Kohut diria tal e tal coisa, os intersubjetivistas apontariam este aspecto, a visão junguiana é esta, esta é a maneira como eu o vejo, e esta é a postura que você parece adotar". Em cada caso procuro esclarecer os pressupostos subjacentes, de modo que o candidato possa escolher o que lhe parecer correto. À medida que ele o faz conscientemente e não por ignorância, posso apoiar sua escolha. Minha experiência é que ouvir opções é, muitas vezes, um alívio. Apresento-as, porque acredito que o candidato precise ser exposto a um leque razoável de escolhas sobre como trabalhar, para que possa decidir o melhor que lhe convém. Essas escolhas se baseiam no fato de que todos os terapeutas lidam com um conjunto de questões fundamentais. O candidato precisa decidir quais, em sua opinião, são a fonte da motivação humana, quais são fatores importantes no desenvolvimento humano, qual é o lugar das relações no desenvolvimento de um si-mesmo, qual é a fonte de cura na terapia, como o paciente "utiliza" o terapeuta no processo de tratamento, qual é o lugar do Si-mesmo transpessoal na terapia e assim por diante. Suas próprias respostas a essas questões influenciarão seu trabalho, e acredito que esses deveriam ser pelo menos problemas conscientes, se ainda não resolvidos, para todos os profissionais. Aqui estou contra o ecletismo, em parte, porque acredito que algumas escolhas terapêuticas são mutuamente excludentes e, em parte, porque mudanças constantes de atitude por parte do terapeuta confundem e desorientam o paciente.

Permitam-me esboçar alguns dos pontos típicos de tomada de decisão na terapia que são controversos, que em minha opinião fazem uma grande diferença para a prática e que sobretudo não deveriam ser apresentados aos candidatos como se fossem questões resolvidas para todos os profissionais, mesmo se estejam resolvidas na mente do supervisor. Assinalo essas questões como surgem contextualmente, não didaticamente.

1) Podemos considerar os impulsos como motivadores primários ou como produtos de desintegração de um si-mesmo fragmentado; essas atitudes resultam em interpretações radicalmente diferentes da sexualidade e da raiva do paciente e estão fundamentadas em diferentes teorias da natureza humana.

2) Podemos considerar a terapia como uma situação de dupla realidade, na qual a transferência do paciente é uma distorção da natureza "real" da interação, da qual evidentemente só o terapeuta está a par, ou podemos deixar de considerar como nosso comportamento interage com a visão válida que o paciente tem das coisas e exerce influência sobre ela. (Às vezes a visão negativa que o paciente tem do terapeuta não é uma transferência, mas existe porque o terapeuta foi prejudicial).

Perspectivas junguianas sobre supervisão clínica 95

3) O candidato precisa saber que existem teorias que culpam a criança ou o paciente ("agressão inata em excesso"), teorias que culpam o pai/mãe ou o terapeuta (fracasso empático) e abordagens que consideram o ajustamento entre as duas.

4) O candidato precisa saber que para alguns analistas orientados para o conteúdo só é importante o material intrapsíquico. Para eles, a "aliança terapêutica" é simplesmente o meio útil para trabalhar com sonhos e fantasias. Para outros, a própria reação representa o campo criticamente importante do *self-object*, criado por ambos os participantes. Em vez de ser aceito sem questionar, esse campo constitui o poder sustentador do Si-mesmo e nesta relação os constituintes do Si-mesmo se desdobram para serem satisfeitos na forma de necessidades *self-object*.

Existem outras questões controversas importantes, como: a questão da gratificação e da frustração, o valor real do *insight* ou da produção do inconsciente, as várias maneiras de compreender a fase edipiana, a real natureza do que denominamos identificação projetiva, o uso do divã, os desafios do conceito de fantasia inconsciente e assim por diante. No estado atual de conhecimento, todas essas questões são discutíveis; acredito que nossa responsabilidade de formadores para com os candidatos consiste em pelo menos estar consciente de que nenhuma dessas "vacas sagradas" pode ser aceita sem pensar.

Confrontados com esse turbilhão de possibilidades, surge agora uma opção. Nessas conjunturas presentes na supervisão, podemos tentar ajudar o candidato na confusão resultante ou deixá-lo um tanto confuso, lidando com um *koan* do tipo Zen; algo no sentido de: "como você trabalha quando percebe que você não está percebendo o que está fazendo?" A esperança aqui, como no Zen, é que ocorrerá um avanço na consciência que vai além da mente cotidiana; às vezes, isso se chama criatividade. Obviamente, a advertência é a seguinte: precisamos levar em consideração o nível de experiência do candidato, seu nível de ansiedade, sua vulnerabilidade narcisista e assim por diante. Para candidatos avançados, no entanto, a confusão dos modelos de terapia aos quais eles são expostos em alguns institutos é geralmente proveitosa, se resultar num esclarecimento das preferências pessoais. Mas, enquanto professores, precisamos estar conscientes de que estamos abertos e podemos criar um problema de divisão, desde que o candidato saiba qual de seus professores adere a qual teoria.

Mas toda essa confusão potencial é melhor do que ter um supervisor que apenas faz lavagem cerebral, ou alguém que está tão ocupado com sua teoria favorita a ponto de não enxergar se ela é utilizável pelo candidato. Precisamos estar cientes de que tanto a formação do candidato quanto seu tratamento dos pacientes decairão se ele, de repente, começa a tentar aplicar uma abordagem que não se harmoniza com ele. Por outro lado, os aspectos técnicos da terapia precisam ser ensinados, porque, dentre outras questões, grande parte do que é tido como "contratransferência" é de fato o resultado de simples ignorância do processo terapêutico. Um candidato maduro, que não se deixa intimidar pela autoridade nem é possuído por um complexo paterno, pode sentir um instinto de reconhecimento ou repugnância ao ouvir a articulação de uma posição teórica; e, quando sugiro abordagens, ponho-me à escuta dessa ressonância ou falta de ressonância na atitude do candidato. É evidentemente fútil ou hipócrita o supervisor pretender ser neutro acerca das escolhas do candidato, mas diferenças sinceras, mantidas com convicção num nível intelectual e sensível, intensificam o crescimento mútuo.

Um importante problema potencial surge quando existem diferenças espinhosas de opinião entre o analista pessoal do candidato e seu supervisor. Nessa situação, é necessária a boa vontade entre eles, junto à compreensão honesta da abordagem de cada um. É potencialmente prejudicial questionar as necessárias identificações ou aliança terapêutica do candidato, ou solapar de qualquer forma o trabalho que ele está fazendo com o outro analista, mediante alusões sutis às suas fraquezas ("algum dia você terá uma verdadeira análise"). É crucial também reconhecer que insistir na posição de que "aquilo que eu faço é verdadeira análise, mas o que o Dr. X faz não é" é meramente uma declaração política. Aqui não existe lugar para polêmica. Diferenças de abordagem de problemas como a destrutividade primitiva se baseiam em diferentes substratos teóricos e, pelo que sabemos, podem ser tratadas eficazmente de diversas maneiras.

Parenteticamente, no contexto da conexão entre terapia e supervisão, vale a pena recordar o debate de longa data sobre essa relação ocorrido entre Balint em Budapest e Bibring em Viena. Na década de 1930, o grupo de Budapest acreditava que a supervisão era uma extensão da análise pessoal e devia ser levada a cabo pelo analista pessoal. Eles realçavam a transferência na análise e a contratransferência na supervisão. Os vienenses insistiam na separação das duas, dizendo que a supervisão é didática e a contratransferência, uma vez identificada, devia ser levada à análise pessoal. Os vienenses venceram o debate, mas acredito que essa distinção é feita às vezes de maneira demasiado rígida. Penso que os analisandos podem incluir proveitosamente em sua própria terapia problemas que ocorrem com seus pacientes, e o analista pessoal pode, em vista de seu conhecimento do candidato, ajudar com a elucidação da dificuldade da transferência/contratransferência. De maneira semelhante, é óbvio para mim que alguns supervisionandos utilizam seu supervisor para satisfazer certas necessidades *self-object*, que não são plenamente satisfeitas em sua análise e podem até ser estimulados discretamente pelo supervisor a enfrentar sua transferência para seu analista pessoal, especialmente quando essa é semelhante à transferência de seu paciente para eles.

O problema da ignorância do supervisor

Uma das piores dificuldades do supervisor é sua área de ignorância, que sobrecarrega os candidatos ao máximo quando é negada ou inconsciente. Esse problema se manifesta em atitudes arrogantes de: "minha análise e formação foram tão boas que tenho todas as respostas e agora estou apenas transmitindo a doutrina". É muito mais preferível avaliar suas próprias dúvidas. Eu costumava lamentar o fato de que minha própria análise e formação eram incompletas, mas agora vejo esse fato como uma parte essencial de minha individuação. Essa incompletude obrigou-me a uma investigação constante, em vez de permitir a preguiça intelectual, e sei que meus próprios analisandos recebem tratamento melhor do que eu recebi. Se a ideia de ser analisado e formado inadequadamente é intolerável, a pessoa é então forçada a uma postura defensiva onisciente que requer que nos agarremos à teoria para compensar o que não recebemos em nossa análise e formação. O apego à teoria é utilizado para reforçar a autoestima e reprimir a dúvida em nós mesmos e em nossos candidatos. Esse supervisor lida com o candidato e com seus colegas autoritariamente e não com uma atitude de mútua exploração. Como declara T.S. Elliot, se queremos descobrir algo, precisamos abordá-lo mediante o não saber, não mediante o já saber. Uma adesão defensiva ou motivada narcisisticamente a uma teoria é um grosseiro desserviço tanto para os analisandos quanto para os candidatos. De preferência, deveríamos encarar o fato de que aquilo que é ensinado como verdade absoluta revela-se inadequado na prática. Todos os profissionais experientes descobrem que a aplicação daquilo que foram obrigados penosamente a aprender tem, às vezes, um efeito efêmero. A desilusão resultante pode forçar-nos a culpar o paciente ou a um niilismo terapêutico ou levar-nos a buscar refúgio no dogma. Nenhum desses mecanismos é útil como nossa criatividade e quanto antes o candidato for ajudado numa crise semelhante pela mão firme do mentor, tanto melhor.

É importante perceber que as forças e fraquezas técnicas do supervisor podem ou não coincidir com o que o candidato sabe, precisa saber ou tem medo de saber. Por isso, para que ocorra uma útil interface, o autoconhecimento e o julgamento clínico do supervisor são tão importantes na supervisão como o são na terapia. E, por causa dos contrastes entre supervisor e candidato, a supervisão, assim como a prática da terapia, se torna uma importante fonte de conhecimento ulterior para o supervisor.

Uma contribuição junguiana

Em vista da ampla literatura psicanalítica sobre a supervisão, é possível acrescentar algo especificamente junguiano? A resposta é um sim explícito; a teoria junguiana é útil por enfatizar contribuições específicas, como a importância da constelação do Si-mesmo na terapia. Esse é um conceito crucialmente importante a ser transmitido ao candidato, que ele não encontrará alhures. Em vez de enfocar exclusivamente os aspectos personalistas da transferência, estamos interessados também em seus aspectos arquetípicos, ou na maneira como o Si-mesmo se manifesta no campo terapêutico. Mas devemos também capacitar o paciente a encontrar sua própria relação com o Si-mesmo e com a psique objetiva; a atitude junguiana para com a terapia é única a esse respeito. Precisamos lembrar-nos que o Si-mesmo pode estar interessado na formação, se ela for autenticamente uma parte da individuação do candidato e do supervisor. Isso ocorre sincronicamente, por exemplo, quando o tema de um ensaio que eu leio à noite aparece no material que o candidato traz para a supervisão no dia seguinte. Ou quando comentários sobre a formação ocorrem nos sonhos. Por isso, é necessário estar tão aberto às operações do Si-mesmo na supervisão quanto o é na terapia.

É importante para nós ensinar todas as manifestações do Si-mesmo de modo que possam ser reconhecidas pelo que elas são. A numinosidade é o critério óbvio, mas pode não ser reconhecida pelo que ela é, assim como o principiante pode não reconhecer as manifestações da transferência enquanto não forem assinaladas pelo supervisor. Um exemplo do fracasso em reconhecer uma manifestação arquetípica, que é realmente causada por uma falha supervisória e pedagógica, ocorre quando os supervisores enfatizam a atenção à imagem às custas do rastreamento do afeto do paciente. Nem sempre se reconhece ou se enfatiza suficientemente que a presença do afeto, através do complexo, é o efeito do arquétipo tanto quanto da imagem. Jung concebe o arquétipo como um espectro que vai de uma extremidade somática a uma extremidade intrapsíquica ou espiritual. "Fixar-se" na imagem presente na psique e ignorar o afeto presente no corpo é pretender que apenas metade do arquétipo esteja presente. Quando o paciente ou o candidato é dominado por um afeto intenso, o Si-mesmo está presente da mesma forma que está na presença de imagens oníricas apavorantes. Esse afeto pode ser positivo ou negativo; a qualidade importante é sua autonomia em relação ao ponto de vista da consciência. Exatamente como ensinamos manifestações sutis da transferência/contratransferência, precisamos assinalar sutilidades dos efeitos do arquétipo. Existe uma tendência a ignorá-las na prática, como se fossem esquecidas após o exame propedêutico. Quando capta a natureza transpessoal delas ou experimenta o Si-mesmo na transferência mediante a *coniunctio*, o candidato se lembrará que ele sozinho não é responsável pelo progresso ou individuação do paciente. (Provavelmente ele esqueceu tudo sobre a *coniunctio*, pois teve dificuldade no volume 16 durante um curso lecionado há muito tempo). O candidato pode precisar ser lembrado da possibilidade dessa abordagem essencialmente religiosa da terapia, se lhe convém ao seu temperamento. A maneira como o Si-mesmo é melhor constelado é uma questão de opinião; minha convicção pessoal é que o estabelecimento de uma transferência *self-object* significa, de fato, que os elementos do Si-mesmo entraram na terapia e estão operando para moldar o si-mesmo pessoal, mas existem outras abordagens dessa questão. O que importa é a capacidade do supervisor de transmitir a importância da psique autônoma; como exatamente o candidato chega à experiência do Si-mesmo em seu próprio trabalho terapêutico é algo que interessa ao seu próprio desenvolvimento.

Aludi à importância dos acontecimentos sincrônicos na supervisão. Em todos os encontros profundamente terapêuticos de que participo, os complexos dos dois participantes estão conectados desta maneira. Aqui levo a sério a ideia de Jung de que "quem somos é algo que nos acontece", ou de que "o inconsciente se apresenta a nós a partir do exterior", como os acontecimentos de nossa vida. É assim que as pessoas que chegam ao nosso consultório nos trazem aspectos de nós mesmos. Acredito que é importante que o candidato junguiano experimente esse fato. Então, ele perceberá que o si-mesmo, e evidentemente o Si-mesmo, não termina na pele, mas inclui outros com o quais estamos destinados a relacionar-nos. Isso torna complicada a supervisão; o paciente é um aspecto psicológico do candidato, que, por sua vez, não está separado psicologicamente do supervisor. Esse lembrete não é uma recomendação de algum tipo de fusão psicótica; é antes uma tentativa de aprofundar a relação terapêutica, reconhecendo sua complexidade. Ele tem efeito extraordinário para qualquer *hybris* que possamos ter. Para ser justo com o candidato do qual se requer esse nível de consciência, o supervisor precisa perguntar-se por que esse candidato está em seu consultório com esse paciente, agora.

Escolha de um modelo arquetípico de supervisão

Na terapia, temos muito pouca escolha sobre qual arquétipo se manifesta e como ele o faz. Somos observadores respeitosos e participantes. Mas, na supervisão, acredito que podemos ter alguma influência consciente sobre quais manifestações arquetípicas entre supervisor e candidato são enfatizadas ou mesmo consteladas em primeiro lugar. Essa escolha é uma função de nossa atitude para com o candidato e para com a filosofia do instituto. Pode evidentemente existir uma transferência para o supervisor antes de eles se encontrarem, baseada num complexo paterno ou coisa parecida. Mas, diferentemente da situação na terapia, onde precisamos prestar atenção a tudo aquilo que ocorre entre nós, na supervisão podemos reforçar ou extinguir conscientemente diferentes aspectos da situação mediante atenção seletiva, de acordo com a maneira como queremos estruturar a relação. Podemos ser paternais ou maternais ou mesmo avunculares, mas minha sugestão é de que a melhor maneira de abordar o candidato é considerá-lo um aprendiz em relação ao qual somos um mentor. O candidato está ali para aprender e esse arquétipo, que está inevitavelmente presente até certo grau, deveria influenciar ao máximo nossa atitude.

Nosso maior problema pode ser o seguinte: muitos supervisores não praticam realmente o que ensinam. Tradicionalmente tem sido comum os analistas seniores ensinarem o tipo de ortodoxia que se espera, a qual repete essencialmente a orientação do partido. Eles foram relutantes ou incapazes de articular realmente o que fazem de fato na prática. Muitos dos nossos clínicos mais prendados têm sucesso por causa da maneira como trabalham realmente, não pelas razões que apresentam em situações pedagógicas, que tendem a ter um tom político. Nossos supervisores mais prendados são aqueles que conseguem ajudar o candidato a ter a coragem de deixar de lado toda teoria quando necessário e ser capazes de relatar o que realmente aconteceu.

Referências

Burton, A. (1979). The mentoring factor in the therapeutic relationship. *The Psychoanalytic Review, 66*(4), pp. 507-517.

Levinson, D.J. (1978). *The seasons of a man's life*. Ballantine.

Paterson, T.T. (1966). *Management theory*. Business Publications.

Stolorow, R.D., & Atwood, G.E. (1992). *Contexts of being: The intersubjective foundations of psychological life*. Analytic Press.

6 Supervisão e campo interativo

Mario Jacoby

Todas as escolas de psicologia profunda consideram a supervisão uma parte integral da formação dos candidatos que desejam desempenhar a arte da análise ou psicoterapia analítica. Exige-se que os candidatos revelem a um supervisor designado sua experiência com os analisandos e seu procedimento analítico. O que um candidato pode "aprender" de um tal encontro depende, em grande parte, da atitude e das ideias do supervisor no tocante àquilo com que a análise se ocupa. Na tradição junguiana clássica, a pessoa compartilhava o ceticismo do próprio Jung a respeito de qualquer tipo de "técnica". O importante não é o que o analista "diz", mas o que ele/ela vive e emana enquanto personalidade. A ênfase principal é posta, portanto, na personalidade do analista e em seu amadurecimento em termos do processo de individuação. Existe outra coisa a respeito da qual Jung era inflexível: os analistas precisam, na medida de suas capacidades, aprender a compreender a linguagem do inconsciente. Por isso, requer-se que estudem o simbolismo em amplas áreas da nossa história e cultura e que treinem sua capacidade de utilizar uma abordagem simbólica do material inconsciente do analisando. Primordial importância na formação era dada, portanto, à análise pessoal dos analistas e também aos estudos da amplificação. A supervisão era considerada realmente necessária, mas, na verdade, parecia menos importante. A tarefa dos supervisores consistia, na maioria das vezes, em acrescentar suas interpretações dos sonhos dos analisandos do candidato, acrescentando, talvez, algum conselho sobre como relacionar essas ideias com suas situações conscientes. A questão de decidir com que frequência um candidato precisava ver o supervisor era deixada ao discernimento do próprio candidato.

Hoje o número de horas é prescrito e o processo de formação é regulado pela quantidade de sessões. "Quanto mais horas melhor". Continua-se ainda a discutir se esse grande número de horas de supervisão incrementa ou não a qualidade da formação. Alguns colegas argumentam que os candidatos podem confiar em seus supervisores por demasiado tempo ou que os candidatos podem simplesmente frequentar o número de horas exigido, e isso é estéril. Ouve-se a opinião de que só deveriam procurar a supervisão quando se sentirem enredados no processo.

Eu, pessoalmente, sou a favor de um número maior de sessões. No entanto, a fim de mudar a quantidade em qualidade, é necessário refletir sobre como utilizar produtivamente esse número de horas. Para todas essas escolas analíticas que exigem uma técnica analítica, é necessário, obviamente, um exame detalhado dos diferentes movimentos e interações. Mas também nas escolas de psicologia analítica, que permitem grande liberdade e abertura individual, os encontros com um bom supervisor preenchem um objetivo essencial.

Isso ocorre especialmente porque, para muitos analistas, tem havido uma mudança de ênfase. O foco sobre os chamados "conteúdos" do inconsciente foi ampliado para incluir também

Perspectivas junguianas sobre supervisão clínica

uma consciência mais sensível das dinâmicas inconscientes à medida que se expressam no aqui e agora do "espaço terapêutico" ou do "campo interativo", como o expressa adequadamente Nathan Schwartz. Eu, pessoalmente, não penso que exista um "ou/ou": o foco ou no conteúdo dos sonhos ou na transferência/contratransferência, ou uma abordagem simbólica ou uma abordagem clínica. É bem sabido que a eficácia da interpretação dos sonhos depende tanto da pessoa que interpreta quanto daquilo que é o conteúdo da interpretação. Por outro lado, interpretar tudo em termos da transferência pode não fazer justiça a certos conteúdos que surgem do inconsciente. No entanto, embora Jung tenha sido o primeiro a descobrir a influência mútua no encontro analítico (a relação fundada na mútua inconsciência), toda essa área permaneceu bastante negligenciada e indiferenciada por um longo tempo – com exceção de alguns centros de formação como a "Escola de Londres".

Logo que as sutilidades do campo interativo entre paciente e candidato são incluídas nas sessões de supervisão, as coisas começam a tornar-se mais complexas. O foco deverá ser posto também em perguntas como: até que ponto os candidatos são perceptivos em termos das comunicações não verbais do analisando, de sua linguagem corporal, inflexões de voz, meia-voz etc.? E até que ponto a consciência dos candidatos se diferencia daquilo que a presença do paciente evoca neles em dado momento? Como reagem ao amor, à agressão, à depreciação, à ambivalência etc. do paciente? Precisam eles assumir esses afetos de maneira demasiadamente pessoal e retaliar de maneira inconsciente e sutil? Ou são um tanto inconscientes, reprimindo suas reações sensíveis? E, uma vez que estão abertos ao que acontece neles próprios, podem eles diferenciar efetivamente suas próprias projeções inconscientes lançadas sobre o paciente das percepções que eles têm daquilo que pode provir do inconsciente do paciente? Em outras palavras: existe a capacidade de distinguir entre o que M. Fordham denominou contratransferência "ilusória" *versus* contratransferência "sintônica"? Penso que, às vezes, é extremamente difícil fazer essas distinções. A tarefa mais difícil é diferenciar a capacidade de permanecer em contato consigo mesmo e também, ao mesmo tempo, tentar ver-se através dos olhos do paciente – por meio da empatia. Conseguem os candidatos entender realmente essas questões difíceis quando o supervisor procura chamar-lhes a atenção para elas? E, quando se tornaram sensivelmente conscientes, conseguem desenvolver suficiente faro terapêutico e instinto para levar a cabo o que pode ser seu *insight*, a fim de verbalizar partes dele em benefício do analisando de maneira suficientemente eficaz? Conseguem integrar suficientemente, até certo ponto, seu conhecimento da abordagem simbólica e de quaisquer teorias que eles acalentam, a fim de poderem utilizá-lo de acordo com as necessidades da situação individual? Todas essas são questões importantes a serem tratadas no decurso da supervisão.

Até agora focalizei a capacidade dos candidatos de serem suficientemente perceptivos no tocante ao seu lugar e aos seus diferentes papéis na dinâmica do campo interativo. Em minha experiência como supervisor, devo admitir que alguns candidatos parecem muito inconscientes a esse respeito. Parecem também confusos ou resistentes quando confrontados com questões dessa natureza. Como consequência, posso sentir-me frustrado com sua falta de qualquer "sentimento" pela arte da análise. Posso duvidar de seu talento para essa profissão e também duvidar que um dia sejam capazes de aprendê-la. Evidentemente posso

Perspectivas junguianas sobre supervisão clínica

também começar a questionar-me sobre minha capacidade de evocar seu potencial. Às vezes, posso notar que eles estão sob o domínio de um complexo durante a sessão de supervisão. Seja como for, podem surgir distúrbios na mutualidade de nosso diálogo. No entanto, com outros candidatos, as sessões podem suscitar uma animada troca de concessões mútuas, uma mútua inspiração para novos *insights*.

Em certa ocasião, conheci também um candidato, com o qual nada parecia dar certo, que posteriormente se tornou um dos melhores analistas. Anos mais tarde, quando éramos colegas e amigos, pudemos falar sobre sua primeira defensividade, que havia sido constelada por um forte complexo de autoridade paterna ativado entre nós. Essa incidência me ensinou que, às vezes, pode ser necessário enfocar as questões de transferência que acontecem entre candidato e supervisor, mesmo que isso seja um fragmento da análise pessoal. Por mais que seja importante manter separadas a análise e a supervisão, isso não pode ser uma norma inflexível, porque constela-se, obviamente, um campo interativo entre candidato e supervisor. O supervisor precisa sempre levar em consideração que quase tudo o que o candidato compartilha com ele pode ser influenciado também pelo que está ocorrendo no campo interativo entre eles.

Como, então, o supervisor consegue captar o que está realmente acontecendo nas sessões dos candidatos com seus analisandos? A melhor coisa a se fazer a esse respeito seria empregar/utilizar videoteipes. No entanto, fazer gravações em uma sessão pode impedir o livre fluxo, já que o "olhar obser-vante" da câmera tem sua influência. Portanto, geralmente, o supervisor precisa confiar no relato do candidato. Eu, pessoal-mente, presto atenção obviamente ao que os candidatos estão me *dizendo* no tocante ao que ocorreu em suas sessões. Ao mesmo tempo, procuro tomar consciência da maneira como sou afetado por sua *presença enquanto personalidade*, que se revela em parte pela entonação da voz, pela expressão de seu rosto, por sua linguagem corporal, por seu tipo de vitalidade, aspereza, suavidade, calor ou falta de emoção, ou seja lá o que for. Às vezes existem facetas de sua maneira de estar comigo que me intrigam e pode acontecer que o paciente do qual falam dificilmente aparece diante de meu "olho interior". Eles próprios permanecem, então, no primeiro plano de minha atenção. Mas espero que o paciente do qual estão falando possa adquirir vida para mim em sua individualidade particular. Acontece, por momentos fugazes, que na fantasia posso colocar-me na situação de um paciente descrito e posso até vislumbrar como ele pode sentir a presença do respectivo candidato. Tudo isso está muito bem, contanto que eu leve em consideração que posso projetar nesse paciente desconhecido as sensações que eu próprio experimento enquanto estou sentado com esse candidato. Mas pode acontecer também que, dessa maneira, eu perceba algo que é essencial para suas interações.

Não é fácil para os candidatos transplantar, por assim dizer, seu campo de paciente/analista para o campo interativo com o supervisor. Alguns podem fazê-lo com mais sucesso do que outros por várias razões. É relativamente fácil contar-me os sonhos de seu paciente e, mais ou menos, os conteúdos do diálogo entre eles. Mas é, por exemplo, mais difícil captar o que ocorre em relação às sutilezas do intercâmbio emocional, ou que influência podem ter certas características da personalidade do candidato sobre as interações com seu paciente. Os candidatos podem estar bastante inconscientes sobre o objeto dessas implicações.

Muitas vezes, procuro verbalizar a questão de acordo com a maneira como eu próprio me sinto afetado pela presença do candidato. Posso expressar – como fiz, por exemplo, num caso – minha sensação de sentir-me invadido pelo temperamento do candidato e todo o espaço de que ele necessita. Assim perguntei-lhe de que maneira sua vitalidade invasiva pode afetar seus clientes e se ele fez quaisquer observações a esse respeito. Ele observou que é coisa natural ser muito mais passivo com os clientes do que quando ele está comigo. Tive realmente minhas dúvidas sobre até que ponto ele podia refrear-se quando estava com pacientes, mas os dois pacientes que ele supervisionou comigo estavam se saindo bastante bem. Talvez pudessem incorporar uma parte de sua energia excedente.

De maneira geral, eu tendo a expressar aos candidatos a maneira como me sinto em sua presença. Assim, procuro sensibilizar sua consciência quanto à maneira como seus traços de personalidade e sua maneira ou respostas podem moldar a interação com certos pacientes. Em minha opinião, essa é uma parte importante da supervisão. E, no entanto, isso pode também ser contraproducente, já que pode tocar pontos doloridos que são tão vulneráveis a ponto de causar uma insegurança depressiva e podem até prejudicar o tratamento do caso. Além disso, alguns candidatos podem ser demasiadamente defensivos ou podem não ter uma antena para captar aquilo sobre o qual procuro falar.

Um objetivo essencial da análise ou psicoterapia analítica consiste em promover a consciência e a compreensão de si mesmo e do mundo. Como um candidato aprende a adquirir uma compreensão mais diferenciada das interconexões psicológicas e uma capacidade de transmiti-las a seu paciente? É isso realmente possível sem conceitos teóricos e sem quaisquer métodos – para não falar em técnicas – de como implementá--los? Em minha opinião, é uma ilusão conceber-se trabalhando sem teorias, conceitos ou métodos, porque nossa mente não pode funcionar sem eles. Pelo contrário, precisamos estudar muitas ideias teóricas diferentes a fim de estarmos mais ou menos conscientes sobre quais delas queremos aplicar. Só tendo consciência podemos manejar essas ideias com suficiente flexibilidade e individualidade, a fim de ter uma noção daqueles modelos que combinam com nossa maneira de proceder. Por isso, considero que uma discussão das teorias e dos métodos, além de eventuais recomendações para leitura posterior, são parte essencial da supervisão.

Os analistas têm, necessariamente, suas próprias ideias sobre qual é o objeto da análise. Lembro-me de ter examinado uma mulher para a supervisão, uma personalidade bastante forte, que parecia resolutamente saber o que queria. Ela lidava com as questões da seus analisandos de maneira muito normativa, dava muitos conselhos e tomava muitas iniciativas. Estava convencida de que essa era a maneira correta de agir e sempre me falava sobre algum progresso feito por seus clientes. Fiquei terrivelmente frustrado quanto à sua insensibilidade em assuntos analíticos – mas o que poderia eu dizer em vista do progresso de seus clientes? Evidentemente muitos caminhos levam a Roma. Alguns pacientes podem precisar de uma abordagem mais normativa, não importando realmente, para mim, se podemos ou não chamar isso de análise. O que era tão frustrante nesse caso particular era minha impressão de que essa mulher estava demasiadamente bem defendida contra seus problemas inconscientes de poder e que não havia nenhuma

Perspectivas junguianas sobre supervisão clínica

flexibilidade nem mesmo uma antena para captar o que eu desejava transmitir-lhe.

Outra candidata era justamente o oposto. Procurava refletir da melhor maneira possível sobre seus procedimentos em termos de Jung, Kohut, Winnicott etc. No entanto, ela parecia demasiado teórica e sem relação com a espontaneidade de seus "verdadeiros" sentimentos. Suspeito, também, que ela o fazia para preencher o que ela fantasiava como sendo minhas expectativas. Mas ficou evidente que ela tendia a ficar absorvida pelas teorias na situação com os analisandos. Isso tinha a ver basicamente com a falta de confiança em suas próprias reações subjetivas, de modo que ela se identificava, ao invés, com os ensinamentos de uma figura de autoridade.

Às vezes me pergunto se não estamos pedindo demais aos nossos candidatos. Esses processos de encontrar-se a si mesmo, de confiar em suas reações subjetivas e, ao mesmo tempo, ser críticos, de envolver-se pessoalmente e, mesmo assim, continuar sendo simultaneamente uma figura da fantasia do paciente – tudo isso leva tempo e exige muita experiência. No entanto, muitas vezes fico surpreso quando alguns candidatos prendados conseguem utilizar as mais triviais sugestões que recebem da supervisão para desenvolver suas próprias maneiras de proceder. Desenvolvem seu faro por compreensão simbólica, além de sua habilidade de verbalizar e sua sensibilidade pela escolha do momento certo e até pelo tom correto para certas intervenções. Podem existir, evidentemente, fases em que eles tendem a identificar-se com a pessoa do supervisor ou a introjetar sua maneira de proceder. Por isso, sinto que é aconselhável os candidatos trabalharem com mais do que um supervisor.

Eu, pessoalmente, sinto prazer em ser um supervisor, à medida que for possível uma cooperação produtiva. Por ser basicamente uma arte, a análise é difícil de ser ensinada. Enquanto supervisores, estamos muitas vezes limitados a prestar apoio e a ajudar para a diferenciação do talento natural. E por último, mas não menos importante, considero que os supervisores, fazendo parte do processo de aprendizado do candidato, podendo, também, eles próprios aprender algo. Isso nos dá a oportunidade necessária para refletir com outra pessoa sobre as sutilezas do nosso trabalho. Existe, também, uma sadia gratificação narcísica se alguém pode compartilhar suas ideias. Devo confessar que os candidatos conseguem, às vezes, administrar certas situações difíceis de uma maneira surpreendentemente eficaz, muitas vezes melhor do que eu provavelmente poderia ter feito. Pensando na verdade da afirmação de Jung de que também o analista está em análise, considero apropriado dizer que o supervisor, fazendo seu trabalho, pode também experimentar, às vezes, uma boa dose de supervisão.

7 Projeções de transferência na supervisão

Joseph Wakefield

Este capítulo originou-se do trabalho sobre supervisão feito na Sociedade Inter-regional de Analistas Junguianos. Em 1989, a Sociedade Inter-regional realizou uma conferência em Salado, no Texas, sobre o tema da proximidade nas relações pessoais e profissionais. Desde então, a Sociedade continuou a explorar os aspectos éticos e psicológicos da proximidade mediante várias conferências, pequenos grupos e painéis de debates.

A proximidade entre um analista supervisor e um candidato, durante a formação, pode ser um estímulo ao aprendizado, mas pode também tornar-se problemática quando interfere na supervisão (Wakefield, 1992). Quando o supervisor e o supervisionando têm outros tipos de relacionamento além da supervisão, pode-se dizer que eles têm relacionamento de duplo vínculo. O relacionamento de duplo vínculo pode criar um conflito de interesses entre os objetivos da supervisão e outros objetivos que os participantes possam ter. Desenvolvem-se coerções éticas e organizacionais, "normas", para proteger os participantes e a integridade da supervisão. Não é difícil entender a situação quando supervisor e candidato estão conscientes do que estão fazendo, mas o que acontece quando estão inconscientes? Este capítulo focaliza as percepções e expectativas inconscientes, ou seja, as projeções de transferência, que podem desenvolver-se entre o analista supervisor e o candidato.

Na preparação para esta apresentação revi diversos ensaios de psicólogos analíticos e psicanalistas sobre a supervisão dos candidatos em formação. Independentemente da posição teórica, diversos temas foram repetidos.

Um tema é a questão da administração da transferência quando ela se desenvolve a partir do candidato para o analista supervisor. Deveria o candidato completar sua análise pessoal antes de começar a supervisão, a fim de evitar uma "divisão" da transferência entre o analista pessoal e o supervisor? Ou deveria o candidato estar em análise pessoal de modo que o supervisor possa sugerir que o candidato traga suas questões pessoais de volta para a análise? Frijling-Schreuder (1970) realça que a supervisão não é análise, porque ela não estimula a regressão. Ela continua sendo uma consulta entre colegas e não uma relação terapeuta-paciente.

Outro tema é a questão da administração da contratransferência. Diversos autores utilizam termos diferentes para referir-se a esse problema. Quando a contratransferência de um candidato surge de questões pessoais não resolvidas, sugere-se que o supervisor não explore as reações, mas, ao invés, remeta as questões à análise pessoal. Quando a contratransferência é uma reação àquilo que o paciente apresentou (contratransferência projetiva ou sintônica), então sugere-se que o supervisor trabalhe com o candidato sobre o material. Grinberg (1970) examina uma variedade de questões na relação supervisor/candidato. Analisa questões como: se o supervisor deveria focalizar no terapeuta ou no seu paciente, se o supervisor e o candidato devem compartilhar o mesmo ponto de vista teórico, se é o caso

Perspectivas junguianas sobre supervisão clínica

de registrar as sessões e se o candidato deveria estar em análise pessoal. Ele discute também a escolha dos casos e problemas que surgem dos diferentes padrões de personalidade, tanto no candidato quanto no supervisor. Concordo com Grinberg (1970) quando ele acentua que a supervisão deveria ser uma situação educativa e não uma experiência terapêutica. O candidato deveria estar em análise pessoal separada da supervisão. A supervisão deveria abster-se de estimular um tipo de divisão que converte o supervisor num analista idealizado e projeta a imagem persecutória sobre o analista didata, ou vice-versa. "O candidato deveria ser tratado como um colega e não como um paciente" (p. 375).

Em outro ensaio Grinberg (1963) descreve problemas derivados de uma ruptura no ambiente da supervisão:

> O trabalho do analista o obriga a ficar isolado em seu consultório a maior parte do dia e, por isso, ele tem muito poucas possibilidades de comunicação com o mundo exterior. Além disso, a regressão que ocorre durante a situação analítica afeta não só o paciente, mas também, até certo ponto, o próprio analista. Ademais, ele precisa limitar-se a interpretar apenas o material trazido pelo paciente. Dessa maneira, o isolamento, a regressão e uma comunicação deficiente com o mundo exterior suscitam ocasionalmente um forte desejo de estímulo proveniente de fora. Isso pode explicar determinada reação que os supervisores podem experimentar para com os candidatos sob supervisão, já que eles são uma espécie de válvula de escape que proporciona ao supervisor um tão desejado contato e livre diálogo. É importante, portanto, ter em mente o risco, para que a atitude aberta e amistosa do supervisor não exceda os limites razoáveis, o que poderia ameaçar o ambiente da supervisão (p. 376).

Grinberg apresenta de maneira clara algumas diretrizes básicas para o supervisor. Infelizmente, de início, as projeções de transferência não são conscientes e podem acontecer sem que o candidato ou o analista as reconheçam como presentes. As projeções de transferência, tanto do supervisor quanto do candidato, são incorporadas à situação de supervisão. A tarefa consiste em compreender e tornar-se consciente para que as projeções inconscientes não interfiram no trabalho legítimo da supervisão.

A supervisão inclui ensinamento, avaliação e colocar-se como um exemplo a ser seguido no aprendizado. Às vezes vários aspectos do trabalho de supervisão podem entrar em conflito. Para ensinar, o supervisor estimula o candidato a estar aberto em relação a seus erros, no entanto o candidato sabe que o supervisor está julgando a sua performance. Nessas circunstâncias eu questiono a utilidade de se patologizar a reação do candidato utilizando termos como "paranoide", "preocupação narcisista com a maneira como ele/ela aparece" etc.

É bastante difícil para supervisor e candidato chegarem a uma abertura e cooperação quando está envolvido um julgamento. O encontro é até mais difícil quando se enreda com projeções inconscientes. A supervisão contém muitos dos mesmos fatores que geram transferência na análise, como um contato pessoal prolongado e a revelação de assuntos pessoais importantes, entre os quais estão reações de contratransferência com os pacientes. O supervisor é uma figura de poder que o candidato pode desejar agradar, além de o supervisor poder experienciar certa proximidade pessoal no encontro. Em contraposição à análise, o supervisor pode revelar mais acerca de seus próprios sentimentos e dúvidas enquanto terapeuta. A análise é uma

Perspectivas junguianas sobre supervisão clínica 119

profissão solitária e o supervisor pode considerar o candidato como um colega com o qual pode ele confidenciar "como são as coisas". O resultado pode ser um mútuo emaranhamento de reações de transferência e contratransferência.

Que tipo de projeções podem ocorrer entre supervisor e candidato? Seria possível descrever essas projeções em termos da psicologia analítica como projeção de "um complexo materno negativo" ou do "velho sábio" etc. Uma de minhas preocupações é a tendência de nossa disciplina tornar-se por demais isolada, insular e incapaz de traduzir-se na linguagem e nos conceitos de outras disciplinas. (Como uma tentativa de superação dessa dificuldade consulte Redfearn (1983)). A fim de proporcionar um espelho vindo de fora da psicologia analítica, apresentarei meus exemplos dentro de três grandes correntes da metapsicologia psicanalítica contemporânea: teoria das pulsões, teoria das relações objetais e a psicologia do si-mesmo, de Heinz Kohut (Greenberg & Mitchell, 1983).

Pulsões

Os chamados instintos primários são Eros e Thanatos, sexo e poder. No contexto da teoria das pulsões, tanto o supervisor quanto o candidato podem experienciar o outro como uma fonte de gratificação do desejo instintual. O mundo está repleto de fontes potenciais de gratificação; por isso, por que selecionar precisamente a que é proibida? O sexo torna-se poder e o poder torna-se sexo. Um supervisor comprometido numa relação sexual com um candidato pode não se atrever a fazer um julgamento negativo, e um candidato que deseja completar sua formação pode não se atrever a recusar uma proposta sexual vinda do supervisor. O problema com o "relacionamento de duplo vínculo" é o desequilíbrio de poder. O supervisor tem poder sobre o progresso do candidato e, por isso, o candidato não pode recusar, sem risco, propostas vindas do supervisor. Se o supervisor e o candidato desenvolvem um relacionamento sexual, outros candidatos podem ficar com medo de que o candidato "especial" possa receber tratamento diferenciado ou terem medo de também serem solicitados a esse tipo de relacionamento. O resultado pode consistir em segredos, vínculos ocultos, divisão e desconfiança na sociedade de formação. Esses resultados são destrutivos para o processo de formação.

O relacionamento de duplo vínculo pode desenvolver-se de maneira inconsciente, apesar das melhores intenções. Tinha sido hábito de minha esposa e eu convidarmos candidatos de meu seminário de formação para eventos sociais. Pensava que esse contato transformaria a formação num aprendizado mais pessoal, menos rígido e assistido. Vários dentre os candidatos, mais conscientes do que eu, apontaram os problemas que minhas propostas sociais criavam para eles. Os candidatos não tinham liberdade para declinar meu convite social durante um seminário compulsório. Ao comparecer ao "evento social", eles temiam que sua conduta fosse avaliada. Embora não fosse minha intenção, criei um relacionamento de duplo vínculo que interferia na formação deles.

O poder pode expressar-se também em formas não sexuais. Suponhamos que o supervisor deseje dominar ou controlar o candidato, insistindo que o candidato adote o ponto de vista teórico do supervisor. Nesse caso, o candidato pode achar que precisa submeter-se, a fim de graduar-se, seja na supervisão de casos, escrevendo uma tese, seja nos exames orais. De maneira

Perspectivas junguianas sobre supervisão clínica

sutil e corrupta, o candidato pode selecionar como supervisor um analista movido pelo poder, precisamente para neutralizá--lo através da bajulação. O candidato pode ser consciente das necessidades inconscientes do analista, mas não ousar dizer nada por medo de represália.

Uma forma sutil de relacionamento de duplo vínculo pode ocorrer quando o supervisor também possui um cargo oficial na Sociedade, especialmente quando trabalha nos comitês de treinamento e avaliação. Quando trabalhei no comitê de avaliação e revisão da Sociedade Inter-regional, houve um aumento notável no número de candidatos procurando supervisão com candidatos que haviam me procurado [diminuiu para menos da metade do número anterior]. Assim surge a pergunta: Seriam os meus serviços procurados por causa da supervisão que eu podia proporcionar, ou para obter meu voto numa decisão do Comitê? A pergunta é complicada, porque os analistas com cargos na instituição têm maior visibilidade do que os membros comuns e, por isso, têm uma maior probabilidade de serem cogitados para a supervisão pelos candidatos. Eu duvido que os candidatos que trabalharam comigo pretendessem conscientemente influenciar as decisões do comitê. Em minha opinião, a proteção da integridade do processo de supervisão é sutil, complicada e requer, tanto do supervisor quanto do candidato, empenho para adquirir consciência.

Relações objetais

Nas relações objetais o foco muda, passando da gratificação instintual para a importância das relações nos primeiros estágios de desenvolvimento. A questão não é descarregar pulsões sexuais ou agressivas, mas, antes, a qualidade da relação. Vários teóricos psicanalíticos desenvolveram seus próprios vocabulários coloridos para descrever essa relação. Em termos de psicologia analítica, entramos no mundo dos complexos, inclusive complexos parentais e de relações entre irmãos. Esses padrões de relação nas primeiras fases da vida podem transformar-se em projeções de transferência entre supervisor e candidato. Para os candidatos, o supervisor pode representar o pai/mãe cuidadoso e orientador que nunca tiveram ou o pai/mãe cruel e repressor ou mesmo a possibilidade de alcançar finalmente o triunfo edipiano, tornando-se o filho favorito, secretamente amado intensamente. Para os supervisores, o candidato pode representar a criança que perderam ou a criança que nunca tiveram ou a criança que têm dentro de si e que será nutrida e acalentada como eles desejam que tivessem sido.

Os complexos mais difíceis de reconhecer são os complexos reforçados socialmente. Se um homem tem uma necessidade neurótica de praticar assassinatos com machado, a sociedade logo lhe mostrará que aquilo que ele faz é um problema. Se um homem tem uma necessidade neurótica de sacrificar-se pelos pobres, a sociedade pode enaltecê-lo como santo e não o estimular a refletir sobre seus complexos. Algumas projeções de transferência entre supervisor e candidato são condenadas e algumas são reforçadas socialmente. Os exemplos supramencionados de relacionamento sexual ou das manipulações de poder por dinheiro ou prestígio, geralmente são condenados ao serem percebidos. Em contrapartida, transferências de relações objetais entre supervisor e candidato podem ser reforçadas pela sociedade. Suponhamos que um supervisor manifeste interesse especial por estimular o progresso de um candidato, por exemplo, proporcionando leitura extra, compartilhando com o candidato suas experiências pessoais como analista ou intervindo no comitê da formação para ajudá-los a compreender o candidato. Suponhamos que um candidato atribua importância especial ao fato de fazer parte do grupo de colegas do supervisor ou trabalhe com especial afinco em tarefas que o supervisor prescreve. Meus exemplos não são necessariamente de conduta errada ou antiética. Esses exemplos podem representar uma relação positiva de educação. Esses exemplos podem representar, também, projeções inconscientes de transferência pai/mãe-criança. A natureza inconsciente das projeções pode atrapalhar o julgamento do participante e interferir na supervisão.

Psicologia do si-mesmo

Recentemente a sintomatologia da ferida narcísica e seus efeitos sobre a transferência e contratransferência entrou em foco. Heinz Kohut desenvolveu seu próprio vocabulário ao explorar esse fenômeno clínico. No ambiente da supervisão, a descrição de Kohut dos três tipos de transferência narcisista é particularmente útil.

Na transferência idealizadora a pessoa projeta ideais no outro e aguarda que ele viva de acordo com essa projeção. Em termos da psicologia analítica, podemos dizer que alguns aspectos do Si-mesmo foram projetados, talvez como Herói ou Velho/a Sábio/a (cf. Corbett & Kugler, p. 19). Se o outro não vive de acordo com a projeção (como finalmente acontece, por sermos todos humanos, "demasiadamente humanos"), a idealização se transforma rapidamente em difamação e raiva.

Tanto o supervisor quanto o candidato podem projetar uma transferência idealizadora no outro. Já que é uma boa sensação ser visto como sábio, bom e heroico, o beneficiário da projeção pode não questionar nada. A transferência idealizadora pode levar à supervalorização do supervisor pelo candidato, à perda da capacidade de ver fraquezas e imperfeições e a uma espécie de escravidão em que o candidato segue cegamente seu ideal, enquanto ataca os analistas que têm pontos de vista diferentes. Suspeito que seja a partir dessas transferências não analisadas que evoluíram as "escolas" psicanalíticas baseadas no Grande Fundador cercado de discípulos devotados. Se o supervisor idealiza o candidato (talvez como uma encarnação da energia juvenil, possibilidade criativa ou algum outro ideal que o supervisor deseja encontrar) pode tornar-se incapaz de ver e corrigir defeitos no desenvolvimento do candidato.

Na transferência de espelho (especular ou transferência *self-object*), o projetor espera que o recipiente da projeção espelhe de volta, retroprojete, aquilo que o projetor quer ver sobre ele. O projetor deseja ser idealizado e pode enraivecer-se se isso não acontece. Tanto o supervisor quanto o candidato podem projetar essa transferência mutuamente. O supervisor pode esperar que o candidato seja uma testemunha muda do seu brilhantismo e habilidade. Inversamente, o candidato pode esperar que o supervisor não diga nada enquanto ouve com reverência silenciosa as esplêndidas apresentações do candidato. Como se pode esperar, esforços para corrigir deficiências podem ser recebidos com ressentimento. Uma questão muitas vezes discutida entre os supervisores é o problema do candidato que "simplesmente não quer ouvir", que não acolhe as observações e conselhos do supervisor. Embora isso seja menos frequen-

Perspectivas junguianas sobre supervisão clínica 125

temente como foco de discussão, acredito que um problema semelhante é o fenômeno inverso. O supervisor que "simplesmente não quer ouvir", que está tão ocupado em ser admirado a ponto de não prestar atenção à realidade do candidato. Em minha opinião, a transferência especular descrita acima ajuda a explicar como surgem estes problemas.

Na transferência entre gêmeos, ou gemelar (ou transferência do alterego), o projetor deseja que o outro seja um duplo dele próprio. Consideremos o supervisor que age como se "fôssemos todos iguais", como se não existisse nenhuma função diferencial de poder ou de guardião de portal. Esse supervisor pode ver o candidato como um par, um amigo ou um confidente. Um candidato pode tratar o supervisor de forma semelhante. Embora isso seja verdade num nível de humanidade fundamental de que somos todos iguais, é ilusório ter essa crença a respeito da relação entre supervisor e candidato. Incorporada no próprio papel está uma desigualdade, uma diferença. Ignorar essas diferenças é tornar-se cego à realidade daquilo que se requer que cada um faça pelo outro. Embora o embaçamento das fronteiras na transferência gemelar possa parecer um generoso ato de compartilhamento de si mesmo, o efeito pode ser assustador para o candidato. Afinal, o candidato procurou a relação em vista de supervisão e não de amizade. Se o supervisor insiste em ser um par, um amigo ou um confidente, a relação de supervisão fica distorcida, muitas vezes em detrimento do candidato.

Enquanto as projeções da transferência entre supervisor e candidato existem e permanecem inconscientes, a proximidade é problemática. Com tais projeções a intimidade é ilusória. O projetor pode sentir amor, raiva, desejo ou temor/reverência para com recipiente da projeção. Infelizmente, a outra pessoa real não é conhecida. Segundo a descrição de Elie Humbert, o projetor está "em busca de seu próprio desejo". Com essas projeções intactas, não pode ocorrer empatia para com o outro real, e o outro é conhecido como uma extensão das necessidades do projetor e não como uma pessoa única e distinta.

Quando surgem na análise, as projeções de transferência tornam-se um foco para o trabalho da análise. A tarefa do analista consiste em ajudar o analisando a tornar-se consciente e a superar o sentido emocional das projeções. O analista é obrigado também a monitorar sua própria contratransferência, sozinho ou mediante consulta a um colega. O que dizer das projeções de transferência que surgem na supervisão? Supervisão não é análise. Não existe acordo para o supervisor ou o candidato interpretarem as projeções um do outro. Sugiro que eles devam concordar em não atuar literal e concretamente sentimentos que os levariam a afastar-se de seus papéis de supervisor e supervisionando. Sugiro que eles procurem tornar-se conscientes do significado de seus sentimentos, discutindo-os com seu analista pessoal ou com um colega.

Qual tipo de relação entre supervisor e candidato permite que ocorra a supervisão? Essa relação precisa evitar a atuação inconsciente das projeções. A relação precisa também evitar a esterilidade do refreamento do si-mesmo autêntico. Encontrei algumas ideias úteis expressas por Douglas Ingram numa palestra intitulada "Legitimate intimacy in analytical therapy" (Ingram, 1989)[2]. Embora o foco de Ingram se concentre na terapia analítica, boa parte de seu pensamento é aplicável à relação de supervisão. Ingram entende a intimidade dentro da

---

2. Painel apresentado no 3º encontro anual da Academia Americana de Psicanálise, São Francisco, em maio de 1989.

teoria dos papéis sociais. Os papéis são descritos como configurações orientadas para objetivos das transações entre pessoas num contexto social. Eles medeiam a interação de alguém com o si-mesmo do outro. Assim como os papéis têm limites e fronteiras, também a intimidade tem limites e fronteiras, definidos no interior do sistema de papéis. É ao avaliar os limites definidos pelos papéis que a própria intimidade é intensificada. A característica da intimidade entre as pessoas muda à medida que mudam suas relações de papéis.

A patologia pode ocorrer quando as relações presentes são sobrecarregadas por tentativas de superar deficiências na intimidade ocorridas em relações anteriores. Se uma das pessoas ou ambas tentam ofuscar os papéis sociais e ultrapassar os limites, pode haver uma perda de intimidade. Ingram descreve esse ofuscamento dos papéis como familiaridade. Por exemplo, na terapia, pode desenvolver-se uma transferência erótica em que o projetor busca uma fusão e incorporação numa proximidade que "não conhece limites". Se a projeção é atuada, existe um ofuscamento dos papéis de terapeuta e paciente. Com esse ofuscamento das fronteiras vem uma perda da intimidade que pertence aos papéis terapeuta-paciente.

Só nas relações valorizadas pela intimidade pode ocorrer a empatia. A empatia envolve o si-mesmo da pessoa que se compromete com o si-mesmo de outra. Esse compromisso só pode ocorrer onde o respeito pela estrutura dos papéis permite que se desenvolva a intimidade.

Uma relação "real" entre duas "pessoas completas", que é íntima, se desenvolve quando cada uma se relaciona autenticamente com a outra, de maneira confiante, no contexto de seus papéis sociais. Por exemplo, um analisando pode experimentar seu analista como um si-mesmo autêntico completo, contanto que o veículo, o recipiente (vaso) analítico, permaneça intacto. Consideremos a questão da relação no interior da supervisão do ponto de vista de Ingram. Algumas formas de proximidade, como a familiaridade, podem, de fato, destruir a intimidade, porque solapam os papéis sociais exigidos do supervisor e do candidato. Outras formas de proximidade podem intensificar a intimidade e, por isso, contribuir para uma autêntica conexão do si-mesmo entre as pessoas envolvidas. Quando tanto o supervisor quanto o candidato desempenham seus respectivos papéis, ao longo do tempo e de maneira confiável, pode desenvolver-se uma intimidade entre eles. Essa intimidade é a expressão da relação entre o si-mesmo de cada pessoa envolvida.

Jung gostava de citar o evangelho gnóstico de Tomé, no qual Jesus teria dito: "se você sabe o que está fazendo, você é abençoado. Se não sabe, você é amaldiçoado". Poder, gratificação sexual, proximidade e autoestima são todos eles necessidades humanas legítimas. Os problemas surgem se o supervisor ou o candidato tentarem satisfazer essas necessidades de maneiras que interferem na formação, na avaliação e no aprendizado.

A atuação de projeções de transferência pode interferir na supervisão, embaçando os papéis de supervisor e de candidato. Tornar-se consciente dos tipos de projeções de transferência que podem ocorrer significa ter uma opção entre encená-los ou não. Na performance respeitosa dos papéis de supervisor e de candidato pode ocorrer uma relação autêntica. A exploração mútua dessa dinâmica interpessoal é uma parte essencial do trabalho.

* Uma versão deste capítulo foi lida num painel da Sociedade Inter-regional de Analistas Junguianos sobre a dinâmica da supervisão, realizado em Santa Fe/NM, em abril de 1992.

Referências

Frijling-Schreuder, E. (1970). On individual supervision. *The International Journal of Psychoanalysis*, *51*, 363.

Greenberg, J., & Mitchell, S. (1983). *Object relations in psychoanalytic theory*, Harvard University. Press.

Grinberg, L. (1963). Relations between psychoanalysts. *The International Journal of Psychoanalysis*, *44*, 362-367.

Grinberg, L. (1970). The problems of supervision in psychoanalytic Education. *The International Journal of Psychoanalysis*, *51*, 371-383.

Kugler, P. (1988). *Essays on the supervision of training candidate*. Não publicado.

Kugler, P. (1992). *Essays on the supervision of training candidates* (Vol. 2). Não publicado.

Redfearn, J. (1983). Ego and self: Terminology. *The International Journal of Psychoanalysis*, 28(2) 91-118.

Wakefield, J. (1992). The supervisor. In H. Wilmer (Ed.). *Closeness in personal & professional relationships* (pp. 216-238). Shambhala.

Wilmer, H. (1992). *Closeness in personal & professional relationships*. Shambhala.

8 Estilos de supervisão

Judith Hubback

Eu gostaria de começar com um breve comentário sobre a terminologia. Pessoalmente, não gosto da expressão "analista de controle" para designar o supervisor do candidato. Ela confunde as fronteiras entre analista e supervisor. Na Sociedade de Psicologia Analítica de Londres utilizamos o termo "supervisor" em vez de "analista de controle". Dificuldades surgem também com o termo "supervisor", mas em grau menor. "Supervisor" pode transmitir uma imagem do analista sênior que olha, sobranceiramente, por cima dos ombros o candidato, possivelmente de maneira persecutória. Não obstante, a designação "supervisor" parece transmitir mais a qualidade de ajudar do que de controlar.

Precisa ser levada em consideração a capacidade do candidato para apresentar o caso clínico. Muitas vezes é difícil discernir o que está acontecendo na análise de um paciente como é descrito pelo candidato. Alguns candidatos apresentam um relato do processo analítico, do desenvolvimento da capacidade do paciente de simbolizar e das projeções de transferência e contratransferência muito mais claro e mais convincente do que o relato de outros candidatos. As transferências para o supervisor, como também a genuína relação pessoal, são também aspectos importantes do trabalho. Enquanto alguns candidatos têm dificuldade de relacionar-se, outros são muito amigáveis. Assim, a transferência e a contratransferência entre supervisor e candidato são fatores importantes a serem monitorados.

O espectro de estilos

O espectro de estilos da supervisão vai do permissivo ao didático. Cada supervisor tem um estilo único e essa característica de individualidade vale também para o candidato. Além da singularidade pessoal, existem também variantes culturais que contribuem para os diferentes estilos de supervisão.

Na extremidade permissiva do espectro de estilos, o supervisor comenta muito pouco e intervém menos ainda. Essa abordagem pode ser conveniente para estagiários muito prendados, mas pode também produzir ansiedade injustificada. Às vezes os candidatos se queixam dizendo que desejam mais orientação ou estímulo, ou sugestões referentes a outras abordagens. No entanto, o supervisor pode muito bem ser prudente e deixar que o estagiário encontre seu próprio ritmo e procure o ritmo que o paciente possa seguir. Um candidato pode beneficiar-se com um supervisor mais experiente que pode ter algo valioso a oferecer, mas que, ao mesmo tempo, não insista em ter razão. Um colega sênior oferece a um colega júnior o resultado de muitos anos de experiência profissional.

Em seguida, existe a extremidade didática no espectro de estilos. Em Sociedades estabelecidas há muito tempo, o supervisor é um analista com pelo menos dez anos de experiência como membro qualificado. O aspecto didático da supervisão assume a forma de possibilitar que o candidato aprenda. É válido que o supervisor dê a entender que tem algo a oferecer ao candidato disposto a aceitar o papel de júnior e combinar o ensino com uma sadia dose de humildade. Especialmente nos primeiros anos do trabalho conjunto é necessária a humildade, porque o supervisor pode não conhecer muito bem o candidato e só chega a conhecer o paciente através do relato do candidato. Tanto o supervisor quanto o candidato podem ter sido influenciados pelo relatório de avaliação apresentado pelo médico clínico. Para complicar ainda mais a situação, as projeções de transferência atuantes na entrevista de avaliação do paciente podem ser muito diferentes das projeções que surgem imediatamente ou gradualmente na análise e na supervisão. Nos primeiros estágios, portanto, existem provavelmente quatro psiques que o supervisor precisa levar em consideração: a do assessor, a do candidato, a do paciente e a sua própria.

É necessário, portanto, lembrar que o candidato quase certamente se encontra ainda muito sob a influência do estilo, da personalidade, do modelo da psique e da técnica de seu próprio analista. A análise do candidato deve, obviamente, ser respeitada e as fronteiras cuidadosamente mantidas pelo supervisor.

Inicialmente, pode haver atrito com um candidato a respeito da questão de fazer perguntas ao paciente. Em minha técnica analítica pessoal, há muito pouco espaço para o analista fazer perguntas sobre o paciente. Em minha opinião, as perguntas são orientadoras e não terapêuticas. Por exemplo, penso que é mais analítico comentar o fato de que o paciente está reprimindo algo ou dizer que existe alguma dificuldade no caminho. Esse comentário terapêutico chama a atenção do paciente para um bloqueio, uma defesa ou uma séria resistência, com muito mais eficácia do que fazer uma pergunta. Esse estilo observacional de intervenção focaliza mais a interação entre as duas pessoas, enquanto o fazer perguntas focaliza mais o conteúdo. Mas penso que é oportuno – e supervisão de boa qualidade – pedir ao candidato que explique por que fez certa intervenção que não funcionou. O supervisor pode sondar para descobrir outros fatores que teriam sido mais úteis apresentar ao paciente. Essa abordagem leva geralmente a uma discussão do tipo discussão entre colegas. Na supervisão, posso também sugerir ensaios cujo estudo pode beneficiar o candidato. As leituras sugeridas não precisam necessariamente estar exatamente de acordo com minhas opiniões pessoais.

Resumindo

Sob o título "Estilo na supervisão", penso que as palavras--chave são *capacitar* e *facilitar*. Enquanto supervisores, precisamos permanecer em contato com nossa identidade analítica e também com nossa individualidade única.

Capacitar o candidato a tornar-se um analista inclui certa dose de empoderamento, fortalecimento e levar o candidato a melhorar suas capacidades analíticas individuais.

Facilitar inclui ajudar o candidato a trabalhar gradualmente com mais facilidade mediante a diminuição da ansiedade, que vem com uma compreensão melhor da arte, do ofício e do método da análise. Esses desenvolvimentos só ocorrem gradualmente como resultado de um número fixo, ou exigido, de sessões de supervisão.

9 Sustentando o estado de ânimo do analista potencial

John Beebe

Introdução

É uma assunção generalizada não permitir que a supervisão se transforme em terapia, assim como o analista individual não se contaminar com qualquer outro vínculo entre analista e analisando. Dentro de um instituto analítico, no entanto, o fato de o analisando estar sendo formado para exercer a profissão de analista introduz na transferência analítica uma realidade de colegiado e um oneroso legado; e, muitas vezes, deixa-se para o analista de controle – o analista que supervisiona diretamente o trabalho analítico do candidato – a tarefa de lidar com as implicações desse problema. Isso implica inevitavelmente que o analista de controle ouça algo sobre a análise pessoal do candidato. Muitas vezes o analista de controle atua como um "analista secundário", ficando na posição de resolver com o candidato as inevitáveis decepções da análise; é relevante para a supervisão trabalhar as situações potencialmente decepcionantes com o candidato que quer assumir uma carreira no próprio ramo de atividade que produziu esses resultados decepcionantes. As anotações seguintes esboçam o papel psicológico do analista didata ou de controle, que precisa organizar essa pesada situação de transferência.

Perspectivas junguianas sobre supervisão clínica

Anotações

1. a) Ao longo do período de formação, o candidato, em um instituto analítico, fica em um estado induzido de vulnerabilidade narcísica. A vulnerabilidade é, de fato, uma transferência narcísica para a disciplina da psicanálise como um todo, bem como para a instituição selecionada para formação, seus membros e candidatos.

b) O analista de controle entra no campo emocional dessa transferência induzida como alguém que, na opinião do candidato, pode assumir a responsabilidade por ela, ou seja, que pode aceitá-la e transformá-la em algo que ajude e promova a identidade analítica básica do candidato. Nos termos de Kohut, o analista de controle é um *self-object* para o candidato, alguém que pode servir de espelho, ser idealizado e funcionar como um alterego, enquanto o candidato passa pelo processo de moldar um si-mesmo analítico.

2. a) O *telos* desse estado de coisas, a intencionalidade que um junguiano gosta de encontrar em qualquer sintoma inconsciente, inclusive numa transferência, consiste em dar ao instituto analítico, através da pessoa do analista de controle, uma oportunidade de demonstrar que a análise funciona.

b) Os analistas estudantes são muitas vezes pessoas que perderam sua fé na análise ou, então, aquelas cuja fé no processo analítico está em risco. Essa desmoralização está, na realidade, fundamentada na nascente percepção de sua própria falta de habilidade para criar e utilizar o verdadeiro continente analítico para o trabalho psicoterapêutico, muitas vezes ressaltada por experiências que parecem pertencer ao esperado destino de todo aquele que resolve tornar-se não um mero um paciente analítico, mas um futuro analista. São experiências de feridas graves incomuns no decurso de uma ou mais análises – frequentes no modelo das primeiras análises traumáticas dos fundadores da nossa área. Pode-se esperar que a análise do analista estudante (candidato), como a iniciação de um xamã através da cura de uma doença desnorteante, tenha sido caracterizada por complicações graves até o momento em que o estudante entra no estágio de controle e começa a ser ensinado diretamente sobre como ser um analista.

c) Se, nesse ponto, o analista de controle conseguir mostrar ao estudante que o processo analítico ajuda a superar as feridas necessárias à ingênua *idealização da análise* e à autoestima da pessoa empenhada em prosseguir a vocação analítica, o analista estudante experimenta uma revitalização de seu estado de espírito.

d) Essa revitalização só pode ocorrer quando as necessidades básicas do si-mesmo analítico aguerrido são satisfeitas e quando o analista de controle (supervisor) é experimentado como um *self-object* solidário. Se o analista de controle demonstra uma compreensão do que significa ser o *self-object* do candidato, o candidato estará disposto, em sinal de gratidão, a ouvir a informação objetiva que o analista de controle tem a comunicar.

e) Agora pode ocorrer a formação adequada, à medida que o estudante se confronta com as deficiências na identidade analítica ainda imatura que foi apresentada ao analista de controle. Não é difícil reconhecer a imaturidade dessa identidade; ela se manifesta geralmente como deficiências específicas nas habilidades analíticas centrais. Aqui, são essenciais a objetividade e honestidade do analista de controle em apontar essas deficiências. As áreas costumeiras de dificuldade são: uma falta de atenção à necessidade de contenção por parte do paciente; uma compreensão inadequada da importância da interpretação (acompanhada, muitas vezes, de limitações técnicas no *timing* ou no conteúdo das interpretações, ou em ambos); e uma incapacidade de superar um estilo interventivo concreto de "consertar" a atitude mantenedora simbólica com a qual uma análise deve ser conduzida.

3. a) A disposição do analista estudante de realmente metabolizar, no sentido de Winnicott, aquilo que o analista de controle tem a oferecer mediante a retroalimentação corretiva é uma função do grau até onde o analista estudante sente que sua experiência pessoal é contida e interpretada significativamente. A experiência de ter seu sofrimento metabolizado, mesmo depois de as expectativas ingênuas da análise terem sido gravemente frustradas, é uma experiência extraordinária e é assim que o analista estudante chega a acreditar no processo analítico como uma realidade curativa permanentemente disponível.

b) Nesse momento, o candidato pode ser mais capaz de falar diretamente sobre decepções passadas ocorridas na análise pessoal e na supervisão, bem como sobre erros passados que contribuíram para a desmoralização da identidade analítica juvenil. Ora, as resistências ao modelo analítico podem ser encenadas de maneira tão inconfundível que podem ser facilmente identificadas como material para trabalho posterior. Mesmo que estas resistências pareçam assustadoras até certo ponto, é relativamente fácil superá-las na supervisão se o analista de controle conquistou a confiança do candidato. A apresentação dessas resistências deveria ser reconhecida como testes para verificar a capacidade do analista de controle de trabalhar analiticamente com esse material, em vez de descartá-lo com uma condenação moralista ou doutrinal.

c) À medida que são superadas as resistências a tornar-se um analista, torna-se evidente, tanto para o candidato quanto para o analista de controle, que a modalidade central de formação tem sido a capacidade do analista de controle de assimilar o sofrimento do candidato de maneira analítica e, com isso, apoiar a crença na capacidade do analista estudante de sobreviver no campo analítico.

Comentário

Por trás do ponto de vista esboçado neste capítulo está uma concepção de que o período de formação do analista é difícil. Mas qual pode ser a intencionalidade da paixão que o analista estudante sofre? Não basta afirmar que uma má experiência ocorrida na análise pessoal dá ao analista de controle uma oportunidade de mostrar diretamente ao analista estudante que a análise pode funcionar. Porque até mesmo o analista de controle pode decepcionar o estudante e, mesmo assim, esse último pode conseguir tornar-se analista. Além do que exponho aqui, o sofrimento tem ainda algo mais que impulsiona a formação analítica.

Estou convencido de que as experiências dolorosas do analista estudante, nas mãos de seus analistas pessoais, não são apenas acontecimentos lamentáveis, mas traumas necessários. Essas feridas pertencem à jornada de tornar-se um analista. Seu objetivo é iniciar o estudante num sentimento mais ou menos permanente de vulnerabilidade em relação ao processo analítico. A vulnerabilidade do analista precisa ser até maior do que a vulnerabilidade que qualquer outro paciente tem de aprender a aceitar. É bom para um analista aprender, desde

Perspectivas junguianas sobre supervisão clínica

cedo, que cada paciente sofre com o processo analítico, mas a vulnerabilidade que o analista precisa aprender a aceitar vai além da humildade que todo médico clínico precisa encontrar em relação ao mistério da ferida e da cura. A descoberta específica do analista, para além de sua iniciação como paciente e médico clínico, é a de certo desamparo diante do inconsciente.

Somente um período de desamparo nas mãos do inconsciente pode promover a abertura às soluções do próprio inconsciente, abertura que constitui os recursos do analista. Essa abertura radical nunca é alcançada mediante uma série escalonada de choques suaves. Ao invés, é quase sempre o efeito de pelo menos uma ferida inesperada repentina, que James Hillman chamou de "traição". E, como apontou Hillman (1965), nesse ensaio merecidamente célebre, o desenvolvimento da receptividade radical, que ele denomina "desenvolvimento da anima" e que eu estou denominando "abertura ao inconsciente", não é o único resultado possível para a realidade da traição. Tão frequente como o surgimento da fé no inconsciente é o desenvolvimento do cinismo, um fechamento por parte do analista estudante. A tarefa do analista de controle consiste em observar que a abertura ao inconsciente, e não o cinismo, é o resultado do choque do analista estudante ao ser ferido pela própria análise. Mas o analista de controle precisa trabalhar dentro da lei consuetudinária da formação analítica, segundo a qual o material inconsciente incontrolado de sofrimento é a precondição para a motivação posterior a aprender como controlar e metabolizar esse material. Se não me engano, uma identidade analítica consolidada por um analista estudante em sua fase de aprendizado começa com uma reação pós-traumática a uma má experiência analítica. Foi o que Freud aprendeu de Fliess e o que Jung aprendeu de Freud e o que todos nós estivemos aprendendo desde então de nossos próprios curadores feridos. Qual é exatamente a ferida que se pode esperar que um futuro analista suporte? A análise é uma espécie de cura e, quanto mais aprendemos sobre o arquétipo da cura, tanto mais se torna claro que está envolvida alguma variante do arquétipo do *trickster*. Os junguianos que aceitam a analogia da alquimia para a análise entendem isso através da figura de Mercúrio, o deus manhoso que preside o trabalho alquímico. Para os que precisam encontrar uma experiência afetiva para aumentar sua compreensão dessa imagem arquetípica basta refletir sobre suas próprias experiências de formação. Essas experiências revelarão, com força específica, a norma geral de que iniciar uma identidade de cura é ser colocado num dilema e os dilemas são a marca registrada do arquétipo do *trickster* (Beebe, 1981).

Repassemos o dilema predominante na análise pessoal do analista estudante. Um dilema, de acordo com os especialistas em comunicação, implica duas ou mais pessoas, experiência repetida e depois (1) uma injunção negativa primária, (2) uma injunção secundária, conflitante com a primeira num nível mais abstrato e, como a primeira, reforçada por castigos ou sinais que ameaçam a sobrevivência e (3) uma injunção negativa terciária que impede a vítima de abandonar o campo. Existe também a realidade de que todos esses ingredientes não são mais necessários quando a vítima aprendeu a perceber seu universo em padrões de dilemas, porque, então, qualquer parte de uma sequência de dilemas é suficiente para precipitar o pânico ou a raiva (Bateson, 1968). Se sou um analista estudante, aprendendo a assumir a responsabilidade por minha psique numa análise pessoal, sabendo que um dia serei um analista, haverá (1) – a injunção negativa primária: não devo permitir que algum dano aconteça à minha psique, porque ela será um dia um instrumento de cura. Haverá também (2) – uma segunda injunção conflitante com a primeira num nível mais abstrato: não devo deixar que as deficiências de meu analista me influenciem, porque essas mesmas feridas, através da neurose de transferência que provocam, são meu processo de autodescoberta e a maneira de conhecer os complexos que meus próprios analisandos evocarão em mim e que eles precisarão suportar na contratransferência. E haverá (3) – uma firme injunção a não abandonar esse "campo" emocional contraditório: não posso abandonar a análise sem subverter minha meta de ser um analista. É evidente que esse vínculo opera no mínimo na relação dual entre mim e meu analista e eu experimentarei o vínculo por um longo período de tempo. Dada a vulnerabilidade narcisista induzida da pessoa em processo de formação, ela não demora, depois de o padrão de vínculo ser percebido, a provocar pânico ou raiva no estudante que é "vítima" dessa situação duradoura.

O analista de controle tem a oportunidade de inverter os termos desse dilema, de modo a libertar o estudante dos aspectos mais destrutivos de suas garras. O analista de controle está em posição de afirmar: (1) que é normal que a psique do analista estudante tenha sido ferida; (2) que uma experiência analítica pode ser uma experiência de curar e não meramente ferir o si-mesmo para chegar ao reconhecimento de seus complexos e; (3) que uma má experiência analítica pode de fato ser abandonada e lamentada. O analista de controle pode demonstrar que as feridas analíticas podem ser metabolizadas. Mas qualquer cura verdadeira deve proceder com base num trágico sentimento da realidade de que a formação do estudante o colocou numa situação impossível. Talvez a mais crucial função que o analista de controle pode realizar seja acolher o companheiro que é vítima da formação impossível, reconhecendo um colega que um dia irá compreender que não existe realmente outra maneira de tornar-se analista.

Referências

Hillman, J. (1965). *Betrayal*. Spring.

Beebe, J. (1981). The trickster in the arts. *The San Francisco Jung Institute Library Journal*.

Gregory B., Jackson, D., Haley, J., & Weakland, J. (1968). Toward a theory of schizophrenia. In Don D. Jackson (Ed.), *Communication, family and marriage* (Human Communication, Vol. 1, pp. 31-54). Science and Behavior Books.

PARTE III

O colóquio de caso

10 Êxtases e agonias da supervisão do seminário de casos

Donald Kalsched

Observações autobiográficas

A supervisão do seminário de casos tem sido uma parte regular de minha vida profissional por quase 25 anos, o primeiro terço desse tempo como supervisionando, os outros dois terços como supervisor. Em 1968, sem nenhuma experiência de psicoterapia com pacientes de ambulatório (mas com muito entusiasmo terapêutico), vi meu primeiro paciente num pequeno consultório particular em Manhattan. Ainda me lembro desse caso – uma jovem mulher de minha idade com dificuldades psicológicas muito semelhantes às que me haviam levado para a análise alguns anos antes. Até mais do que meu trabalho psicoterapêutico com essa mulher, lembro-me da ansiedade que senti ao apresentar seu material para supervisão no seminário de casos. Recordo vivamente como foi difícil descrever adequadamente essa paciente e minha experiência com ela, numa linguagem que comunicasse aos meus colegas o que, em minha opinião, estava realmente acontecendo. Lembro-me como me senti vulnerável nessa situação e como foi frustrante ter pessoas do seminário interpretando prematuramente o material da paciente, reduzindo-o a fórmulas abstratas que desrespeitavam a complexidade e as *nuances* da vida dela. (Lembro-me também do quanto era divertido oferecer essas interpretações quando algum outro estava apresentando!) E, assim, aprendi algo sobre como, na situação clínica, uma necessidade muito rápida de sentido pode servir como uma defesa contra o surgimento do sentido. Uma das coisas que sempre me surpreendiam era a "voracidade" de interpretações que ocorriam quando era apresentado material de sonhos ou fantasias e como todos éramos criteriosos com o material inconsciente de outra pessoa. Recordo meu medo de desaprovação dos grupos ou de um julgamento negativo da parte do líder e as ansiedades gerais de não saber ou de entender errado e, com isso, causar possivelmente (pensava eu) dano ao paciente.

Felizmente, a líder dessa primeira experiência de grupo era ao mesmo tempo uma doutora qualificada e uma líder de grupo qualificada. Por isso, apesar de minhas ansiedades e inseguranças, a supervisão de grupo da minha primeira paciente e de outros pacientes que se seguiram, foi uma rica experiência de aprendizado. Em retrospectiva, houve diversos elementos importantes nesse aprendizado que eu gostaria de testar e articular.

Em primeiro lugar, aprendi sobre a teoria, testemunhando como cada colega no seminário tinha uma maneira de formular seu trabalho com os pacientes – um linguajar no qual esse trabalho era descrito e que proporcionava uma estrutura de sentido para esse determinado colega. Essas "teorias" individuais não eram sistemas coerentes, mas representavam a "equação pessoal" do terapeuta – uma maneira de formular o que era visto, uma lente através da qual ele enfocava informações bastante caóticas. Algumas das teorias dos meus primeiros colegas pareciam abarcar a experiência do paciente melhor do que outras – ou assim eu pensava – e isso levou a uma compreensão nascente das teorias como estratagemas heurísticos, não como verda-

Perspectivas junguianas sobre supervisão clínica 147

des objetivas. Certa vez, alguém disse, muito sabiamente, que deveríamos alugar nossas teorias e não as comprar.

Em segundo lugar, aprendi sobre a transferência, testemunhando as lutas de meus colegas, observando onde eles se apegavam a um caso – não sendo informado por eles onde eu estava apegado em minhas próprias apresentações. Geralmente incapaz de ver meus próprios pontos cegos, eu podia, no entanto, assim, ver os pontos cegos dos meus colegas e podia me identificar com suas lutas. Isso me deu uma maneira de aprender observando um ao outro numa situação de aprendizado que salvava as aparências. Aos poucos, à medida que o seminário se tornava mais seguro, e dando-me conta de que estávamos todos juntos nessa situação de grupo, pude arriscar certa dose de desilusão comigo mesmo, e é com isso que se ocupa o trabalho da contratransferência. Mas, para isso acontecer, precisa ser criado pelo líder um ambiente insolitamente "seguro" e isso nem sempre ocorre nas situações de formação.

Finalmente, aprendi sobre a supervisão, ou seja, o que funcionava e o que não funcionava – o que podia ser "escutado" *versus* o que podia apenas ser "ouvido" por um terapeuta apresentador. O seminário de casos é único nesse sentido. É o único lugar em nossa formação onde os candidatos são convidados a comentar o trabalho de seu colega. A maneira como isso se desenvolve, a atmosfera do grupo e a maneira como o colega pode aceitar ou rejeitar esses comentários, fazem parte da meta de aprender como supervisionar. Certamente os candidatos "aprendem" a supervisão observando e internalizando seus supervisores individuais. Mas só na supervisão do seminário de casos é que eles chegam a exercer prática em seus colegas e a obter um *feedback* sobre o efeito de seus esforços. É muito recompensador, por exemplo, ver que, quando um participante do seminário de casos percebe isso através de sua sincera participação, o trabalho de um colega com um paciente era aprofundado.

Por isso, o seminário de casos sempre foi meu lugar predileto para aprender a arte e a ciência da psicoterapia. Desde aquelas primeiras experiências, meu compromisso com essa forma de aprendizado cresceu e agora é também minha maneira predileta de "ensinar" a psicoterapia. De toda a prática clínica, ensino e trabalho administrativo que faço, o seminário de casos é ainda a parte predileta de minhas atividades semanais. No entanto, depois de cantar seus louvores como uma situação de aprendizado, eu gostaria também de enfatizar que a supervisão do seminário de casos é, ao mesmo tempo, um dos ambientes de aprendizado mais perigosos e potencialmente destrutivos em nossa formação. Alguns desses perigos serão o foco de minhas observações no restante desse ensaio.

Atmosfera psicológica ótima do seminário de casos

Antes de esboçar alguns dos aspectos mais sombrios do seminário de casos, permitam-me dizer que, se essa forma particular de aprendizado é um êxtase ou uma agonia, depende de o seminário trabalhar ou não como um grupo. Como qualquer grupo, o seminário de casos envolve tarefas e também funções de manutenção, mas é principalmente *um grupo de trabalho, não um grupo de processo*. O grupo reflete sobre seu próprio processo (e sobre o processo interno de seus membros) quando as coisas estão confusas ou a tarefa é dificultada ou, às vezes, quando são consideradas questões de "processo paralelo". Isso acontece com bastante frequência e o líder precisa facilitar esses momentos com sensibilidade. No entanto, não sou alguém que acredita que o pequeno grupo de supervisão é um substituto para a terapia de grupo ou para a confissão ou para a análise individual.

A tarefa principal do seminário de casos é clara, ou seja, compreender o que está acontecendo com o paciente do terapeuta apresentador. Uma tarefa secundária que está a serviço da tarefa principal é compreender, na medida do possível, o que está acontecendo entre o paciente e seu terapeuta. Essas tarefas, aparentemente simples, revelam-se muito difíceis, porque o paciente apresentado é um mistério para si mesmo e também um mistério para o terapeuta que o apresenta. Para complicar as coisas, o terapeuta apresentador é também – mais ou menos – um mistério para si mesmo. Quando esses dois enigmas se encontram no espaço transicional da "relação", temos um terceiro "desconhecido" a ser explorado; e esses "mistérios" combinados significam que grande parte do discurso no seminário de casos é *fantasia*. Esse fato é muitíssimas vezes esquecido na supervisão, embora nos denominemos "psicólogos das profundezas" e acreditemos no inconsciente. Uma convicção acerca da importância do inconsciente traz implicações para a maneira como formamos. Idealmente precisa haver espaço para o inconsciente dos estagiários envolvidos no processo de aprender a psicologia profunda. Isso significa uma atmosfera relativamente isenta de julgamento e avaliação – uma atmosfera *suficientemente segura* – para tomar emprestada uma ideia de Winnicott, que nos reassegurou que todo o desenvolvimento de que a criança precisa para crescer psicologicamente é uma mãe *suficientemente boa*. Naturalmente, se não existe na formação nenhum "espaço" estipulado para o inconsciente, ela virá de qualquer maneira, por exemplo, como divisão e comportamento impulsivo.

Para facilitar uma atmosfera suficientemente segura eu estimulo um espírito de investigação no seminário de casos. Investigação do quê? Investigação da comunicação inconsciente entre o paciente e seu terapeuta. Honrar esse nível do inconsciente significa que não há interpretações corretas ou erradas do material do paciente e das intervenções do terapeuta apresentador. Existem evidentemente exceções, como no caso de tratamento inadequado de um paciente. O paciente se comunica com seu terapeuta mediante palavras que têm um sentido *conhecido*, mediante palavras codificadas, que também têm um sentido *conhecido*, mas também mediante palavras que têm um sentido desconhecido, gestos, comportamento de encenação, sonhos, transferência e mediante a, assim chamada, contratransferência "induzida".

O líder do seminário de casos precisa estimular uma atmosfera de investigação aberta, palpite e intuição, brincadeira e especulação hipotética. Se isso for bem feito, o grupo tem uma oportunidade melhor de compreender a comunicação inconsciente do paciente do que qualquer indivíduo do seminário, inclusive o supervisor. As múltiplas facetas das percepções e contribuições dos membros do grupo têm maior probabilidade de detectar e formular o material dissociado no paciente e no terapeuta apresentador do que qualquer participante individual. Além disso, quando o grupo funciona desta maneira, os participantes do grupo têm uma experiência de uma cultura psicológica em vez de uma cultura política. As dinâmicas do poder são minimizadas e a democracia da psique é atualizada como uma experiência vivida. O quadro que surge da díade paciente/terapeuta apresentada que está sendo discutida pelo grupo é um quadro profundo, enriquecido pela experiência com-

Perspectivas junguianas sobre supervisão clínica 151

partilhada de muitas vozes. É atualizada uma totalidade maior do que a soma das partes, resultando numa experiência vívida daquilo que Jung entendia por Si-mesmo. No final desse grupo existe quase sempre consenso acerca de uma rede de conexões presente no material do paciente. Isso não resolve o mistério da comunicação inconsciente do paciente, mas antes lhe dá um sentido e uma dimensão mais profundos. Uma experiência de formação em grupo como essa pode ser verdadeiramente inspiracional, deixando os candidatos à formação mais abertos ao mistério de seu próprio trabalho e de seu próprio inconsciente.

O lado sombrio do seminário de casos: grupos disfuncionais

Passemos agora às agonias do seminário de casos. Todos nós sabemos que os grupos são terreno fértil para processos inconscientes, entre os quais projeção, divisão, representação, para não falar de dinâmicas familiares disfuncionais como rivalidade entre irmãos, inveja, alianças conspiratórias triangulares para criar bodes expiatórios etc. W.R. Bion chegou a sugerir que cada grupo é realmente dois grupos. O primeiro é um grupo de trabalho e o segundo é um grupo de pressuposições básicas (o *Ba-group*), caracterizado por dinâmicas de fantasias inconscientes primitivas, altos níveis de ansiedade e defesas violentas paranoides/esquizoides. As suspeitas de Jung a respeito dos grupos estavam direcionadas para esse segundo aspecto. Em sua opinião, o limiar da consciência do *eu* era inevitavelmente rebaixado em qualquer situação (de grupo) coletiva; a individualidade estava, por isso, comprometida e estava montado o palco para a mentalidade primitiva da "multidão". Quer concordemos ou não com essas conclusões "inevitáveis" (e eu não concordo), existem, mesmo assim, em nossos programas de formação, muitos fatores que contribuem para um comportamento regressivo nos candidatos. E o seminário de casos é muitas vezes um lugar onde se manifestam esses "complexos" (Carr, 1988). Eu gostaria de ilustrar algumas dessas dinâmicas da formação e seus correspondentes complexos de grupo por meio de um diagrama.

Esse diagrama é uma adaptação de um modelo de supervisão clínica, apresentado por Jean Carr em uma conferência pública sobre supervisão, organizada pelo comitê junguiano de formação da Associação Britânica de Psicoterapeutas em 1988 e reimpresso no capítulo 25 do seu livro (Carr, 1988).

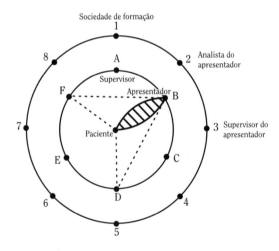

Diagrama I

O círculo interior no diagrama representa o próprio seminário de casos e as letras ABCDEF designam os participantes individuais do seminário, incluindo, nesse caso, o supervisor

Perspectivas junguianas sobre supervisão clínica 153

ou líder do grupo (A) e o "apresentador" da semana (B) etc. É escolhido um grupo de cinco candidatos e um supervisor, porque cada candidato tem uma oportunidade de apresentar, um de cada vez, a cada cinco semanas à medida que a roda gira. Note-se que o paciente é representado como presente – embora apenas imaginariamente – e é colocado no centro do círculo, para enfatizar que a preocupação central do grupo é compreender o que está acontecendo com o paciente. Eu sempre peço que cada terapeuta apresente no seminário o mesmo paciente pelo menos três ou quatro vezes. Dessa maneira, no decurso do trabalho de um ano, os participantes chegam a conhecer essa díade particular paciente/terapeuta com mais profundidade e têm uma oportunidade de observar como seu colega e o paciente dele estão acolhendo a contribuição da supervisão.

O "campo" elíptico em nosso diagrama entre terapeuta apresentador e paciente é o eixo principal da relação ao longo da qual a atenção dos membros do grupo oscila durante a apresentação do paciente – se o grupo está trabalhando bem. Neste campo o foco para cada participante geralmente oscila para diante e para trás entre o material do paciente e a experiência do terapeuta apresentador, incluindo as relações de contratransferência. O foco mutante é representado pelos triângulos pontilhados para os participantes "F" e "D".

O círculo exterior (1-8) representa os analistas individuais que constituem a sociedade de formação na qual funciona o seminário de casos – a "cultura" analítica profissional, digamos, na qual vive a família do pequeno grupo supervisor. Isso inclui todos os analistas e supervisores envolvidos na análise, na avaliação e na revisão pessoal do terapeuta apresentador. Esses indivíduos (1-8) são também representados como "presentes", embora indiretamente, no pano de fundo da interação do grupo, mas afetando de maneira palpável os membros do grupo. Influências proeminentes nesse poderoso grupo são o analista do apresentador ("2") e o supervisor particular ou de controle do apresentador ("3").

Muitas vezes, é aqui que os complexos do grupo se constelam. Diagramaticamente estes complexos são representados como triângulos concorrentes, que se intrometem a partir do círculo exterior, cruzam e confundem o trabalho principal do grupo, que consiste em compreender o paciente (como nos diagramas 2 e 3 abaixo). Existem muitos desses triângulos e estão presentes todo o tempo por baixo da superfície. Eles não precisam ser disruptivos. Apresentarei um par de exemplos onde eles se tornam muito disruptivos.

Primeiro exemplo

Aqui o terapeuta apresentador está com dificuldades com a organização da formação (representada como "1" no diagrama II) e tem sua própria candidatura questionada. Suponhamos também que o líder do seminário de casos não está tão seguro de que esse é um julgamento justo contra o candidato por parte do comitê de avaliação. Depois, temos em nosso diagrama um triângulo concorrente entre a sociedade de formação (#1 círculo exterior), o terapeuta apresentador ("B") e o supervisor ("A") no diagrama II abaixo.

Perspectivas junguianas sobre supervisão clínica 155

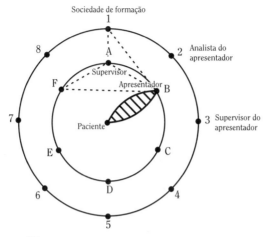

Diagrama II

Está montado o palco para o supervisionando apresentar seu caso apenas para o supervisor e não para seus colegas no grupo – na esperança de estabelecer uma aliança conspiratória. Isso coloca o supervisor sob pressão. Se o supervisor tem seus próprios conflitos com a sociedade de formação, eles se tornarão exacerbados nesta nova situação e o resultado será sua incapacidade de ocupar-se abertamente com o caso que está sendo apresentado e focalizar sua atenção no campo elíptico entre o apresentador e seu paciente. Também os outros participantes do seminário estão, consciente ou inconscientemente, a par desta dinâmica. Eles se ressentem ou invejam seu irmão/irmã bajulador por agradar o "pai/mãe" do grupo. Sua atenção sob outros aspectos, isenta de conflito, se afasta do eixo paciente-terapeuta para entrar numa intensa rivalidade edipiana entre o candidato apresentador e o supervisor (triângulo FAB). Nessa situação, o paciente, embora aparentemente no centro da tarefa do grupo, se torna secundário para as alianças triangulares concorrentes. Grupos disfuncionais são terreno fértil para esse tipo de triangulação.

Nesse sentido, uma das piores situações que encontrei ocorreu num instituto de formação cheio de dinâmicas paranoides/esquizoides atribuíveis ao fato de que diversos candidatos avançados tinham sido recentemente "retirados" do programa após avaliações falhas. Foi o caso de um candidato marginal que havia cumprido os requisitos de formação para entrar num seminário avançado junto com outros candidatos mais "seguros" e de modo geral mais "competentes". A situação era semelhante a ter um órfão adotado na família. Por causa da atmosfera paranoide no programa de formação, ninguém podia falar sobre o assunto. O comportamento do grupo se caracterizava por divisão e identificação projetiva. Os candidatos trocavam "olhares cúmplices" quando esse candidato apresentava o material. Falavam a seus analistas sobre o patinho feio em seu ninho de cisnes, conspiravam contra o candidato rejeitado socialmente e, pelo fim do ano, apesar de uma avaliação relativamente positiva, o candidato em questão foi solicitado a deixar o programa de formação. O seminário era completamente disfuncional. O grupo interno não era livre para funcionar como um grupo de trabalho.

Evidentemente se poderia dizer muito mais sobre esta situação individual. É um caso extremo das dinâmicas "tóxicas" que ocorrem em programas de formação, onde o sucesso está ligado a avaliações arbitrárias por parte de uns poucos poderosos. A partir de experiências como essa, concluí que as

Perspectivas junguianas sobre supervisão clínica

organizações de formação deveriam admitir apenas candidatos nos quais elas têm um grau razoavelmente alto de confiança e então esforçar-se por proporcionar um ambiente "suficientemente bom" para o crescimento e desenvolvimento desses candidatos. Não podemos eliminar da formação a avaliação, mas podemos minimizar seu impacto destrutivo mediante uma cuidadosa seleção.

Segundo exemplo

A segunda relação triangular concorrente que eu gostaria de considerar é o papel potencialmente adversário do analista pessoal ou do supervisor individual de um candidato perante o trabalho do seminário de casos. Consideremos uma situação em que o apresentador descreveu seu caso e o consenso do seminário é que o supervisionando está de alguma forma superidentificado com o paciente vitimizado e, por isso, não é suficientemente confrontador. Essa impressão é transmitida de várias maneiras solidárias por diferentes indivíduos do grupo. O terapeuta apresentador presta atenção polidamente ao *feedback*, talvez até expresse gratidão pelo *feedback* do seminário. No entanto, na semana seguinte o candidato retorna e anuncia que revisou as críticas do grupo com seu analista pessoal e com seu supervisor individual e ambos afirmaram que ele estava correto com seu paciente. Aqui temos no diagrama III um triângulo entre o terapeuta apresentador enquanto membro do círculo interior e os pontos "2" e "3" no anel externo (cf. diagrama III abaixo).

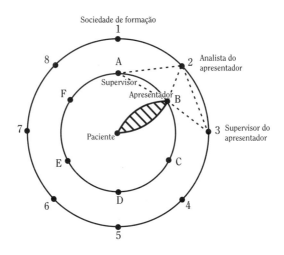

Diagrama III

Quando isso aconteceu, houve uma grande dose de irritação entre os membros do grupo, que imaginaram o terapeuta apresentador montando uma aliança conspiratória fora do grupo a fim de negar a validade de suas percepções. Enquanto supervisor, eu também fui triangulado, perguntando-me se o aparente desacordo do analista e do supervisor era dirigido a mim como cabeça do grupo (A-2-3). Outros membros do seminário foram triangulados entre sua irritação com o terapeuta apresentador e sua necessidade de ter seu líder lidando com esta situação disfuncional (A-B-E & A-B-C etc.). Nessas condições, cabia a mim, enquanto supervisor, processar a irritação do grupo, ajudando, ao mesmo tempo, o candidato apresentador a revelar a fonte de sua ansiedade na crítica percebida do seminário anterior. Isso levou a uma revisão do processo do grupo na semana anterior, onde haviam sido plantadas as sementes da atual disfunção. Finalmente, os membros do grupo conseguiram admitir quão antagônicos se haviam mostrado na semana anterior e quão hostil havia sido de fato sua crítica. Isso abriu caminho para o candidato impulsivo admitir quão vulnerável se sentiu ao apresentar o trabalho aos colegas na supervisão de grupo. Uma vez que a fonte da ansiedade pôde ser discutida, o comportamento impulsivo pôde ser reconhecido e atenção do grupo se concentrou novamente na tarefa em questão.

Perigo da inflação do supervisor

Existe um último fator, entre os que são destrutivos para a eficácia do seminário de casos, que eu gostaria de mencionar e esse parece representar um lado sombrio da própria supervisão. Ed Levenson, do W.A. White Institute de Nova York, analisa este fator como a tentação de infalibilidade na supervisão (Levenson, 1984). Considerei isso uma dinâmica especialmente destrutiva na supervisão de grupo. Levenson reconhece que, enquanto analista, passa a maior parte do tempo totalmente confuso, buscando uma compreensão do material de seu paciente, geralmente confuso, perdido e desorientado. Mas quando um candidato à formação traz um problema clínico com um dos seus casos, bastam apenas uns 20 minutos para ficar absolutamente claro o que está errado. Isso acontece, diz Levenson, porque a supervisão é conduzida num nível de abstração totalmente diferente do nível de abstração da psicoterapia. Na supervisão nós nunca estamos discutindo realmente um paciente específico, mas uma categoria geral de pacientes para os quais este paciente é um exemplo. Nossa aparente clareza é uma consequência deste avanço no nível de abstração.

Enquanto analista junguiano, penso que somos especialmente vulneráveis a isso porque amamos a abstração. Pensamos frequentemente em termos de tipos – e mesmo de *arqué-tipos*. Em minha opinião, isso nos inclina, às vezes, a afastar-nos das particularidades dos dados para chegar aos "elementos comuns da classe". São fáceis os preconceitos subjetivos e as projeções se infiltrarem aqui, especialmente se as pessoas estão sob pressão de parecerem inteligentes ou fazerem a coisa "certa". Em pouco tempo o mistério central, presente no cerne da tarefa do grupo, – compreender o paciente – desaparece e o vácuo é preenchido por "fórmulas". Se não for cultivada uma atitude psicológica pelo líder do seminário de casos, o terapeuta apresentador pode, muito facilmente, sentir-se assoberbado por um "Roshomon" de múltiplas projeções sobre seu paciente e sobre seu trabalho. O candidato apresentador pode ter a impressão de que o paciente está sendo violentado pelo grupo e perdido para ele num bombardeio de perguntas, comentários e projeções da parte dos colegas. É uma das tarefas principais do líder do grupo acalmar a "voracidade" de interpretações que inundam o espaço de desconhecimento do seminário. Esse espaço precisa ser mantido aberto enquanto possível, de modo que o mistério presente no cerne da díade paciente/terapeuta, que está tentando comunicar-se, possa manifestar-se em sua própria linguagem. O seminário de casos está a serviço desse mistério central – o mistério da comunicação inconsciente.

Louis Zinkin propõe essencialmente a mesma ideia a partir de um ângulo junguiano e eu concluirei estes comentários com sua importante observação. A supervisão – diz ele – é realmente uma fantasia compartilhada daquilo que está de fato acontecendo – ela é o resultado de "um candidato tentando imaginar o que ele e seu paciente estiveram fazendo juntos e o supervisor (mais os participantes do seminário de casos) tentando também imaginá-lo". A supervisão funciona melhor – diz ele – "se todas as partes permanecem conscientes de que aquilo que elas estão imaginando conjuntamente não é verdade" (Zinkin, 1988)[3].

---

3. Reimpresso de forma modificada no capítulo 19 deste livro.

11 Sobre a supervisão de seminários junguianos de casos contínuos

Crittenden E. Brookes

O seminário contínuo, a conferência ou o colóquio de casos ocupa um lugar central na formação analítica junguiana. A referência detalhada ao processo clínico – os acontecimentos resultantes que transpiram no consultório – era mínima ou ausente na obra de Jung. O interesse de Jung estava focado em elucidar acontecimentos psíquicos internos e experiências; mas, ao fazê-lo, ele deixou muitas lacunas em relação à nossa compreensão da aplicação dos conceitos junguianos ao processo da terapia e à maneira como ela funciona. O seminário contínuo de casos, junto à supervisão individual do trabalho analítico pelos candidatos, funciona para preencher essas lacunas, aprofundando a formação de novos analistas à medida que crescem e compreendem melhor o processo analítico.

Pode-se obter uma vantagem iniciando essa experiência de seminários o mais cedo possível no processo de formação. Seminários e apresentações teóricas, que tratam de fenômenos psíquicos abstratos e altamente subjetivos, são melhor complementados por uma atenção permanente ao material clínico. Somente quando o processo terapêutico é fundido com construtos teóricos pode-se apreciar plenamente o sentido e a aplicabilidade das ideias de Jung, como também de outros sistemas da psique.

A conferência de casos clínicos cumpre uma função singular ao fundir o processo analítico com o construto teórico. Ela proporciona uma oportunidade para a consciência coletiva (ou seja, a experiência compartilhada e os valores em desenvolvimento) dos colegas profissionais ser aplicada a pelo menos três aspectos do material clínico individual: (1) às produções conscientes e inconscientes do cliente; (2) às intervenções conscientes como também às baseadas na contratransferência do terapeuta; e (3) à dinâmica relacional das duas partes. Enquanto empreende essa aplicação, a conferência de casos elabora necessariamente a dinâmica do coletivo consciente, um conceito que permaneceu pouco desenvolvido nos escritos de Jung.

É importante que os casos sejam seguidos longitudinalmente por longos períodos de tempo, a fim de elucidar as várias fases do processo analítico. Mas, talvez mais importante, seguir os casos individuais ao longo do tempo possibilita aos candidatos situar a dinâmica da psique no contexto do ciclo de vida de um indivíduo. Essas dinâmicas têm um impacto profundo e de longo alcance quando assimiladas à consciência individual. Quando o material de casos é seguido durante parcelas significativas da vida do paciente, os membros do colóquio podem começar a ter uma noção das transformações da identidade que ocorrem na análise a longo prazo. Por outro lado, é importante lembrar que a análise é um fenômeno altamente subjetivo e pessoal e que nenhuma "objetificação" desse processo, seja em colóquios de casos, em relatos escritos de casos clínicos ou alhures, pode captar fielmente a experiência. Para honrar esse fato, os seminários de casos deveriam estar abertos o máximo possível à subjetividade.

A presença de material altamente subjetivo lança uma boa dose de responsabilidade sobre o líder do seminário. Em qualquer processo de grupo, o líder estabelece o padrão ou proporciona o recipiente para a qualidade da experiência de grupo. O líder do seminário de casos deve personificar os próprios princípios que se espera sejam elucidados. É especialmente importante que o líder encene a "atitude simbólica", que permite um desdobramento da consciência psicológica no grupo. Essa atmosfera aberta, quando aplicada tanto à discussão do material clínico quanto aos aspectos mais sutis do processo de grupo, produz uma qualidade especial de experiência que está em acentuado contraste com os seminários didáticos mais tradicionais. Nesses ambientes existe, muitas vezes, um pressuposto implícito de que existem "respostas corretas" para tudo. Pode-se subentender, além disso, que essas "respostas corretas" já são conhecidas do líder do seminário. Isso cria uma situação na qual os membros do seminário são obrigados a competir entre si para ver quem é o mais "correto". Isso pode produzir uma subjacente atmosfera de conflito e disputa, que não é favorável ao bom aprendizado e que neutraliza os próprios princípios e dinâmicas que se espera que o seminário ensine.

Depois de defender a subjetividade e a abertura e ter emitido uma advertência contra a objetividade, desejo agora prosseguir (num bom estilo junguiano paradoxal) para permitir-me uma dose da objetividade contra a qual adverti. Consequentemente deve-se lembrar que, de um ponto de vista junguiano, qualquer afirmação sobre "a maneira como as coisas deveriam ser", inclusive as afirmações a seguir, devem ser vistas como indeterminadas e abertas à revisão em determinadas circunstâncias.

Existem muitas definições de "análise" ou de "processo analítico". Eu próprio estou inclinado a afirmar que as definições baseadas no formato terapêutico, na técnica ou até em construtos teóricos são inapropriadas e enganosas. A "análise" é uma forma particular de uma "psicoterapia" mais genérica. A partir dessa perspectiva, o trabalho analítico está sendo feito numa psicoterapia ao ponto de o material inconsciente ser identificado, elaborado na consciência e traduzido em aplicações significativas à experiência de vida e ao comportamento do analisando. Consequentemente, uma "análise" é uma questão relativa e tanto o trabalho analítico quanto o processo mais "mundano" se manifestam em graus variados no decurso de uma determinada psicoterapia.

A psicoterapia de um indivíduo específico surge de uma disposição, tanto do terapeuta quando do cliente, de trabalhar inicialmente no contexto e na estrutura da atual experiência de vida do cliente – ou seja, com os padrões de valores, atitudes, métodos de solução de problemas e outras operações mentais que marcam a consciência do cliente no início da terapia. Essas características peculiares e idiossincráticas da função mental do cliente podem ou não incluir um reconhecimento daqueles fenômenos psicológicos que fazem parte da consciência que o terapeuta traz para o consultório. Por exemplo, o cliente pode inicialmente esquivar-se de experiências numinosas, embora o terapeuta esteja consciente de sua importância e sentido potenciais. Nesse exemplo, parte do trabalho inicial da psicoterapia pode consistir em encontrar maneiras de ajudar o cliente a sentir-se confortável com essas experiências, de modo que elas possam ser identificadas na consciência, em vez de evitadas, e toleradas com curiosidade e com a intenção de compreendê-las.

Uma vez obtida a identificação, a tolerância e a curiosidade da qualidade (nesse exemplo) numinosa da experiência, o cliente pode estar prestes a fazer o trabalho analítico.

Em sua maioria, as pessoas procuram um terapeuta porque estão passando por alguma forma de sofrimento físico e desconforto e muitas delas precisam ser *ensinadas* a enfrentar as camadas numinosas e arquetípicas de sua própria experiência psicológica, antes de poderem começar a fazer o tipo de trabalho analítico que irá aliviar seus sintomas e ao mesmo tempo ampliar sua consciência de si mesmas e dos outros. No seminário contínuo de casos, é possível que os membros do seminário se ajudem uns aos outros a corrigir a tendência de colocar a teoria antes do processo ao considerar o desdobramento de um determinado caso. Se eles o fazem ou não, dependerá, pelo menos em parte, do grau de receptividade ao processo manifestado pelo líder do seminário.

Além disso, a *expectativa* de que o trabalho analítico deve ser feito torna, às vezes, menos provável a ocorrência real desse trabalho. É por isso que a terapia dos candidatos ao instituto é a mais difícil de transferir para processo analítico. A análise ocorre mais plenamente quando o processo surge das exigências psíquicas do indivíduo que sofre e procurou ajuda, e não quando alguém procura a "análise" como meio de obter um certificado analítico. Pelo menos, essas expectativas podem produzir uma resistência ao trabalho analítico. É de esperar que os candidatos ao instituto, que foram selecionados como indivíduos que procuraram a terapia primeiramente por necessidade pessoal e, só secundariamente, descobriram a possibilidade e a importância da formação do instituto, tenham menos probabilidade de manifestar essa resistência.

Perspectivas junguianas sobre supervisão clínica   167

A resistência da "expectativa" pode também surgir facilmente durante os colóquios de casos nas instituições de formação. Se a expectativa no seminário é que o material arquetípico seja elucidado durante a apresentação, pode-se subestimar o complexo processo psicológico pelo qual esse material surge realmente e é integrado durante a psicoterapia. Em minha opinião, os sintomas e o sofrimento psicológico são sinais de trânsito que apontam para os suportes arquetípicos das queixas e conflitos apresentados pelo paciente ou analisando. Um seminário contínuo de casos, quando conduzido adequadamente, elucida os processos pelos quais o material inconsciente se manifesta pela sintomatologia. Ilustra, também, como as expectativas dos membros do seminário podem interferir na elucidação desse material. A interação do grupo tem um grande potencial de aplicar diversos pontos de vista e reações ao material apresentado. Esse potencial pode ser melhor percebido quando foi criada na sala do seminário uma "cultura" não hierárquica, livre de julgamento, aberta e mutuamente solidária.

O que eu disse não implica de modo algum que o líder do seminário abdique de seu papel como líder. Esse papel é determinado arquetipicamente. Por isso, um comportamento autoritário por parte do líder, ou um comportamento correspondentemente passivo por parte dos membros do seminário, não é necessário nem para estabelecer nem para manter o papel de líder. O papel de líder se manterá em virtude da estrutura do grupo-com-líder. Na verdade, uma atitude livre de julgamento por parte do líder provavelmente fortalecerá a intensidade de quaisquer transferências idealizadoras, que forem produzidas no grupo, para o líder, como também produzirá quaisquer transferências negativas-competitivas já existentes *in potentia* nos membros do grupo à medida que se organizam para o trabalho do seminário. A tarefa do líder consiste em reconhecer esse material transferencial à medida que surge e interpretá-lo de maneira isenta de julgamento. Essa interpretação deveria dirigir-se apenas à manifestação desse material no próprio processo de grupo e não deveria ser ampliada para incluir a vida dos membros fora do processo de grupo. O material psicológico que envolve os membros do grupo deve ser sempre secundário aos objetivos pelos quais o grupo se reúne. O foco do grupo é a elucidação do material clínico e não deve ser ampliado para incluir uma análise ou terapia dos próprios membros. Essa ampliação dispersará o foco e, em alguns casos, pode destruir o grupo enquanto instrumento viável para a formação.

No entanto, já que o próprio seminário é uma situação psicológica dinâmica, deveria ser experimentado e, ao mesmo tempo, tratado como tal. Em minha opinião, o movimento para a totalidade que pode ocorrer tanto na análise quanto na psicoterapia, a cura que antes de mais nada é a única desculpa para o trabalho analítico, ocorre e surge da estrutura da relação entre as partes principais. Isso, acredito eu, vale também para os seminários de casos: se a dinâmica relacional não é reconhecida nem honrada, a própria essência do que acontece na análise não será aprendida.

Reafirmando: a dinâmica psicológica do próprio grupo deve certamente ser reconhecida, a fim de facilitar o aprendizado no ambiente do grupo. Mas o reconhecimento, a interpretação e a manipulação terapêutica desses processos devem ser sempre secundários em relação aos objetivos educacionais do grupo. Uma atitude aberta e isenta de julgamento por parte do líder do grupo é essencial para facilitar estes objetivos. Além disso, geralmente é útil remeter ao grupo como um todo quaisquer intervenções relativas ao processo de grupo. A experiência de aprendizado coletivo é a razão para a existência do grupo e essa experiência pode ser diluída ou destruída pela personalização dessas intervenções nos membros individuais do grupo.

Alguns aspectos especialmente importantes para o seminário contínuo de casos podem ser agora ser ampliados mais detalhadamente:

O colóquio de casos possibilita uma oportunidade incomum para um exame permanente e uma elucidação da relação entre os aspectos "internos" e "externos" da realidade psíquica. A realidade simbólica e a realidade literal tornam-se então dois aspectos de uma realidade unitária. Isto evita o tradicional "viés junguiano" da ênfase excessiva na realidade da psique experimentada internamente, às custas do sentido e da importância da realidade externa. Ao mesmo tempo, evita o igualmente sério viés da atenção demasiada exclusiva aos aspectos literais e comportamentais da vida do cliente, às custas do sentido e da importância do mundo interior do cliente.

Os seminários de casos que utilizam conceitos junguianos têm a potencialidade de passar do mundo exterior ao mundo interior ou, inversamente, do mundo interior ao mundo exterior. Um dos mais importantes seminários de que esse autor participou durante sua própria formação envolveu a utilização exclusiva do subsequente material onírico do cliente para reconstruir a situação externa do cliente. A elaboração coletiva do material do sonho e da fantasia é um processo muito mais eficiente e abrangente do que a elaboração por um único indivíduo. De maneira semelhante, deveria ser possível (mas provavelmente mais difícil) passar coletivamente dos dados obtidos externamente à especulação sobre o conteúdo temático do sonho e da fantasia. O conceito junguiano de compensação e equilíbrio no processo da fantasia e do sonho, junto com muitos conceitos afins, adquire vida com a elaboração coletiva, um processo que por si mesmo manifesta e realça muitos dos conceitos que estão sendo ensinados.

O líder do seminário de casos precisa estar familiarizado com aspectos da dinâmica de grupo que são inevitavelmente ativados durante a experiência do seminário. Os fenômenos de transferência e contratransferência que surgem durante o processo de grupo podem ser administrados de maneira positiva e educativa por um líder que tenha alguma habilidade na dinâmica dos grupos, sem pretender uma terapia individual ou de grupo em uma situação que não é adequada para o trabalho terapêutico. O ponto de referência deveria ser o próprio grupo no momento presente, em vez das histórias e dinâmicas individuais dos seus membros. No entanto, os fenômenos dinâmicos e interpessoais que surgem no grupo deveriam ser reconhecidos coletivamente e admitidos como uma parte importante do processo educativo. Os fatores tipológicos podem muito bem precisar ser identificados e levados em consideração ao comparar e contrastar reações discrepantes ao material que está sendo apresentado. Competição entre os membros do grupo, idealização ou sentimentos negativos para com o líder, criação de bodes expiatórios, passividade coletiva e outro material referencial difícil podem surgir e deveriam ser tornados conscientes pelo líder (ou de preferência pelos membros do grupo) de uma forma que seja útil para facilitar o bom processo. Fatores dinâmicos positivos e úteis, quando reconhecidos e salientados num *timing* apropriado, ajudarão a reforçar uma cultura de grupo positiva, orientada para o aprendizado e solidária. A ênfase na *mutualidade* dos fatores dinâmicos presentes no grupo, como também o foco no aqui e agora, como foi mencionado anteriormente, ajudarão a impedir que o seminário se rebaixe a uma experiência pseudoterapêutica. Quando esses fenômenos positivos ou negativos são evitados ou negados, o seminário de casos pode facilmente tornar-se estéril, obstrutivo e pouco compensador.

O valor geral do seminário dependerá, em grande parte, da habilidade e sensibilidade do líder na tarefa de torná-lo seguro para que o grupo reconheça aspectos do processo que afetam o aprendizado durante as sessões do seminário. O líder deve também estabelecer um padrão que introduza no grupo hábitos de relacionamento, que por sua vez manterão uma cultura de aprendizado.

No tocante à apresentação efetiva do material clínico pelo candidato, vale novamente a norma do paradoxo. Um formato bem estruturado é útil para a elucidação de um amplo leque de materiais, mas, ao mesmo tempo, deve-se levar em conta as diferenças individuais ao reconhecer e utilizar os fenômenos psicológicos. Apresentar os sintomas, os sonhos iniciais e sua inter-relação é de grande importância e sua conexão com os acontecimentos históricos deveria ser elaborada. A identificação do material arquetípico, seja na fantasia ou no comportamento, deveria ser contrastada com a manifestação singular desse material como forma e imagem na vida do paciente. Dessa maneira o processo da terapia pode ser reavivado como uma dinâmica que envolve a relação entre fatores arquetípicos generalizáveis e sua constelação idiossincrática na vida pessoal.

O ponto de vista junguiano pode contribuir com uma ideia marcante, que não está presente em outras formulações dinâmicas da psique, a não ser talvez em algumas das escolas existenciais de pensamento: o simples indivíduo (e também a "neurose" individual) é essencialmente indiagnosticável e irrepetível. A tarefa de apresentar e reforçar essa ideia é responsabilidade de cada membro do seminário. Considerações técnicas, como a "analisabilidade" do paciente, o uso da chamada "técnica analítica" e assim por diante, aumentam grandemente a possibilidade de que tanto o material de caso quanto os membros do seminário sejam tratados como objetos, subvertendo com isso todo o processo.

Sumário

A formação junguiana pode fazer uso particular da conferência, do colóquio ou do seminário contínuo de casos, não só para familiarizar os candidatos com o poder de um exame coletivo do material clínico, mas mais especificamente para compensar as lacunas deixadas pelo próprio Jung ao conceber a dinâmica relevante no processo geral da análise terapêutica. Jung não tinha nenhuma pretensão de apresentar todo o fenômeno do processo terapêutico. Seu interesse estava focado principalmente nos acontecimentos do mundo interior. Deixou para outros a tarefa de preencher um quadro mais completo do processo terapêutico, incluindo tópicos como uma cuidadosa descrição dos acontecimentos reais que transpiram durante a análise terapêutica, como também as circunstâncias detalhadas da vida do cliente. Além disso, os elementos literais ou "reais" e também os elementos transferenciais e contratransferenciais da terapia devem ser reconhecidos como uma parte do quadro completo da transação terapêutica.

O seminário contínuo de casos reúne as dinâmicas do mundo interior e do mundo exterior. Pode aplicar o poder da consciência coletiva à transação terapêutica e, ao fazê-lo, tirar proveito funcional da dimensão extrovertida da psique. Pode reunir a teoria e o processo real de maneira que cada qual é revelado como um aspecto complementar do outro, cada qual contribuindo para um todo mais amplo.

O líder do grupo trabalha para incentivar um processo de fusão entre elementos díspares, como também para encarnar a "atitude simbólica" de Jung: uma posição aberta em relação ao resultado tanto do caso que está sendo apresentado quanto da consideração do material de caso feita na hora pelo grupo do seminário. Uma homenagem à abordagem subjetiva do material clínico deve complementar a objetividade como um aspecto vital da cultura em desenvolvimento do grupo do seminário. Essa cultura em evolução inclui um líder que encarna uma atitude isenta de julgamento como também um reconhecimento da dinâmica relacional presente no grupo. Isso deveria ser realizado sem substituir o foco educativo por uma terapia inadequada e não contratada dos membros individuais do grupo ou, na verdade, do próprio grupo.

No seminário de casos clínicos, o poder da elaboração coletiva do material psicológico pode ser enfocado num exame da relação entre a dimensão interior e a dimensão exterior da psique. A expectativa do grupo de que um material profundamente analítico está prestes a aparecer não deveria interferir na compreensão da singularidade e da natureza idiossincrática do processo psicológico do cliente. O processo analítico aparece não só no "aqui e agora" do mundo do cliente, mas também na dinâmica do seminário de casos à medida que o grupo "reexperimenta" esse mundo.

Finalmente, o seminário contínuo de casos é uma parte vital da experiência de formação dos candidatos junguianos. Esse seminário pode proporcionar uma importante dimensão na qual os candidatos podem aprender e integrar uma atitude psicológica que é central para a *"raison d'être"* de um analista junguiano. "Estar com" um cliente no consultório é essencialmente um exercício de sincronicidade. Nessa sincronicidade, tanto o analista quanto o analisando experimentam certa familiaridade, não só entre si, mas também com o material que estão processando – como se tivesse sido experimentado tanto separadamente quanto mutuamente antes, mas agora está sendo experimentado novamente, com plena consciência.

Referências

Kernberg, O. (1986). Institutional problems of psychoanalytic education. *Journal of American Psychoanalytic Association*, 799-834.

Carr, J. (1988). A model of clinical supervision. In *Clinical supervision: Issue and techniques*. J.C. Press.

Levenson, E. Follow the fox: An inquiry into the vicissitudes of psychoanalytic supervision. In Caligor, Aligor, Bombert & Meltzer (Eds.), *Clinical perspectives on the supervision of psychoanalysis and psychotherapy* (p. 153). Plenum.

12 Alguns pensamentos sobre o processo clínico

Joan Reggiori

Este capítulo examinará a prática da supervisão clínica numa variedade de cenários. Procurando discernir os fatores essenciais na supervisão numa variedade de situações organizacionais, mencionarei as diferenças entre supervisão individual e supervisão de grupo; entre supervisão como parte de uma formação continuada e supervisão como parte do treinamento durante a formação e; alguns poucos fatores essenciais para uma aliança de trabalho entre supervisor e supervisionando. Não será uma tentativa de tornar-nos profissionais melhores da noite para o dia, mas de estimular-nos a discutir ulteriormente quais aspectos são relevantes para nossas experiências particulares[4].

Supervisão individual e supervisão de grupo

Em primeiro lugar, existem dois estilos de supervisão, ou seja, supervisão individual e supervisão de grupo. Cada um pode complementar produtivamente o outro, mas o que não podem fazer, efetivamente, é um substituir o outro. A intensidade e a profundidade da supervisão individual semanal, focalizada num

---

4. Espero que o leitor, por motivo de simplificação, aceitará que o pronome "ele" inclui o feminino e vice-versa.

caso particular, é reforçada pela intimidade e exclusividade da relação individual em andamento entre supervisor e supervisionando. Isso reflete a mais antiga e mais fundamental forma de todas as relações humanas. Aspectos do que acontece entre supervisor e paciente podem refletir-se nessa relação e, por isso, ela é um fórum e uma área útil para a investigação diagnóstica. No entanto, a mesma exclusividade pode significar também que um preconceito antigo continua incontrolado sem observação externa e comentário.

A supervisão de grupo, por outro lado, oferece experiência mais extensa, embora menos intensiva. Nisso, o supervisor ou condutor pode ser bastante ativo com um estilo diretivo de ensino, como pode acontecer também na supervisão individual, mas, outras vezes, ele pode facilitar mais passivamente, quando os próprios membros do grupo estão efetivamente inspecionando ou "supervisionando" aquele que está apresentando o caso. Isso por si mesmo pode constituir outra dimensão para sua formação. Nessa situação, uma variedade de pensamento e atitude trazida para produzir e aumentar o *insight*. Inevitavelmente, porém, não haverá tempo suficiente para uma apresentação semanal e para dar continuidade semanal ao caso e a seu desenvolvimento, como existe na supervisão individual semanal.

Assim como na terapia de grupo, será ativada a dinâmica de grupo. O apresentador pode achar que o paciente do qual está falando está sendo assumido pelo grupo e, então, o perde, de modo que a imagem que tinha de seu paciente fica distorcida pela discussão do grupo a ponto de tornar-se irreconhecível. Seu paciente torna-se gradualmente o beneficiário de projeções quando são expostos aspectos até agora inconscientes do caso. Essa é uma área particularmente sensível quando a dinâmica do caso coincide com a dinâmica corrente no grupo. O apresentador pode até ter a impressão de que lhe roubaram o paciente e sentir-se incapaz de resgatar e restaurar em si mesmo a imagem familiar e identificável que trazia inicialmente. Ouvi o apresentador protestar que ele e o grupo não estavam falando do mesmo paciente. Finalmente, no entanto, sua contratransferência fica contaminada pela contratransferência que está se aglutinando no grupo.

O que é reencenado não são apenas aspectos do próprio caso. Podem ser os conflitos resultantes das relações dentro da organização e dentro do grupo. O grupo de supervisão pode também responder a aspectos da "sombra", ou seja, partes inconscientes e inaceitáveis da relação entre um supervisionando e seu supervisor individual. Um apresentador tornou-se conhecido por "pontuar" sua apresentação com "meu supervisor diz", como uma defesa contra observações perturbadoras antecipadas por parte do grupo, que, na ocasião, estavam sendo experimentadas como uma ameaça potencial. O grupo respondeu, de início, com inibição e depois, com irritação, à medida que se sentia confrontado por um subgrupo distinto que havia se desmembrado e consequentemente foi, por sua vez, percebido como uma ameaça à coesão do grupo. Pode haver também subgrupos, ou formação de duplas, se a envergadura da experiência e da capacidade no grupo é demasiado ampla, resultando que alguns membros se sintam frustrados e outros se sintam abandonados.

Um participante pode receber projeções do grupo e identificar-se, por exemplo, com o papel de participante inferior e menos instruído, participante excessivamente intelectual ou participante excessivamente ansioso que os outros utilizam como defesa para não aceitar essas mesmas qualidades presentes neles próprios. Em outras palavras, as projeções do grupo podem prosperar e, com isso, limitar o crescimento do indivíduo que se torna prisioneiro delas. No lado positivo, eu soube de um grupo que perdeu a postura terapêutica confrontacional e questionadora de um determinado membro durante sua prolongada ausência e, finalmente, precisou esforçar-se para encontrar neles próprios os aspectos positivos dessa qualidade.

Se a tensão se torna obstrutiva, o supervisor do grupo precisa enfrentar a decisão de dever ou não interpretar o que está acontecendo em termos da dinâmica do grupo. Um supervisor precisa ser especialmente sensível para com um membro que possa estar internalizando as divisões presentes no grupo e procurando reconciliar dentro de si próprio, num nível pessoal, grande parte daquilo que pertence ao coletivo. Se comentar, o supervisor do grupo está cruzando uma fronteira e trazendo à consciência no grupo um processo que é deixado para os membros tratarem fora da sessão e sem a presença do supervisor. Em minha opinião, porém, é sempre aceitável tornar conscientes os aspectos do caso que estão sendo refletidos na resposta dos membros do grupo. Os sentimentos de irritação, por exemplo, se considerados diagnosticamente, podem ser uma excelente ajuda para o ensino.

Em minha experiência, o tamanho perfeito desse grupo é de aproximadamente cinco membros. Um número maior, certamente para a discussão de casos individuais de terapia e especialmente durante os primeiros tempos da vida do grupo, pode levar o apresentador a sentir que uma relação íntima para a qual ele contribuiu sensivelmente possa ficar excessivamente exposta e até ser violada, porque a situação o impele a relacionar-se simultaneamente com um grupo de pessoas maior do que ele pode orientar ou moderar. É mais provável que isso aconteça quando o comportamento impulsivo verbal ocorre no grupo e as respostas são de natureza competitiva em vez de uma aglomeração ponderada. Como resultado, isso pode levar o apresentador a revisar e alterar inconscientemente aspectos do caso, enquanto tenta proteger a relação analítica.

Não posso deixar essa área sem referir-me a algumas qualidades muito positivas da situação da supervisão de grupo. A possibilidade de compartilhar, a consequente diminuição das ansiedades e o mútuo apoio ativo que é produzido num grupo de tamanho apropriado são imensos. Existe uma impressionante ampliação dos horizontes perceptivos e uma conjugação enriquecedora de ideias. A maneira como esse processo se desenvolve dependerá das personalidades presentes no grupo; da maneira como o supervisor estimula os membros a tornarem-se um todo coeso; da maneira como ele consegue conter a divisão no grupo e, sem dúvida, inevitavelmente nele próprio. Por fim, o supervisor do grupo é responsável por criar fronteiras. Ele precisa ser conhecido pelos membros como um recipiente adequado para o grupo e também como alguém capaz de responder às necessidades do indivíduo.

Supervisão numa organização empregadora e com um corpo de formadores

Considerando os muitos ingredientes comuns à supervisão em diversas circunstâncias, deve-se reconhecer que fatores externos, ou seja, o ambiente, afetam o conteúdo da supervisão. Um exemplo disso aparece na perspectiva de "perder" um paciente. Para um supervisor empregado numa organização, essa é uma valiosa experiência de aprendizado. Para um supervisionando num curso de qualificação, essa mesma perspectiva, além da experiência, significa que sua formação pode ser consideravelmente ampliada; assim, a qualificação é adiada e seu custo aumenta, porque ele enfrenta a possibilidade de precisar começar novamente com outro paciente. Não poucas vezes, essa ansiedade particular invade a supervisão do último e pode distorcer o processo se as tentativas de "manter" o paciente têm prioridade sobre o enfoque no processo analítico como um todo.

Assim como o paciente, o supervisor e o supervisionando, outro fator influente está presente na forma da organização empregadora ou do corpo de formadores. A primeira esperará certo padrão de trabalho por parte do supervisionando, mas não haverá nenhum momento qualificador definitivo de reconhecimento e, assim, em nenhum momento fixo a supervisão irá terminar formalmente e esperançosamente e, portanto, mudar o *status* do supervisionando e sua visão de sua personalidade profissional. Isso implica que a organização sempre conservará a responsabilidade final e tanto o supervisor quanto o supervisionando, através da política de gestão, serão em última análise responsáveis por si mesmos. Isso pode afetar a controversa questão da confidencialidade, um ingrediente crucial no processo terapêutico. A política administrativa afetará assuntos como a frequência, a intensidade e o período da terapia. Isso pode muito bem depender de outros compromissos do supervisionando, especialmente se está empregado principalmente numa condição diferente da condição de um terapeuta, por exemplo como assistente social com pesadas responsabilidades legais ou como um psicólogo com grande número de casos de teste de diagnóstico. Pode-se esperar da psicoterapia um nível bastante sofisticado ou ela pode ser considerada essencialmente secundária em relação a outras formas de ajuda. O supervisionando pode ficar contente com essa política predeterminada ou pode discordar. Esse conflito surgirá, então, na supervisão, colocando, assim, o supervisor na difícil posição de procurar reconciliar atitudes diferentes no tocante às restrições impostas à terapia, além de analisar qual seria a melhor para o paciente. As sessões de supervisão podem enfocar particularidades de muitos outros conflitos presentes na organização e não raramente estes têm uma qualidade edipiana.

O supervisor num curso de qualificação está numa posição um tanto diferente. Ele traz consigo o padrão esperado do corpo de formadores com o qual está identificado. Carrega também as esperanças do estudante do qual, não esqueçamos, recebe diretamente pagamento. Deseja não só compartilhar alguma satisfação e um senso de realização com o estudante no final do tempo que passaram juntos, mas também deseja vê-lo representar meritoriamente o padrão desse corpo determinado – e talvez também refletir positivamente suas habilidades como supervisor. Deseja também ver o resultado como uma promoção dos conhecimentos especializados da profissão da psicoterapia como um todo. Permitam-me citar Fred Plaut (1982):

> Como sei – ou acredito saber – na prática se foi feito o progresso requerido, de modo que eu possa recomendar o candidato para ser um membro associado? A resposta é subjetiva e, ao mesmo tempo, breve e a força da minha convicção depende de minha capacidade de responder afirmativamente a três perguntas. Estas são em ordem ascendente: (a) Eu lhe enviaria um paciente? (b) Eu lhe enviaria um paciente que eu próprio assumiria para aná-

lise? (c) Eu me entregaria aos cuidados dele para análise? Esse último "critério" não deveria ser considerado mais do que um pensamento fugidio (p. 107).

Eu acrescentaria aqui que, em minha opinião, alguns estudantes desabrocham como terapeutas só após a qualificação, ou seja, após receberem a confirmação formal como terapeutas. Uma situação análoga pode surgir também a respeito da seleção dos candidatos.

O supervisor carrega uma responsabilidade multiforme. Essa responsabilidade é para com o paciente, para com o estudante, para com o corpo particular de formadores e para com a profissão da psicoterapia analítica como um todo. As responsabilidades do supervisionando não são muito diferentes, porque ele pretende tornar-se um membro qualificado e, assim, um representante, e um portador dos padrões, dessa mesma profissão. Suas posições respectivas, no entanto, são diferentes quando se trata da decisão final acerca da qualificação para a prática, porque esta qualificação cabe ao supervisor e não ao supervisionando. A estreita relação que pode surgir obscurece, às vezes, essa realidade. No entanto, é essencial que a decisão final acerca da qualificação não seja tomada por um só ou mesmo pelos dois supervisores, por mais vitais que sejam seus relatos, mas pelo Comitê de Formadores como um todo, depois de serem levados em consideração outros fatores. Sem esse processo o supervisor estará numa posição insuportavelmente dicotômica, senão incestuosa, na qual se esperaria que ele fosse o juiz qualificador final do trabalho de um estudante do qual recebeu pagamento por sua parte desempenhada no progresso daquele estudante. Requer-se uma decisão mais objetiva baseada em diversos relatos.

Processo de supervisão

Eu considero a supervisão não uma situação de mestre e aprendiz, mas um processo evolutivo. Aqui estou me referindo mais ao processo de supervisão individual do que ao processo de supervisão em grupo. Ambos os participantes trazem para essa relação a experiência e a compreensão que os trouxeram a esse determinado lugar de encontro. O supervisionando traz a experiência individual de sua análise, incluindo o estágio em que se encontra num dado momento, a influência de seu outro supervisor ou supervisores e suas experiências de vida. Não quero omitir aqui a influência de sua profissão e formação anterior, pois isso inspirará sua atitude subsequente como terapeuta. O psiquiatra será mais sensível a uma doença psiquiátrica, o médico clínico a uma doença física, o assistente social a um distúrbio no ambiente social ou familiar, o sacerdote a um dilema espiritual e assim por diante. Forças semelhantes operam no supervisor. O processo de supervisão se torna, portanto, um recipiente no qual existe uma amálgama de influências.

Não obstante, para mim, a formação para a psicoterapia é semelhante à formação para o balé. É preciso primeiramente aprender os passos clássicos, as disciplinas básicas e saber por que a teoria e a estrutura estão ali e por que são impostas. Após assimilá-las, só muito mais tarde, pode-se desenvolver, dentro da estrutura, um estilo individual, utilizando uma autoridade interior, uma resposta esclarecida interior entrelaçada com conhecimento teórico. Alguns estudantes têm uma qualidade terapêutica inata em suas personalidades, enquanto outros têm dons para compreensão intuitiva, teórica ou intelectual. O fomento dessas qualidades na supervisão contribui para uma identidade profissional individual. Dito isso, é preciso acrescentar que existem situações em que o supervisor pode precisar impor uma linha firme quando o bem-estar do paciente corre risco, como uma situação de crise que envolve um componente suicida ativo.

Os estudantes encontram seu próprio método de apresentar o material. Algumas sessões são imediatamente postas por escrito e incluem uma precisão verbal que transmite a proximidade do contato. Outras são postas por escrito mais tarde e, por isso, têm um tom mais integrado e reflexivo. Seja qual for o método, o paciente só é considerado presente no consultório quando o estudante foi capaz de internalizar a imagem do paciente com suficiente clareza de consciência, para poder projetá-lo na sessão com uma objetividade que inclui simpatia e separação. Aqui, eu gostaria de comentar que é preciso explorar não só a contratransferência do supervisionando, mas também a do supervisor. A contratransferência do supervisor pode ser confirmatória – ou o inverso – da contratransferência do supervisionando, complementar ou mesmo profética. Seja qual for sua qualidade, ela deveria ser oferecida como uma ajuda para a compreensão e não como definitiva, porque é a relação do supervisionando com o paciente que constitui o instrumento da aliança terapêutica e não a relação do supervisor.

No processo de supervisão ocorrem projeções e introjeções mútuas. Assim, uma pessoa molda algo da resposta do outro. O supervisionando que deseja uma abordagem diretiva estimulará algo disso no supervisor. Mas o que o estudante está buscando essencialmente da parte do supervisor, já que cada um é razoavelmente bem talentoso? Espera o estudante um supervisor que pertence à corrente principal e o questione ou alguém que geralmente o encoraja e apoia; um supervisor que estimula intelectualmente ou aquele que acima de tudo se relaciona bem e afetuosamente? É o supervisor escolhido por causa de um seminário bem conduzido, de uma conferência bem apresentada ou de um livro magnificamente escrito ou porque outro candidato recomendou calorosamente seu próprio terapeuta como supervisor por causa de uma transferência positiva atual? Talvez o terapeuta do próprio estudante tenha mostrado uma preferência baseada em uma orientação teórica compatível – muitas vezes, uma consideração importante. Nenhum supervisor sozinho pode incorporar todas essas qualidades em quantidade suficiente para qualquer estudante. Felizmente, não existe nenhum supervisor ideal e, na verdade, nenhum supervisionando ideal e tampouco um paciente ideal.

A relação na supervisão

Já me referi aos respectivos méritos da supervisão individual e da supervisão em grupo e às expectativas que surgem da supervisão dada como formação continuada, parcialmente diferentes das expectativas da supervisão dada durante o treinamento/qualificação na formação. Mas o que há no processo que é comum a ambas as circunstâncias? Para mim, trata-se de criar um espaço onde o supervisionando possa jogar, experimentar ideias, explorar possíveis abordagens e tornar-se mais consciente daquilo que já conhece como também daquilo que precisa chegar a conhecer. O *timing* é importante e, se o supervisor, com zelo equivocado, se apressa a informar, ele corre o risco de criar no estudante uma ansiedade que pode inibir o desenvolvimento ulterior. Lembro-me das observações de Janet

Mattinson (1975), em seu livro "The reflection process": "se eu e outros supervisores ensinávamos demais a um estudante, muitas vezes esse estudante tendia a ensinar ao seu cliente (p. 13)."

O processo consiste em criar um recipiente no qual o estudante possa sentir-se suficientemente seguro para confiar ao supervisor suas ansiedades e seus erros e, por fim e gradualmente, assumir a responsabilidade consciente e profissional por suas ações.

Ironicamente, muitas vezes é o supervisionando mais experiente que sabe o suficiente para perceber uma dificuldade e trazer o material crucial. O estudante que tem dificuldade de integrar a teoria e a experiência de sua própria análise pode tornar-se autoconfiante de maneira inadequada e defensiva. Existe uma confiança equivocada em suas próprias capacidades que o supervisor pode não compartilhar. Nessas circunstâncias, pode haver uma tentação de comentar o que é percebido como omissões na análise do próprio estudante, ignorando, assim, uma fronteira. Isso pode promover aspectos divisionistas de uma situação edipiana. Essa situação edipiana surge com a chegada do primeiro supervisor ao programa de formação, de modo que a anterior relação entre duas pessoas se torna uma relação entre três. Pode-se encontrar algumas outras abordagens – como, por exemplo, observar que o estudante evita continuamente fazer uma interpretação determinada e óbvia.

Como numa sessão de terapia, os *insights* mais capacitadores não são necessariamente os que provêm de uma das duas pessoas envolvidas, mas de algo que surge ou acontece no espaço entre elas. É nesse espaço que também o paciente reside e tem seu ser e está sempre presente, mesmo no meio de uma discussão teórica. Teoricamente, para que ocorra esse espaço criado, precisa haver certa acessibilidade mútua. Por parte do supervisor, isso significa resistir a uma tentação de ser inteligente ou esperto. Por parte do supervisionando, isso depende do grau de destrutividade existente em quaisquer sentimentos de inveja, muitas vezes um ingrediente negado na relação, sendo de proporções controláveis. O efeito dessa inveja pode levar o supervisor a sentir que o que ele oferece é supérfluo. Essa acessibilidade não significa uma abertura artificial, que geralmente é de natureza defensiva. Por exemplo, um estudante que muda com demasiada frequência sua percepção do que está acontecendo, numa tentativa de apresentar uma pseudoflexibilidade, provoca dúvida em mim quanto à qualidade de seu contato com o paciente. Isso pode ser um reflexo da interação na terapia, o resultado de considerável ansiedade no estudante ou uma rivalidade inconsciente com o supervisor.

Para mim, a parte mais agradável de ser supervisionado foi quando eu disse algo que levou meu supervisor a fazer uma pausa e contemplar. O ponto principal não foi necessariamente se ele concordava ou discordava; o mais importante foi que apresentei algo que eu esperava poder ser perspicaz e que recebeu espaço e tempo – alguns momentos em que isso foi estabelecido e avaliado. Em meu papel de supervisor, o que me causou satisfação foi quando o supervisionando me fez lembrar uma observação que eu fizera, um comentário às vezes esquecido por mim, que foi corroborado por subsequentes acontecimentos ou, alternativamente, se mostrara inapropriado ou irrelevante na ocasião. A continuidade da reciprocidade continuou viva e mantida entre nós e entre as sessões. A resposta me estimulou a dar mais de mim mesmo e a explorar ulteriormente tudo o que minha despensa interior de experiências tinha a oferecer.

Consequentemente, isso amplia minha experiência e me leva a refletir e a ampliar minha consciência. Cada participante dessa relação precisa estimular e afirmar o papel do outro.

A supervisão, ao que me parece, se ocupa em observar a convergência entre experiência analítica, ensino teórico e a maneira como o supervisionando aplica um amálgama de experiências. Ela se ocupa em ajudar o estudante a desenvolver um supervisor interno suficientemente confiável, o que incluirá inevitavelmente alguma identificação positiva com o supervisor externo. Alison Lyons costumava dizer que o analista deveria ser alguém que uma pessoa desejasse acolher em seu interior. Poderíamos dizer que idealmente isso deveria aplicar-se também ao supervisor. No entanto, a psicoterapia analítica não trata de situações ideais. Ela se ocupa em trabalhar com o que existe e com a criatividade que pode provir disso.

Muitas vezes, diz-se que não ensinamos formalmente como supervisionar, o que implica que deveríamos fazê-lo. Não considerando algumas normas básicas e aceitando que, como na psicoterapia analítica, trata-se de um encontro individualista, será que a contribuição mais capacitadora seria, talvez, oferecer para ser supervisionada a supervisão do supervisor? Se for o caso, deveria isso ser uma suspensão individual ou de grupo? Haveria o risco de acontecer algo parecido com a responsabilidade final? Isso militaria contra a originalidade no que é essencialmente um processo pessoal ou até, às vezes, artístico?

Embora eu tenha sustentado a importância de um recipiente circunscrito para a supervisão, as reflexões anteriores me levaram à convicção de que o processo de supervisão pode ser afetado por diversas influências, fora das duas pessoas centralmente envolvidas, numa proporção maior do que geralmente se reconhece. A supervisão é, com efeito, um processo dinâmico.

Três seminários sobre a supervisão clínica

Como continuação da Conferência sobre "Supervisão clínica: Questões e técnicas" (conferência pública organizada pelo Comitê Junguiano de Formação da Associação Britânica de Psicoterapeutas, em abril de 1988, com base na qual foi elaborado este capítulo) foram organizados três seminários para o mês de novembro seguinte. Esses seminários estiveram a cargo da líder do seminário Joan Reggiori e das cinco pessoas que haviam expressado interesse em participar. O relato a seguir é uma versão resumida do que aconteceu.

A líder dos seminários iniciou cada um deles com comentários sobre um tema particular antes de abrir a discussão para todos os participantes. No início do segundo e terceiro seminários, ela leu em voz alta uma lista das matérias tratadas no seminário anterior a fim de promover a continuidade. Em seguida, para promover um permanente processo criativo do grupo, a líder entremeou a discussão com novas ideias, observações e comentários. Esses foram, às vezes, questionadores ou agressivos, mas destinados sempre a estimular ulterior pensamento e reflexão. Pode-se dizer que isso foi um importante ingrediente do próprio processo de supervisão.

Primeiro seminário

Após as introduções iniciais, o grupo utilizou o primeiro seminário para mencionar diversas questões. Sem tardar, desenvolveu-se nos membros suficiente confiança uns nos outros e eles se comprometeram suficientemente com o processo de esclarecer a discussão, compartilhando suas experiências pessoais relevantes.

Um dos primeiros itens levantados foi indagar se certas respostas sensíveis entre supervisor e supervisionando – que não emanavam de um determinado caso – podiam ser denominadas fenômenos de transferência e contratransferência ou se esses termos deveriam ser reservados apenas para as respostas presentes na própria relação analítica. O fato de existir uma determinada relação supervisória não foi posto em dúvida. A questão era se ela devia ou não ter um nome especial. Outra matéria em discussão, mas relacionada a essa, foi a maneira como um caso supervisionado se refletia na relação entre supervisor e supervisionando.

Foi compartilhado o problema de um supervisor solicitado por uma organização para supervisionar pessoas não analisadas sem formação formal, mas que, mesmo assim, exerciam a terapia com clientes. As restrições e responsabilidades inerentes foram rapidamente reconhecidas como problemáticas.

Houve uma questão retórica relativa às fronteiras, da qual o supervisor sensível está bem a par, quando o supervisionando traz para a sessão de supervisão sua angústia, por exemplo gritando. Até que ponto deveria o supervisor responder nessas circunstâncias?

Houve um claro grau de consenso de que se deveria permitir a um supervisionando mudar de supervisor se julgasse que a supervisão não era satisfatória e se sentisse preso a um caso por um tempo considerável. Houve, no entanto, visões divergentes quanto a decidir se um supervisor, por ser razoavelmente experiente, podia levar o supervisionando mais longe do que ele próprio fora levado.

Uma mostra dos sentimentos evocados no primeiro seminário manifestou-se nos seguintes comentários: "os supervisores

Perspectivas junguianas sobre supervisão clínica

não devem pensar que são onipotentes". "Deveria ser classificada como uma profissão arriscada." "É um tema escorregadio."

Segundo seminário

Durante o segundo seminário o foco se concentrou em poucas questões, mas que foram exploradas com maior profundidade. Entre elas estava: questionar a aparente onipotência do supervisor arquetípico e também a da instituição paternal. A posição fundamental na qual um supervisionando podia encontrar-se surgiu numa área de considerável interesse. Foram apresentados exemplos de situações em que o analista e o supervisionando dividiram inconscientemente uma transferência negativa, que depois foi assumida pelo supervisor, e de situações em que o analista e o supervisor tinham uma relação positiva próxima ou uma relação rival e negativa, tendo as duas um potencial de afetar o supervisionando e sua supervisão. Foi expressa a preocupação de que, se as fronteiras não forem mantidas, o supervisor, ao tentar "ajudar" o supervisionando, poderia começar a excluir o analista de uma parte da relação analítica.

Houve discussão sobre o supervisor e o supervisionando que experimentam um "choque de personalidades", admitindo-se evidentemente que o problema não podia ser resolvido através da análise. De modo geral, aceitou-se que, nessas circunstâncias, deveria ser permitido ao supervisionando mudar de supervisor. Se haveria situações em que o supervisor podia pedir uma mudança de supervisionando pareceu ser uma questão mais complexa. Se os dois fossem empregados pela mesma organização, as implicações poderiam ser de longo alcance. Uma questão que recebeu mais apoio foi que deveria haver um consultor designado para tratar desses problemas. Ele poderia se encontrar com cada pessoa separadamente e/ou com ambas juntas.

Surgiu uma indagação se era útil ou não o supervisor avaliar um potencial paciente do supervisionando. Não houve consenso claro sobre isso. Houve, porém, acordo unânime de que o supervisionando precisava concentrar o foco em sua própria figura internalizada na subsequente supervisão e não na imagem formada pelo supervisor a partir de sua avaliação anterior.

Foi discutida a utilidade de ter registros em vídeo ou em gravações, como é requerido por algumas organizações. Concordou-se que, seja qual for a utilidade que uma organização possa atribuir aos aspectos formativos deste método fiscalizador de supervisão, um registro simultâneo de qualquer tipo limitava a terapia. Nessas circunstâncias, o supervisor era tentado a ensinar como ele próprio teria conduzido a terapia, após ver ou ouvir o registro, em vez de concentrar-se nas respostas interiores do supervisionando. A presença de um terceiro fator, ou seja, o que registra em vídeo ou gravação, impedia o estabelecimento de um espaço terapêutico fechado, tão essencial para uma criatividade íntima. Além disso, o paciente poderia muito bem recusar uma informação que seria socialmente inaceitável ou potencialmente prejudicial se fosse revelada a uma terceira parte.

Terceiro seminário

No terceiro seminário, foram examinadas mais detalhadamente a aquisição de habilidades supervisórias e a avaliação da qualidade. A maternagem, em particular, demonstrara ser um tema capacitador e foram evocados também os aspectos negativos da supervisão.

Houve uma breve discussão sobre o efeito causado sobre a supervisão pelo ambiente em onde ela ocorreu, por exemplo, privadamente ou no interior de uma instituição.

Uma discussão se era mais útil ensinar didaticamente ou facilitar o "processo criativo" levou a questões sobre como eram tomadas decisões para declarar se uma pessoa era ou não qualificada para tornar-se um supervisor. Comentou-se que um bom terapeuta não produz necessariamente um bom supervisor.

Ao tratar da questão se as habilidades de supervisão podiam ser ensinadas, afirmou-se que alguém pode ensinar a administração, mas não a maternagem. A maternagem foi então assumida intermitentemente como modelo de supervisionar. Concordou-se que um supervisor deveria ter um bom conhecimento da teoria e a habilidade de comunicar a essência do que está acontecendo. Reconheceu-se também que alguns supervisores se davam melhor com supervisionandos menos experientes e outros se davam melhor com supervisionandos mais experientes. O supervisor, como a mãe, precisava adaptar-se ao estágio de desenvolvimento e permanecer com o supervisor significa passar pelas dificuldades e estar disponível a ele. Dessa maneira, o supervisor está restituindo algo de sua própria experiência de ser supervisionado. Isso foi comparado à relação avó-mãe-criança.

Houve uma indagação sobre quem deveria tomar a iniciativa de terminar a supervisão. Concordando que teoricamente deveria ser uma decisão mútua e não surgir inesperadamente, foi dito também que a supervisão não deveria necessariamente ser concluída com a qualificação. No entanto, foi mencionada a dificuldade que se poderia experimentar ao romper o vínculo com a "mãe", visto que poderia haver um desejo de não dar a aparência de rejeitar a boa "mãe". Isso foi comparado com os sentimentos mistos de um adolescente que se torna adulto e deixa o lar.

Para citar o uso diferente e, no entanto, apropriado das habilidades de um supervisor, foi apresentado o exemplo de um supervisor que atua como consultor para um grupo de pessoas de diferentes disciplinas, que se reúnem para ajudar um determinado paciente.

Houve uma breve discussão sobre o efeito causado sobre ambas as partes, quando um supervisionando antipatiza ativamente com a supervisão.

Ao fim, houve grande entusiasmo para redigir, de uma forma ou de outra, um relato dos seminários e um pedido para organizar outra série de seminários.

Comentário

As questões levantadas são fundamentais e muito relevantes para um importante aprofundamento das habilidades profissionais. Os comentários acima são, evidentemente, apenas um resumo do que foi discutido. Muitas perguntas pertinentes foram formuladas e poucas receberam respostas definitivas. Não houve onisciência, mas uma atitude fundamental de investigação – e isso, em minha opinião, é a essência do aprendizado e um ingrediente essencial da supervisão. Talvez alguns temas seletos possam ser explorados mais extensamente e com proveito no futuro?

Referências

Plaut, A. (1982). How do I assess progress in supervision? *Journal of Analytical Psychology*, *27*, 107.

Mattinson, J. (1975). *The reflection process in casework supervision*. Institute of Marital Studies, Tavistock Institute of Human Relations.

PARTE IV
Avaliação do progresso na supervisão

13 Um simpósio: como avalio o progresso na supervisão?

[A] Alfred Plaut

A fim de avaliar o progresso é preciso ter a ideia de um ponto de partida. Quando as anotações do diretor clínico sobre o paciente, que se tornará o tema principal da supervisão, combinam com minha impressão inicial da personalidade do supervisionando, esse parâmetro ou ponto de partida se estabelece em minha mente. Partes disso permanecerão constantes, outras variarão ou mudarão. Entre as constantes está o fato de que desfruto a supervisão como parte do trabalho do dia, quando estou livre da responsabilidade analítica – não ser diretamente tranquilizador ou crítico. Desfruto também o aspecto refrescante de ver a análise com olhos de jovem, para relembrar o tempo em que eu estava sendo supervisionado e via os pacientes analíticos pela primeira vez com tanta facilidade como posso relembrar minha adolescência, inclusive a ansiedade e o turbilhão das emoções de alguém e a ajuda ou obstáculo que ele experimentava, naqueles dias, de pessoas que eram mais graduadas do que ele. É importante mencionar também os aspectos variáveis que podem tornar estimulante a supervisão; esses são representados pelos efeitos do supervisionando e seu paciente sobre minhas visões flutuantes dos métodos analíticos e de sua eficácia.

Contra o pano de fundo dessa visão pessoal eu gostaria de apresentar meus critérios de progresso na supervisão em forma de três perguntas:

1. Pode um candidato utilizar a supervisão? O mínimo que se pode esperar mediante uma resposta positiva é que, prestando atenção a seu próprio relato do que aconteceu entre ele e seu paciente, o candidato irá reunir várias vertentes, criar uma espécie de continuidade e tomar consciência do que falta. Isso significa reconhecer suas limitações. Considero isso o estado de monólogo da supervisão: o candidato ouviu, com atenção, o paciente, sem responder, de maneira que ele pudesse com facilidade expressar-se verbalmente, e agora está tentando fazer com que eu ouça seu relato (geralmente escrito) de maneira semelhante. Uma tentativa de apresentar quatro sessões, na íntegra, numa única hora de supervisão, às vezes, ocupa toda essa hora e, nesse estágio, sou mais ou menos silenciado.

O uso ulterior da hora de supervisão depende do desenvolvimento do diálogo entre o candidato e seu paciente, por um lado, e entre o candidato e mim mesmo, por outro, com o resultado eventual de que o paciente se torna, para mim, tridimensional, como uma pessoa viva real. Quando, como às vezes acontece, eu duvido momentaneamente se o sonho aludido foi sonhado por um dos meus próprios ou pelo paciente do candidato, sei que esse estágio foi alcançado e está aberto o caminho para ulteriores desenvolvimentos em nosso ambiente.

2. A pergunta inversa é: Quais são os obstáculos que impedem o candidato de fazer pleno uso de mim? Já que este não é o lugar para alongar-me sobre minhas próprias deficiências,

chamarei a atenção para as maneiras como a ansiedade do candidato impede o progresso. Os principais fatores são:

(a) Medo do poder do supervisor;

(b) Medo de perder o paciente;

(c) Medo da ignorância.

(a) Existem dois extremos opostos mediante os quais o medo do poder do supervisor pode refrear o progresso. Designemos o primeiro como "submissão".

Qualquer comentário que, por acaso, eu faça é considerado uma pérola de sabedoria e, a fim de mostrar uma avaliação correta, o candidato pode congratular-me por minha sagacidade e pô-la por escrito. Alternativamente, posso ser informado, na sessão seguinte, que aquilo que eu disse foi comprovado imediatamente pelo comportamento de seu paciente ou por um sonho. Evidentemente, isso pode ser verdade e uma identidade de pontos de vista pode ser uma fase necessária em qualquer situação de aprendizado, mas se espera que vá passar.

A expressão oposta – ter medo do poder do supervisor – é negar que ele possa ter algo a contribuir. Em sua forma mais subversiva, ela pode manifestar-se na resposta do candidato a qualquer comentário meu no sentido de que ele já o considerou, mas o excluiu ou o julgou inútil. Ou, novamente, ele pode insinuar que sua própria reação intuitiva e espontânea ao paciente não admite realmente qualquer aperfeiçoamento ulterior por parte de um terceiro. As respostas de submissão e as respostas de negação, ambas indicativas da ansiedade a respeito do poder do supervisor, podem evidentemente alternar-se.

(b) Quanto ao medo de perder um paciente ou mesmo dois sucessivamente e aos respingos que isso pode lançar sobre o potencial analítico do candidato, isso é tão compreensível como o obstáculo acima mencionado. Mas, uma vez que se tornou um medo abertamente reconhecido, eu me sinto livre para tranquilizar, dizendo: você se tornará agora um analista até perder um paciente e é melhor ater-se a um método estabelecido e a um corpo de conhecimentos do que se tornar um psicoterapeuta "selvagem" que põe sua confiança em projeções de transferência positiva e em seu efêmero efeito terapêutico. O sintoma oposto da mesma ansiedade (perder o paciente) pode ser visto quando o candidato tem dificuldade de afastar do caminho os momentos desagradáveis e desfrutar uma relação harmoniosa com seu paciente.

(c) Medo da ignorância. Considero-o uma parte da supervisão para entrar no método do candidato de consultar e utilizar referências e manter um olhar atento para verificar se ele está realmente digerindo o que apreende da leitura e dos seminários. O fato de pensar que é simplesmente natural suas próprias descobertas serem mais importantes do que suas leituras, de considerar irrelevantes os escritos dos pioneiros – embora ninguém realmente o diga – é uma fase narcisista perdoável. O que realmente importa a longo prazo é se ele pode sintetizar seu conhecimento e sua experiência pessoal, obtidos durante sua vida e sua análise, com pelo menos um pouco de sua leitura e conhecimento adquiridos de outras fontes durante sua formação. Não podemos esperar que um candidato, durante o período da supervisão, mostre mais do que os inícios desse processo sintetizador ou integrador. Como sabemos, é preciso toda uma vida de análise para chegar perto dessa individuação.

Antes de chegar a isso, a pergunta deve ser dividida da seguinte maneira: estão os dons naturais do candidato – simpatia, sinceridade, inteligência etc. – sendo harmonizados

Perspectivas junguianas sobre supervisão clínica

com um corpo de conhecimentos que irá alimentar e manter esses talentos?

3. Finalmente, como sei, ou acredito saber, na prática, se foi feito o progresso requerido, de modo que eu possa recomendar o candidato para ser um membro associado? A resposta é tanto subjetiva quanto breve e a força da minha convicção depende de minha capacidade de responder afirmativamente a três perguntas. Estas são em ordem ascendente: (a) Eu lhe enviaria um paciente? (b) Eu lhe enviaria um paciente que eu próprio assumiria para análise? (c) Eu me entregaria aos cuidados dele para análise? Esse último "critério" não deveria ser considerado mais do que um pensamento fugidio.

[B] Gustav Dreifuss

Fui supervisor por muitos anos na Sociedade Israelita de Psicologia Analítica e na seção de psicoterapia (pós-graduação) das escolas médicas de Tel Aviv e Haifa. Entre os estudantes dessas últimas estão médicos especializando-se em psiquiatria, psicólogos clínicos (M.A.) e assistentes sociais (M.A.) com experiência em hospitais psiquiátricos. Em contraposição ao programa dos candidatos do grupo junguiano, o programa dessas escolas universitárias é eclético e não se exige nenhuma análise pessoal ou mesmo psicoterapia pessoal. Existem alguns estudantes que passaram pela psicoterapia ou estão nela, mas são uma minoria.

É óbvio que existe uma grande diferença entre esses dois grupos, especialmente no tocante à consciência dos processos de transferência-contratransferência e às interpretações do material inconsciente.

A avaliação da supervisão é uma ação tão individual quanto o é a avaliação da análise. Existem, evidentemente, critérios objetivos para a profissão de analista, como integridade e empatia, mas a avaliação de sua relativa importância depende da personalidade do analista ou do supervisor, respectivamente. Um "tipo sentimento", por exemplo, pode considerar a empatia a mais importante avaliação para a profissão, enquanto um "tipo pensamento" pode considerar de máxima importância o *insight* (consciência). Um "tipo intuição" pode superestimar a capacidade de imaginação do supervisionando, enquanto um "tipo sensação" pode superestimar a adaptação à realidade.

Se avaliamos o progresso na supervisão, precisamos avaliar primeiro o supervisionando no início da supervisão e depois avaliar o progresso após um período de tempo e/ou horas de supervisão. A tipologia é útil. Por causa de minha tipologia e de minha experiência como analista e supervisor, considero a empatia um dos fatores mais importantes para um terapeuta. Se o supervisionando tem um dom natural de empatia, apontarei, no decurso da supervisão, o problema de uma empatia demasiada, quando essa ocorrer, e levarei o supervisionando à percepção da sombra da empatia, ou seja, o perigo da *participation mystique* e da falta de avaliação consciente da situação analítica.

Permitam-me ilustrar meu argumento com alguns exemplos:

Supervisionando 1: Supervisão durante sete meses; quatorze horas.

Uma psicóloga, de 54 anos, com muitos anos de análise. Ela é uma pessoa sensível e inteligente e consciente de seus pontos fortes e fracos; é capaz de captar os pacientes "a partir do interior"; sente-se próxima deles (empatia), mas conhece o perigo da demasiada aceitação e da insuficiente interpretação da sombra. Ela tem uma tendência a falar demais e a não ouvir suficientemente. Pode ser demasiado ativa em suas interpretações avaliativas. Às vezes é ambiciosa demais no tocante ao desenvolvimento do paciente.

Na supervisão nós nos concentramos em seus pontos fracos, que se manifestaram também em sua relação com o supervisor.

Supervisionando 2: Supervisão durante um ano; trinta e quatro horas.

Uma psicóloga, de 45 anos, com longa experiência analítica (junguiana). Ela é um "tipo intuição" introvertida. Seus lados fortes eram empatia, percepção das situações e criação de uma atmosfera de confiança. Era aberta a deixar o processo interior acontecer sem interferência. Através da análise, ela estava consciente do perigo do envolvimento excessivo, da identificação excessiva. Ela conhecia sua tendência a ficar fascinada pelo material inconsciente e a deixar-se arrebatar por ele.

Todos esses pontos foram discutidos cuidadosamente na supervisão e foi dada especial ênfase à avaliação e à consideração das *situações externas concretas* de seus pacientes. Ela precisava ter mais "chão" em si mesma e em seu trabalho com os analisandos.

Na supervisão, ela tomou consciência de seus pontos fracos e fez considerável progresso em superá-los.

Supervisionando 3: Supervisão durante nove meses; vinte e cinco horas.

Um psiquiatra, de 40 anos, sem nenhuma experiência analítica. Tem um pano de fundo altamente intelectual e cultural. Foi educado numa escola de medicina na Rússia. Tem um complexo paterno muito positivo: seu pai foi uma personalidade, um cientista e médico bem-sucedido e ele o admirava. No início da supervisão, sua orientação era muito "médica" e racional. Precisava ser bem-sucedido em seu tratamento – e bastante rapidamente. Não tinha consciência do valor de suas qualidades empáticas e as temia.

No decurso da supervisão familiarizou-se com os processos psíquicos. Aprendeu a aceitar sua empatia natural e a importância dela na terapia. Tornou-se mais paciente e maduro em suas relações terapêuticas. Ele tem agora mais força interior para estar com o paciente. É capaz de deixar as coisas acontecerem sem ser demasiadamente ativo como terapeuta. Está menos perturbado pela falta de progresso ou progresso lento. Acredita mais na "natureza" (como declara), o que significa maior confiança na função curativa inerente à própria psique.

Na supervisão comigo (ele tivera anteriormente um ano de supervisão), aprendeu a não entrar em competição com o supervisor, que ele "valorizara demais" por causa de seu complexo paterno positivo.

Isso foi amplamente discutido no que diz respeito aos problemas de transferência-contratransferência em seus tratamentos e em sua supervisão. Mediante um "vislumbre" ocasional dos sonhos de seus pacientes, chegou a aceitar o inconsciente e a importância da análise dos sonhos.

Uma experiência importante ocorrida durante a supervisão foi a discussão dos sentimentos de culpa de uma paciente de 70 anos, que sofria de mau-humor depressivo. Eu havia sugerido que era hora de essa paciente aceitar sua culpa e perdoar-se a si mesma, a aceitar-se com essa culpa. (Seu filho morrera num acidente e ela ligou a morte do filho à falta de cuidado por ele durante anos difíceis de sua vida por causa de circunstâncias externas.) Isso ocasionou uma melhora imediata e o fim da psicoterapia. Essa dimensão da psicoterapia lhe fora alheia até então e incrementou seu interesse pela psicologia junguiana.

Supervisionando 4: Supervisão durante oito meses; dezoito horas.

Uma psiquiatra, de 45 anos, sem nenhuma experiência analítica. É uma pessoa muito racional, com medo do inconsciente. Não tinha consciência do funcionamento positivo de suas intuições e sentimentos em sua relação terapêutica. Por isso, muitas vezes, ela se encontrou em situações nas quais seus sentimentos e empatia brotavam a tal ponto que perdeu sua capacidade de avaliar a situação em que se encontrava. Adquiriu considerável consciência desse ponto e conseguiu corrigir suas deficiências. Através de sua formação médica, ela havia adquirido um sentimento compensatório de onipotência, por causa da insegurança e do medo de desapontar o paciente. Ela persistiu em sua ilusão. Na supervisão, aprendeu a aceitar com modéstia seus limites enquanto terapeuta.

Conclusão

A supervisão é, além de "aprender" a praticar a psicoterapia, um importante instrumento para tornar-se consciente. Ela ajuda o supervisionando a conhecer-se enquanto terapeuta e a encontrar seu estilo pessoal em seu trabalho, a sentir a si mesmo – sua psique – como um instrumento terapêutico. Portanto, o progresso na supervisão sempre é também um desenvolvimento da personalidade do supervisionando. Ao final da supervisão, eu sempre analiso com o supervisionando sua avaliação da supervisão, comparando nosso trabalho com a supervisão anterior, se é que houve. Dessa maneira, eu também aprendo a respeito de mim mesmo e posso avaliar meu progresso como supervisor no decurso dos anos.

[C] Michael Fordham

Eu gostaria de contribuir para este capítulo fazendo algumas observações sobre a supervisão dos estudantes em seu manuseio dos casos incluídos na formação analítica de crianças em Londres.

Anteriormente declarei minha posição no tocante à supervisão como um todo (Fordham, 1961) e uma releitura desse ensaio não me leva a querer alterar o argumento essencial: a supervisão, em contraste com a análise, deveria direcionar-se à performance do estudante com seu caso e não ao mundo interior afetivo do estudante. Tenho, agora, alguns comentários ulteriores a fazer sobre o resultado do conhecimento obtido acerca dos estudantes, sobre seus diferentes estilos de análise e sobre como ajudar a definir em que sentido podem ser melhoradas as suas habilidades analíticas.

Em vista dos vários usos da palavra análise, gostaria de chamar a atenção do leitor para ensaios meus anteriores sobre o tema (especialmente Fordham, 1978) e resumi-los, afirmando que a análise é essencialmente uma atitude da mente, que seleciona estruturas complexas visando obter um *insight* da operação de seus componentes mais simples.

As reflexões que apresentarei derivam da supervisão da análise de crianças que requerem um ambiente ou estrutura formal na qual o estudante observa a criança frequentemente, quatro ou cinco vezes por semana. A sala contém uma bacia e água disponível, duas cadeiras, uma mesa, um sofá com um tapete e almofadas. Os brinquedos são guardados em um armário fora das salas de tratamento e são selecionados pela criança, junto a outros que o analista pode desejar acrescentar. Antes de a sessão começar, o analista e a criança se dirigem ao armário, o analista o abre e a criança toma os brinquedos, se os quiser – geralmente ela o faz. Os brinquedos representam um presente dado à criança pelo analista e ela pode fazer o que quiser com eles, inclusive levá-los para casa ou acrescentar-lhes outros, se achar conveniente.

Esse acordo maximiza a natureza interacional do processo analítico e espera-se que minimize a capacidade da criança de fugir para encenar tipos de brincadeira. Nem sempre foi possível alcançar esses padrões.

Nessas condições, o estudante traz ao supervisor seu relato detalhado do que ocorreu na entrevista. Como é de esperar, os relatos variam muito, não só por causa das diferenças entre as crianças que estão sendo tratadas, mas também porque revelam os estilos básicos do estudante. Aqui estão dois exemplos contrastantes.

O primeiro caso é o de um rapaz que tinha uma inibição intelectual. À medida que as evidências se acumularam, tornou-se bastante claro para mim que o distúrbio se devia à ansiedade de castração deslocada para cima. A candidata reconheceu a relevância de minha observação e procurou aplicá-la ao menino à sua própria maneira. Como era de esperar, seu paciente não acolheu entusiasticamente esse *insight*, mas mostrou resistência, e a estudante, notando isso, não levou adiante suas interpretações. Devo explicar, aqui, que deixei muita coisa para a estudante, evitando explicar detalhadamente a interpretação que eu teria dado. Por isso, eu não disse: "Olhe, essa criança é tão reservada porque ela quer seduzir você, mas tem muito medo das consequências, se o tentar".

A estudante prosseguiu sua análise, trabalhando de maneira sensível e cuidadosa com o material que o rapaz produziu, de modo que seu paciente relaxou gradativamente e tornou-se mais aberto com ela. Finalmente, ele começou as tentativas de sedução: mostrou interesse pelos conteúdos de sua sala e, em particular, por um armário que representava o corpo da estudante. Ele quis também que ela brincasse com ele. A estudante concordou, mas, penso eu, libertou-se a tempo. Entendi que a ansiedade de castração se atenuou através da relação cuidadosa e sensível da analista com seu paciente. Embora essa análise fosse habilidosa, era um tanto passiva e, sendo seu supervisor, evitei *insights* penetrantes nos processos inconscientes em andamento – ela tendia a esperar até que eles surgissem e eles nem sempre surgiram.

Consideremos agora uma estudante oposta. Novamente o paciente era um rapaz. A estudante era muito mais robusta e enraizada em seu corpo; ela logo evidenciou grande capacidade de contenção.

O rapaz vinha cada vez com um relato dos trajetos que fizera: veio pelo metrô de Londres e não poupou esforços para chegar até a clínica. Lembrava as estações por que passou e descrevia seu fascínio por ver o trem sair do túnel e entrar na estação; inclinava-se o mais que podia sobre a borda da plataforma para ver até que ponto do túnel podia ver o trem que chegava.

As entrevistas ficaram empacadas nesses relatos repetitivos; por isso, perguntei à estudante o que ela diria ao rapaz se nem eu nem qualquer outro pudéssemos saber o que ela havia dito. Sua resposta foi mais ou menos a seguinte: em sua opinião, seu estudo "geográfico" indicava um interesse sexual pelo corpo dela e especialmente por seus órgãos genitais (o tubo) e seus conteúdos (representados pelo trem); ele parecia perguntar: será que ela lhe permitiria examinar seus genitais e pôr o pênis dentro deles? Eu perguntei: "Por que não dizer isso?", implicando com isso uma aprovação tácita para fazê-lo. Não me lembro detalhadamente o que ela disse à criança, mas foi substancialmente o que ela me disse. A análise deixou de ser petrificada e se tornou viva – o efeito imediato foi impressionante e isso, na minha opinião, ocorreu porque ela tinha a capacidade de refrear o conteúdo emocional das palavras, de modo que essas não foram nem um ataque à consciência da criança nem uma provocação.

Minha opinião é que, durante a supervisão, um supervisor não deve avaliar ou julgar as capacidades do estudante, mas facilitar o desenvolvimento do que está disponível. Ele pode avaliá-las mais tarde e precisará fazê-lo quando o estudante solicita a aceitação como membro associado da Sociedade de Psicologia Analítica. Ele também não está ali para ensinar, em sentido formal, embora possa precisar fazê-lo de vez em quando. Por isso, também não dei ao estudante uma estrutura teórica para nela encaixar suas observações – essa é a função dos seminários –, mas antes procurei transmitir minha experiência no contexto das capacidades emocionais e intelectuais do estudante. Considerar como cada qual pode melhorar implica avaliar seu trabalho e isso passarei a fazer agora.

Comparar os dois exemplos indica as linhas que o desenvolvimento das capacidades do estudante deve seguir: a estudante 1 precisa aumentar sua capacidade de refrear e transformar os impulsos e fantasias sexuais e a agressividade do paciente. A estudante 2 poderia fazê-lo, mas ela precisa prestar mais atenção aos dados da superfície, nos quais a estudante 1 é competente. A estudante 2 trabalha por trás ou por baixo da superfície e faz com que a análise siga de maneira interativa íntima, mas as operações defensivas da superfície são rejeitadas e causam dificuldades posteriores. A avaliação da superfície pode começar pelo estudo mais cuidadoso da maneira como o paciente reage às intervenções dela.

Ao considerar essas duas estudantes, minha intenção é sugerir que as linhas de desenvolvimento podem ser definidas melhor a partir da experiência comparativa do que a partir de padrões abstratos. A teoria não pode ser totalmente excluída e existe uma sombra monitorando os intercâmbios entre estudante e paciente, por um lado, e entre estudante e supervisor, por outro. Essa afirmação suscita perguntas acerca dos lugares da abstração na prática analítica e, também, acerca do sentido ambíguo da experiência – afinal, a teoria é uma espécie de experiência. Espero, no entanto, que minha descrição tenha sido suficientemente clara para ser entendida sem ulterior discurso ou definição. Isso pertence a outro campo.

Referências

Fordham, M. (1961). Suggestions towards a theory of supervision. *Journal of Analytical. Psychology*, *6*(2).

Fordham, M. (1978). *Jungian Psychotherapy*. Wiley.

[D] J.L. Henderson

No Instituto C.G. Jung, em San Francisco, um período de dois anos de análise de controle com dois analistas diferentes termina com a apresentação por escrito de um estudo de caso pelo candidato. Em seguida, o candidato é examinado numa entrevista oral com seis membros do conselho de certificação, num grupo composto por três de San Francisco e três do centro de formação de Los Angeles. Na última assembleia geral do ano, o conselho local anuncia os novos membros e existe, geralmente, alguma discussão referente à experiência dos membros do conselho ao afirmar ou criticar o valor desse método de exame dos candidatos na formação.

Numa reunião recente, alguém perguntou qual atitude da parte do analista de controle ou do candidato deveria determinar a escolha de um caso a ser apresentado. Cito uma passagem, tirada das atas dessa reunião, para dar uma ideia do conteúdo dessa discussão:

> Um membro afirmou achar que existe muita ambiguidade no tocante ao tipo de caso a ser apresentado. Outro disse achar que deveríamos distinguir entre um julgamento vindo da alma *versus* "disputa burocrática". Outro ainda disse que achava bombástico pensar que podemos julgar a alma e que deveríamos contentar-nos com critérios mais mundanos.

Tendo sido analista de controle por muitos anos, repassei esses pontos de vista conflitantes, perguntando qual foi minha atitude nessas questões, qual ela é agora e como ela pode estar mudando.

Para mim, trabalhar com um candidato é sempre uma experiência interessante e estimulante; mas existem ocasiões em que isso se torna cansativo, porque não tenho uma sensação de observar duas pessoas num processo com conteúdo simbólico, mas duas pessoas numa luta de poder em que estão sendo discutidos "mecanismos" puramente psicodinâmicos. Mas isso não significa que eu gostaria que meus candidatos escolham apenas casos que me interessariam. Em alguns casos é indicada uma abordagem puramente clínica; mas, se for conduzida de tal maneira que as resistências básicas são removidas com a compreensão de sua natureza interior, é bem provável que haja um sentimento de trabalhar tanto com a "alma" quanto com seu significado "mundano". Somente quando tanto o candidato quanto o paciente parecem estar ocupados com o jogo da interpretação analítica, esquecendo sua natureza transpessoal, é que eu perco o interesse. É simplesmente porque eles deixam de ser seres humanos para mim, seja o que for que eles possam ser um para o outro.

Não gosto da palavra "controle" para meu trabalho com os candidatos. No início de nosso trabalho, eu lhes digo que não estou ali para testar ou examinar, mas para estar disponível a eles como um consultor. Eles sempre responderam bem a esta abordagem e aprendem rapidamente a falar livremente sobre seus problemas com certos pacientes difíceis que não sejam o caso selecionado para a apresentação. Falam também ocasionalmente sobre seus problemas pessoais quando lhes parece apropriado. Em alguns casos, precisei questionar a validade de utilizar-me como analista pessoal em vez de consultor e, num caso ou dois, ficou evidente que o problema pessoal do candidato era de tal monta que ele não estava pronto para o controle. Em geral, isso não representa um problema; na prática analítica, como pode nosso trabalho ser outra coisa senão pessoal e também simbólico ou clínico? E, em minha opinião, é essa a verdadeira razão por que a palavra "alma" entra inevitavelmente na discussão dos métodos junguianos. Em um ensaio apresentado no Primeiro Congresso Internacional em Zurique (1959), Neumann (1961) o descreve brilhantemente como "a evocação pessoal do arquétipo" e entendo que, com isso, ele se refere a uma experiência que é compartilhada mutuamente pelo analista e pelo analisando e que não está contaminada por respostas programadas.

Permitam-me ampliar agora minha compreensão desta palavra ambígua "alma" e de sua relevância para o nosso trabalho. Embora eu sempre me tenha orgulhado de não ter controle autoritário sobre meus candidatos à formação, sei – e eles sabem – que na própria natureza de nossos encontros está presente em nossa relação um aspecto mestre-aluno. Evidentemente, nós dois despachamos sumariamente a natureza acadêmica disso, reconhecendo que somos colegas, mas a camada arquetípica do inconsciente não é tocada por essas interpretações razoáveis da realidade. Existe outra realidade que aparece repetidas vezes quanto mais meu candidato está próximo de pôr por escrito sua apresentação do caso, com o iminente exame oral que segue. Isso tem sido qualificado, não por mim, mas por meus candidatos, e confirmado na experiência de outros analistas de controle, como iniciação. Essa outra realidade é experimentada como um rito de passagem de estudante a membro pleno do Instituto; e verifica-se, pelas declarações frequentemente repetidas da maioria dos candidatos, que todo o processo, mesmo quando eles não tinham nenhuma ansiedade excessiva quanto a serem aceitos, parecia uma iniciação.

Ora, acontece que escrevi um livro sobre a iniciação e ele se encontra na lista de leituras recomendadas para esses candidatos (Henderson, 1967). Não são eles, portanto, doutrinados na ideia da iniciação e numa sugestão de que isso pode ser relevante para sua formação e que seu exame pode ser uma possível experiência de iniciação? Não poderiam eles exagerar esse tema para obter minha aprovação? Caso positivo, seria necessário esperar encontrar evidência disso – e até o momento nunca encontrei. Em meu livro, sustentei que a iniciação é um arquétipo e reuni uma porção de evidências de material clínico correspondente aos mitos e rituais de iniciação em culturas tribais e em religiões de mistérios. As formas como esse arquétipo aparece são tão variadas e tão inesperadas que nenhum padrão cultural consegue explicá-las todas. Clinicamente descobri que, por mais que o paciente tenha aprendido sobre essas formas, a experiência pessoal delas era sentida como única e aparecia espontaneamente em resposta a uma necessidade específica. Em um ensaio recente, Anthony Stevens descreve essa aparição moderna da iniciação como uma necessidade que não está sendo satisfeita num contexto social, o que explica certas formas de delinquência juvenil ou rebeldia adolescente (Stevens, 1981). Ele fala que esses adolescentes têm "fome de iniciação" e isso aponta para a existência da iniciação como um arquétipo.

Entretanto, para muitos psicólogos e antropólogos, a iniciação é entendida apenas como algo sendo transmitido ao neófito – seja como iniciado ou como analisando – através do padrão cultural como uma resposta aprendida, não como resposta arquetípica, como descobri com consternação a partir de algumas das informações críticas sobre meu livro. Isso ocorreu há muito tempo e, se eu tinha algumas dúvidas sobre minha tese, elas foram resolvidas por meus candidatos à formação, que validaram mais plenamente minha concepção da origem arquetípica da verdadeira iniciação. Em cada caso, ela foi experimentada sem estímulo a fazê-lo e, por causa da forma que assumiu, não podia ter sido prevista. A formulação da tese foi expressa como se se dissesse: "esse processo que examinei deve ser aquilo que a palavra que tantas vezes encontrei – 'iniciação' – deve realmente significar".

Em certos casos, pode-se ver alguns marcos básicos da iniciação, como aqueles que descrevi como "ordálio" ou "prova de força". Mas esses eram menos marcantes, sendo respostas primitivas ou juvenis, em vez da experiência geral e mais essencial da iniciação como um estado de transição, como transformação, com seu novo senso de compromisso e entrega à vontade-de-poder. Nem todos esses indivíduos eram "iniciados" tão tranquilamente como pode parecer. Quando um candidato se tornava demasiadamente seguro de uma performance brilhante e de que isso seria realmente a conclusão de toda a formação analítica, o outro analista de controle ou membros do conselho de certificação o questionavam invariavelmente. Embora isso fosse perturbador, ao mesmo tempo eu nunca considerei essas coisas como experiências que ferem – apenas uma exposição da sombra inerente a qualquer padrão arquetípico, experimentada aqui como um fracasso da iniciação, no caso de se esperar demais dela. A chamada *initiation manquée* é conhecida desde os tempos antigos como parte importante do próprio rito de passagem e é frequentemente incluía nele, como mostram as Lendas do Graal (Weston, 1913). Já que uma evocação pessoal de todos os arquétipos tem, por definição, um efeito inicialmente inflacionário sobre a consciência do eu, ela deve ser equilibrada por uma forte tendência à deflação.

À luz dessas experiências e de sua formulação por numerosos candidatos, penso que um programa de formação desse tipo tende a promover o arquétipo da iniciação como um todo. Começando com um analista de controle individual como mestre-de-iniciação e terminando com uma avaliação do crescimento de acordo com os requisitos do grupo mais amplo de pares, o candidato aprende experiencialmente as dinâmicas da inflação e da deflação. Finalmente, o processo de individuação é esboçado simbolicamente em todo esse processo de renovação e compromisso em ambos os níveis – a sujeição interior e a experiência exterior de pertença a um grupo.

Até agora concentrei minha atenção exclusivamente na experiência de supervisão do candidato; mas o que dizer da experiência do paciente que se encontra no experimento de controle? Espero que todo candidato informará seu paciente de que seu material está sendo discutido comigo, a fim de evitar que seja afetado indevidamente por minhas reações inconscientes ou por minha influência consciente. A razão para isso me foi mostrada de maneira impressionante num caso em que o candidato não contou ao seu paciente que ele estava sendo utilizado para controle e eu descuidei-me de dizer-lhe que o fizesse. Algum tempo depois de o candidato ter apresentado seu estudo de caso e ter sido devidamente aceito como membro do nosso Instituto, seu paciente me viu pela primeira vez num evento público. Ele exclamou: "Quem é esse homem? Preciso conhecê-lo!" Então meu candidato deu-se conta de que uma forma inconsciente de reconhecimento havia sido despertada e a pergunta do paciente devia ser posta em ordem inversa – não: "Preciso conhecê-lo", mas: "Ele precisa conhecer-me".

A sensibilidade da psique a esse compartilhamento do material de um paciente com outro terapeuta precisa ser observada cuidadosamente durante a análise de controle e não basta apenas pedir a permissão do paciente. Ele deve dá-la conscientemente e depois descobrir que existem consideráveis resistências internas. De maneira geral, descobri que os pacientes sob controle se sentem amparados por saber que seu material está sendo mostrado a um analista mais experiente. Parece-me que diversos problemas bastante graves foram resolvidos melhor do que o seriam por um único analista, seja por meu candidato ou por mim mesmo. Isso é diferente da análise múltipla, onde o paciente pode encontrar-se com mais de um analista no decurso de seu tratamento. Infelizmente, não reuni material suficiente para ilustrar isso de maneira convincente, de modo que deve permanecer no campo da suposição e não da prova.

No entanto, existe uma área na qual, em minha opinião, qualquer um que fez alguma vez análise de controle concordará que tanto o candidato quanto seu paciente devem beneficiar-se grandemente da ajuda experimentada. É quando se lida com a transferência e contratransferência como ocorre entre o candidato e seu paciente. Nossos candidatos são psicoterapeutas clinicamente formados e, embora alguns deles não sejam médicos clínicos, eles nos procuram depois de aceitar um código ético, com seu requisito médico de obedecer ao princípio tradicional que honra tanto a integridade moral do médico quanto a de seu paciente. Na formação da psicanálise, isso foi reforçado e aprofundado, insistindo que o analista respeite não só a forma exterior, mas também o conteúdo interior dessa integridade. Onde a transferência e a contratransferência são fortemente marcadas, essa integridade é gravemente testada, já que às vezes nasce na psique um forte desejo de união erótica que gostaria de destruir esse princípio ético de separação, necessário para completar o trabalho num nível psicológico. Mas presumimos que, pelo menos, o superego profissional impedirá lapsos na manutenção desta integridade moral. Portanto, constitui uma surpresa se, de vez em quando, algum profissional bem-formado e reconhecido se torna culpado de negligência por transformar a transferência e a contratransferência num caso de relação extraconjugal.

Por isso, não se pode ter certeza de que o candidato, alguém sob controle, não irá algum dia falhar no teste e cair numa armadilha semelhante. Mas é menos provável que aconteça se, ao lidar com esse problema empiricamente, alguém consegue mostrar ao seu candidato por que – psicologicamente, não só moralmente – isto está errado e deve ser evitado. Vivemos em um tempo em que os padrões morais já não são absolutos, mas relativos; e pode ser compreensível que um jovem psicoterapeuta possa não ver nenhum problema moral em ter relações sexuais com uma paciente mulher que talvez já tenha sofrido por ter sido abusada eroticamente por homens e que seu terapeuta masculino poderia possivelmente curá-la com sua ternura. Ou, se o terapeuta é uma mulher, o que poderia ser mais educativo do que ela se tornar a *hetaira* que leva para a cama um jovem hesitante na esperança de fazer dele um homem? Numerosas outras razões excepcionais e humanamente compreensíveis para desconsiderar a ética médica nesse contexto podem vir à mente do leitor e se torna difícil para um terapeuta inexperiente não ser influenciado por elas. Reservei, cada vez mais, um lugar central a esse tema em minha agenda de trabalho, quando ele pode surgir nas sessões de controle. Nesse sentido, permito-me afastar-me do meu reconhecido papel de consultor e tornar--me fortemente didático.

É *sempre errado* um terapeuta esperar ou permitir uma expressão sexual da transferência ou da contratransferência – não por causa do perigo de ser exposto a um processo de comportamento condenável, e não só pelas razões éticas acima mencionadas, mas porque esse comportamento impulsivo torna impossível trabalhar com a transferência e, em última análise, resolvê-la. Por isso, procuro mostrar aos candidatos sob meu controle que eles, bem como seus pacientes, sofrerão um sentimento de fracasso em cumprir a "grande obra", caso essa verdade não seja respeitada. É essa a mensagem básica de "A psicologia da transferência" de Jung (OC 16/2). A *coniunctio*, no sentido como é apresentada por Jung, não deve ser pensada como um modelo para o que deveria ocorrer entre médico e paciente. Ela é um símbolo daquilo que pode transcender a dependência pessoal do paciente em relação ao médico e aliviar o médico de qualquer culpa que ele possa causar ao seu paciente por refrear seu envolvimento pessoal. Na minha opinião, a afirmação de Jung – de que a libido que entra na transcendência é *sempre* incestuosa – ainda vale e espero transmitir esse conhecimento aos candidatos sob meu controle. O produto de uma bem-sucedida resolução da transferência e da contratransferência resulta na formação de uma criança simbólica, ou *filius philosophorum*, que só vem à existência quando for removida a interdependência mútua entre médico e paciente; e isso nunca pode ocorrer naturalmente, terapeuticamente, se o processo simbólico se transformou numa relação humana puramente pessoal. Mas deve igualmente ser evitada uma rejeição puramente clínica do perigo de provocar sentimentos de transferência, e eu procuro também estimular os candidatos meu controle a não ter medo de arriscar-se se o paciente estabelece uma transferência, não importando quão incestuosamente perturbador isso possa ser de início.

Isso significa esperar muito de um jovem candidato e eu respeito sua relutância em entrar tão profundamente numa experiência de vinculação como requer a *coniunctio*. Existe um número suficiente de pacientes que são incapazes de resolver essas experiências profundas e é melhor entender seus problemas como necessitando de uma abordagem clínica estrita na área das primeiras relações objetais. Mas alguns dos nossos candidatos estão na casa dos quarenta, cinquenta e até sessenta anos e são suficientemente maduros e experientes para estar prontos para um pleno encontro com o conteúdo arquetípico da relação analítica. Para analistas menos experientes, esse tipo de aprendizado só pode vir depois de concluído o trabalho de controle formal – e é por isso que, em San Francisco, nós salientamos a importância essencial de uma boa formação clínica e não esperamos que apareça uma forma de análise altamente individuada antes de o candidato amadurecer para ela a seu tempo.

Referências

Henderson, J.L. (1967). *Thresholds of initiation*. Wesleyan University Press.

Jung, C.G. (2012). *Ab-reação, análise dos sonhos e transferência*. Vozes [OC 16/2].

Neumann, E. (1961). The significance of the genetic aspect for analytical psychology. In G. Adler (Ed.), *Current trends in analytical psychology*. Tavistock.

Stevens, A. (1981). Attenuation of the mother-child bond and male initiation into adult life. *Journal of Adolescence, 4,* 131-148.

Weston, J.L. (1913). *The quest of the Holy Grail.* Bell.

[E] Elie Humbert

Esta questão de avaliar o progresso na supervisão me traz à mente duas experiências que ocorrem repetidas vezes e regularmente em minha prática.

A primeira diz respeito aos pretendentes que desejam submeter-se a uma análise e me pedem para eu ser seu orientador. Cheguei a dar-me conta de que, para responder-lhes, eu preciso começar a fazer um tipo especial de avaliação (*une curieuse estimation*). Após tentar discernir a natureza do "se" problema e sua aptidão para o confronto consigo mesmos, não procuro pensar nos terapeutas que considero mais habilitados ou mais cultos, mas num terapeuta, ou mais, cuja ferida pessoal, em minha opinião, melhor satisfaria o futuro paciente. Determinado analista, de excelente reputação, talvez não tenha sido perturbado (*malade*) com suficiente profundidade ou talvez tenha sido excessivamente perturbado ou até agora insuficientemente consciente disso ou demasiadamente "sadio" ("*guéri*") para compreender realmente o que determinado paciente está sofrendo.

O padrão de julgamento aplicável aos encaminhamentos é igualmente válido para a supervisão. Isso significa que a qualidade de um analista e seu progresso durante a formação não devem ser medidos em termos de uma escala de competência. Certamente, a capacidade e a cultura geral são indispensáveis.

Elas ampliam a experiência pessoal e, sem elas, seria impossível um analista elucidar a doença e ocupar-se com ela. Mas não são suficientes em si mesmas. No centro da análise existe uma ferida tanto do analista quanto do analisando.

A supervisão está encarregada de tratar dessas questões. De que maneira a ferida do jovem analista está secretamente envolvida em sua relação com o analisando? A contratransferência é analisada, mas com a condição de darmos a esse termo a amplitude que ele tem (embora não seja mencionado como tal) em "A psicologia da transferência" de C.G. Jung.

O analista sob supervisão aprende novas habilidades e maneiras de interpretar quando descobre as compensações que lhe vêm enquanto analisa outra pessoa, a maneira como ele se protege, mas também a satisfação que ele colhe deste trabalho. Existe progresso ao ponto de ele aceitar que as análises que está começando a praticar lançam sua própria análise pessoal no cadinho, ao passo que ele havia imaginado um tipo de consagração a ela; e também ao ponto de ele ser capaz de perceber como a escolha e o exercício de sua profissão estão intimamente relacionados à sua própria patologia. Em teoria isso é suficientemente evidente; mas, na prática, não é reconhecido tão facilmente.

O que está em questão por trás do gosto de trabalhar como analista e do desejo da persona de um analista encontra-se essencialmente no campo do *animus* e da *anima*. O encontro com a relação analítica proporciona a ambos uma arena antecipada para projeção. Eles manobram dentro dela, são alimentados por ela e correm o risco de manter a posse do analista através de sua atividade infinitamente variada. Jung admitiu a mesma coisa quando colocou a relação analítica sob o signo do *hieros*

Perspectivas junguianas sobre supervisão clínica 225

gamos e, mais tarde, quando observou que, em nosso mudo, a análise é um dos refúgios da libido endógama. Isso indica, por si mesmo, o perigo de permanecer simplesmente aqui. A partir dessa perspectiva, o progresso depende da capacidade do analista do estagiário de envolver-se na relação, mas não viver nela.

Minha segunda observação refere-se aos inícios da supervisão. O futuro analista apresenta seu caso e o discute, mas nada acontece até o momento em que ele percebe que está interpretando em termos de *a priori*. Pode ser, por exemplo, um sonho que ele deturpou e distorceu a fim de manter seu próprio quadro da situação. É aí, então, que o trabalho mútuo da supervisão entra em ação e o futuro analista descobre o que foi que endureceu nele suas atitudes e suas interpretações. Começa, então, o trabalho técnico sobre as duas possíveis leituras e significados dos sonhos, sobre interpretar ou não no interior da transferência e sobre a escolha entre redução, por um lado, e ampliação construtiva, por outro. Mas em tudo isto é evidente que a questão gira em torno da eficácia do analista e da maneira como seu inconsciente utiliza a análise que ele faz de outra pessoa.

Em minha opinião, o progresso é alcançado nesse estágio de acordo com a capacidade de flexibilidade do próprio analista, o fator *Mercurius* presente nele. Até que ponto é ele capaz de (a) reconhecer as principais mudanças no inconsciente e (b) passar de uma postura epistemológica a outra (a *Einstellung* à qual Jung atribuía tanta importância)?

O que foi bom pode tornar-se nocivo. A integração é como um rio sinuoso: ela pode até fluir para trás. Igualmente, a ampliação necessária em um momento determinado, visto que energiza a alma, pode tornar-se uma fonte de inflação e, então, o analista precisa assumir uma postura redutora e ocupar-se com os processos instintuais em vez de ocupar-se com símbolos. Ao contrário do que geralmente se diz, a interpretação dos sonhos nem sempre pode apoiar-se em provocar as mudanças necessárias durante a análise.

Se o analista não consegue apoiar-se na epistemologia ou em um sistema de valores predeterminados, também não será capaz de confiar em um modo exemplar singular de abordagem, como a frustração ou uma atitude compreensiva para com o paciente. É o candidato-analista capaz de sentir empatia e distanciar-se? Eu procuro essas marcas cruciais de desenvolvimento em seu trabalho.

Concluindo, percebo que as observações que a pergunta "como avalio o progresso na supervisão?" provocou em mim podem ser resumidas na reflexão seguinte: a fim de ser um analista, é preciso possuir uma combinação fora do comum de qualidades e defeitos.

[F] Mario Jacoby

A meu ver, o tópico principal "Como avalio o progresso na supervisão?" contém duas perguntas diferentes: "como avalio realmente o que está acontecendo numa análise conduzida por em candidato?" e "o que entendo por progresso?".

No tocante à primeira pergunta, mesmo que fosse possível obter um relato *verbatim* (literal) do que ocorreu em uma sessão entre o candidato e seu paciente, ainda não tenho certeza se posso avaliar a situação em todas as suas facetas. O tom da voz do candidato e seus gestos concomitantes são os mesmos enquanto ele está comigo como eram na situação analítica real? (O efeito decisivo dessas comunicações não verbais é bem conhecido.) Ao relatar seu trabalho feito durante a supervisão, o candidato se encontra em um diferente campo de comunicação, em um diferente clima de sentimento, influenciado por quaisquer emoções de transferência que possam ser consteladas. Uma vez que conheço bem um candidato, posso provavelmente distinguir entre seu relato e o que pode ter realmente acontecido entre ele e seu paciente. Teoricamente falando, a mais acurada descrição de uma sessão analítica é a de um videoteipe; mas, na realidade, a intimidade e a espontaneidade das interações são muitas vezes deterioradas pelo medo da plateia e pela representação. Até o momento, nenhum candidato trouxe-me videoteipes, embora alguns quisessem que eu ouvisse gravações comuns de suas sessões. Uma escuta ocasional dessas gravações ajudou-me a obter um quadro melhor daquilo que ocorreu no momento em que o candidato meramente relatou, porque, então, ouvi a voz do paciente com seus modos específicos de expressão, junto com as intervenções do candidato, menos contaminadas pela influência (mútua) do nosso próprio encontro. Assim, parece-me de fundamental importância ter uma consciência do seguinte: se, e de que maneira, uma situação de transferência-contratransferência entre candidato e supervisor pode distorcer a avaliação do que está realmente acontecendo na análise supervisionada. Ocasionalmente, parece necessário discutir com o candidato certos pontos dessa situação de transferência.

A questão do "progresso" do candidato precisa ser vista dentro da estrutura do currículo de sua formação. No Instituto de Zurique, os candidatos começam observando pacientes após terem sido aprovados em conjunto de exames (Fundamentos de psicologia analítica, Psicologia dos sonhos, Teste de associação e teoria dos complexos, Teoria comparativa da neurose, Psicopatologia, história geral da religião, Fundamentos de etnologia, Psicologia do mito e dos contos de fadas). Assim, eles adquiriram grande quantidade de conhecimento que lhes serve como um instrumento para compreender, tanto quanto possível, a linguagem do inconsciente. Essa era, como é bem conhecida, uma das principais preocupações de Jung. A análise pessoal do candidato é considerada o cerne da experiência de formação e sempre há esperança de que sua experiência pessoal com o lado prático da psicologia analítica aumente sua sensibilidade introspectiva e seu dom de empatia.

No entanto, após ter observado o primeiro paciente, os candidatos ainda se debatem frequentemente com as perguntas – expressas ou não –: "o que se espera que eu faça agora?" ou "como que devo 'aplicar' o que aprendi sobre psicologia analítica em meu trabalho com este paciente?". Essas perguntas são suscitadas até por candidatos que tiveram experiência prévia como conselheiros ou psicoterapeutas, porque agora espera-se que eles façam uma análise junguiana. Para mim o "progresso" principal de um candidato consiste em superar gradualmente sua preocupação preponderante – "o que se espera que eu faça?". O complexo compreende exigências como: alguém precisa gostar de seu paciente, precisa "compreender" seus sonhos, precisa saber o que Jung disse sobre a posse do *animus* ou sobre os problemas da sombra e assim por diante. É essa atitude, a do "bom estudante", que muitas vezes impede uma verdadeira e genuína reação interior aos problemas e exigências do paciente. Como geralmente se reconhece, a qualidade de uma análise depende essencialmente de o analista

Perspectivas junguianas sobre supervisão clínica

estar conectado consigo mesmo – sendo esse o prerrequisito para uma empatia com o mundo psíquico do paciente, que é enriquecido por repercussões em sua própria psique, seja em termos de sonhos, ideias, fantasias, sentimentos ou sensações. Isso pressupõe honestidade e tolerância com quaisquer fantasias ou sentimentos sombrios que ele possa encontrar em si mesmo e uma consciência da contratransferência em seus aspectos ilusórios e em seus aspectos sintônicos. Por causa dessa diferenciação, o candidato precisa às vezes de um pouco de análise pessoal por parte do supervisor.

Mas como pode este aumento e diferenciação da consciência ser utilizado de maneira frutífera – como, quando e de que maneira pode ele ser compartilhado parcial ou totalmente com o paciente? Em minha opinião, isso não pode ser realmente ensinado. O dom natural do candidato, seu faro de compreensão simbólica e sua habilidade de verbalizar precisam finalmente fundir-se com sua sensibilidade para produzir um sentimento do *timing* correto de certas intervenções durante a sessão analítica. Essas intervenções só "caem bem" quando as respostas do estagiário ao que está ocorrendo tornaram parte de seu próprio ser. Dessa maneira, ele pode, gradualmente, tornar-se capaz de encontrar seu próprio estilo pessoal.

Ao assessorar o progresso do candidato, o supervisor precisa ter consciência das armadilhas de seu próprio "complexo de Pigmalião", ou seja, de sua necessidade de formar o candidato de maneira narcisista à sua própria imagem e avaliar o candidato em termos de "quanto mais ele trabalha como eu tanto melhor".

[G] A.B. Ulanov

Eu fiz três tipos de supervisão com candidatos do Instituto C.G. Jung de Nova York: supervisão individual sobre casos tirados de sua própria prática; supervisão individual com candidatos sobre os casos clínicos a eles designados e; supervisão em pequenos grupos (preferivelmente apenas seis estudantes) em um seminário clínico exigido cada ano em nosso currículo, onde os candidatos se revezam em apresentar casos. Meus critérios para avaliar o progresso de um estudante vêm a ser os mesmos em todos esses tipos de supervisão: crescimento na habilidade profissional e identidade pessoal do estudante como analista. E, finalmente, avalio o "progresso" do ponto de vista da maneira como um estudante encontra e cria seu próprio estilo pessoal de ser um analista junguiano.

No fundo da minha mente pairam sempre as perguntas que são feitas aos professores e supervisores na avaliação bianual dos estudantes do nosso Instituto. Queremos saber como os estudantes se relacionam com o material inconsciente e o assimilam, como eles percebem e aplicam o material simbólico, como se relacionam interpessoalmente e mantêm uma presença confiável com seus analisandos. Além disso, avaliamos o conhecimento que o estudante tem do tema dos nossos cursos e comentamos o que parece ser positivo no desenvolvimento de um estudante, quais áreas de problema aparecem, quaisquer sugestões que poderíamos ter para resolvê-las, bem como recomendações gerais.

Quando reviso um período de supervisão, sempre volto a considerar como as habilidades profissionais de um estudante podem ter-se desenvolvido e sua identidade pessoal ter-se aprofundado. Essas questões deixam bastante espaço para a

Perspectivas junguianas sobre supervisão clínica

variação individual, um fato que julgo bastante compatível com meu principal critério de progresso: aparece claramente no indivíduo uma expansão do estilo pessoal de ser analista? Ou, ao invés, o estudante papagueia o que digo ou o que algum outro diz – como um analista ou um autor, inclusive Jung? Ou está o estudante demasiadamente apavorado ou bloqueado por defesas que de algum modo se manifestam?

Evidentemente, um dos objetivos de um supervisor consiste em comunicar informação e conhecimento acerca das habilidades do trabalho analítico e aumentar a capacidade do estudante de encontrar e utilizar o conhecimento de outros (cf. "Sugestões para uma teoria da supervisão" de Fordham, capítulo 3). Nessa função, o supervisor encontra-se situado no campo arquetípico de professor, ou mesmo de um guru, em seu sentido mais profundo de passar adiante não só a tradição, mas também alguns dos seus segredos – uma comunicação mente-a-mente, como dizem os budistas. Assim, por exemplo, posso responder à espinhosa questão da transferência negativa no caso apresentado por um estudante, dando uma ampla variedade de tipos de respostas, de maneiras como essa questão pode ser administrada, inclusive minha própria abordagem.

O fato de fornecer diversas possibilidades dá ao estudante a permissão implícita de desenvolver sua própria resposta e seu próprio modo de abordagem. Posso sugerir que ele leia, a partir de diversos pontos de vista, por exemplo, a peça "The dedicated physician", de Harold Searles, embora eu não concorde totalmente com sua ênfase, quase exclusiva, na contratransferência como chave para desvendar o caso. Essa ênfase singular é, em minha opinião, limitadora. Entretanto, Searles é, ao mesmo tempo, sábio e útil por observar que a dedicação ardente e consciente de um terapeuta a ajudar seu paciente pode servir também para defendê-lo de seu próprio sadismo inconsciente, de sentimentos negativos e do desespero acerca de "o que fazer". Ele pode utilizar a doença de seu paciente para blindá-lo contra suas próprias deficiências (Searles, 1979, p. 78-79). De maneira semelhante, "Hate in the counter-transference", de Winnicott, se revela útil para aprender maneiras de refrear seu ódio, ter plena consciência dele, senti-lo e não o utilizar como uma chave para o que está ocorrendo no paciente (Winnicott, 1947, p. 196). Sobre esse tema, eu procuraria também o que está constelado no espaço entre o estudante e eu acerca do ódio e da transferência-contratransferência negativa e perguntaria: pode o estudante tolerá-lo e podemos nós, enquanto par de aprendizes, encontrar nosso lugar nesse campo imediato da interação arquetípica e pessoal negativa? Existe campo livre para imaginar possíveis cenários que a transferência negativa do analisando desencadeia? Podemos manter os opostos numa visão unitária? Como o material do analisando nos organiza um diante do outro? Conspiramos contra paciente? Ou, tomando o partido do paciente, conspiramos um contra o outro? Ou sente-se o estudante impelido a impor uma teoria como única resposta? Como Winnicott o expressa sem rodeios: "se não souber jogar, o terapeuta não está adequado para trabalhar" (Winnicott, 1971b, p. 54).

Os estudantes em supervisão são fascinados pela mecânica da profissão. Eles querem saber tudo sobre a administração de casos como também sobre o fato peculiar que pertence a um símbolo onírico. Eles querem saber, por exemplo, o que fazer com uma pessoa que telefona repetidamente entre as sessões, como decidir em que ordem interpretar uma sequência de sonhos, o que fazer quando um analisando erotiza imediatamente a conversa, como pôr-se à escuta do que não é dito, o que procurar ao avaliar a força do eu, como mapear os circuitos do eu e do Si-mesmo. Os estudantes querem encontrar um lugar para a presença intangível – e, no entanto, urgente – do conceito de anima ou animus quando ela surge na transferência sexual (cf. Ulanov, 1979, p. 108). Deveriam eles interpretar esse material em termos de temas arquetípicos ou de relações objetais, e como incluir ambos? Como as categorias de diagnóstico necessárias para o prognóstico e para os tipos de seguro se coordenam com os diagnósticos baseados em símbolos e motivos arquetípicos recorrentes do material de seus analisandos (Ulanov, 1987, p. 18-21)? Os estudantes querem aplicar a teoria à prática. E, por isso, sugiro capítulos específicos da "Obra Completa" de Jung e artigos relevantes de junguianos contemporâneos.

Procuro constantemente um aumento de percepção detalhada do analisando no estudante-analista. Qual é a sequência da conversação numa dada sessão? Quais associações específicas o analisando está trazendo para a fantasia e o material onírico? Quais posturas corporais particulares, frequência respiratória, movimentos da cabeça e também expressões idiomáticas fornecem pistas para a transferência e seus ritmos mutantes de uma sessão a outra? Está o estudante adquirindo uma sensibilidade para a interação do material arquetípico e pessoal, para a maneira como ele dispõe a narrativa que o analisando faz de seu passado, como também para a dinâmica de contratransferência-transferência no presente? São as interpretações de um estudante não só corretas, mas também oportunas? Pode um estudante refrear uma interpretação – não a expressar–, mas esperar que o cliente chegue a esse *insight*? Vêm-me à lembrança as palavras de

Kohut sobre a necessidade da "observação criativa", que "está sempre entrelaçada com a teoria…" (Kohut, 1978, p. 388; cf. também Kohut, 1962, p. 319-336; 1984, p. 160-171). Dá, de repente, um branco na memória de um estudante e ele esquece conceitos e isso ocorre porque ele precisa trabalhar mais para assimilá-los, para possuí-los? Ou o branco ocorre por causa do afeto não reconhecido entre supervisor e estudante? Sente-se o estudante julgado sadicamente pelo supervisor e recorre a um mutismo apavorado para evitar o golpe? Não percebe o supervisor a propensão particular da mente do estudante? Está o supervisor se comportando como um sabe-tudo ou é o supervisor excessivamente modesto? Ou mesquinho em compartilhar conhecimento? Acima de tudo, está o par supervisor-supervisionando usurpando o palco central, esquecendo que o benefício do tratamento para o analisando continua sendo o critério principal de "progresso" do trabalho deles?

Em minha opinião, outro objetivo importante na supervisão consiste em transmitir uma atitude da mente ou, talvez melhor, um hábito de personalidade, que informará e influenciará o trabalho analítico de maneiras inequivocamente positivas, dando ao estudante confiança e evidência tangível desse tão procurado crescimento no estudante-analista. Essa atitude ou hábito pode ser descrita melhor como apreciação da realidade psíquica. A maravilha de que a psique existe e tem tanta coisa a expressar; o assombro de que o inconsciente *existe* e é *in*consciente; o espanto de que, quando prestamos atenção aos seus murmúrios, ele responderá de maneira não só benévola, mas também peculiarmente apropriada; a crescente convicção de que, a partir de nossa conversação com esta realidade, o sentido se acumulará, será construído e, no entanto, parecerá chegar – experimenta o estudante algum desses elementos? Sente o estudante seu choque? Seu dom? Sua presença? Se não sentir, as coisas não correrão bem. Se sentir, independentemente das feridas, o estudante prosperará.

As feridas fazem parte do tratamento e parte da supervisão. Cada analista precisa responder a cada analisando com base na totalidade da própria personalidade dele – literalmente, tudo o que se encontra ali. Isso deve incluir, portanto, as fraquezas e também as forças, todas as limitações e também os talentos de alguém. A ideia de Humbert do jogo das feridas no analisando e no analista é um *insight* muito útil aqui, como também a ideia equilibradora que Winnicott expressa ao dizer: "é preferível ter uma pessoa realmente adequada para fazer esse tipo de trabalho em vez de uma pessoa doente tornada menos doente pela análise que faz parte da formação psicanalítica" (Winnicott, 1971, p. 1-2; Humbert, 1982, p. 121)

Aprender a aceitar sua parte de feridas no tratamento, não as negando nem as impondo ao analisando, requer, na supervisão, uma atitude de receptividade e atenção para com a pessoa do estudante. Isso é diferente dos procedimentos de análise com um estudante, porque o objetivo principal – e existe um objetivo principal – aponta sempre para o analisando, a pessoa que está aos cuidados do estudante, e, uma vez removido esse, aos cuidados do supervisor. Assim o foco, o objetivo de descobrir um ponto ferido num estudante, consiste em facilitar o tratamento do analisando. Está o analisado sendo beneficiado? Esse é o ponto de referência em torno do qual supervisor e estudante sempre giram e se orientam.

Em minha opinião, é demasiado radical excluir da supervisão esse tipo de foco analítico. A psique do estudante é o instrumento de tratamento, de modo que as aflições do estudante precisam aparecer no trabalho de supervisão e ser observadas e cuidadas. Os bloqueios no acolhimento do material e o medo de entrar na realidade psíquica, que atuam como pontos focais no distúrbio pessoal, aparecerão também no tratamento do analisando por parte do estudante. Em benefício do analisando, esses problemas precisam ser abordados na supervisão. Contudo, no extremo oposto, a supervisão não é análise, nem deveria ser. Sempre existe a tentação de transformá-la em análise – por razões que, às vezes, têm a ver com as feridas do supervisor, mas também pelo desejo muito mais simples de fugir do árduo trabalho de fazer supervisão. Pois, aqui existe uma ampla tarefa sintética – organizar teorias, observação, produção de um estilo pessoal, a transmissão do conhecimento mente-a-mente, sem falar em evitar todas as tentações de repreender, de saber melhor, de transformar um estudante num discípulo. Não admira que os supervisores possam desejar esquivar-se desta tarefa fazendo uma espécie de análise que não é realmente uma análise, porque o supervisor pode sempre começar sempre a falar e explicar! O ponto de referência que orienta o supervisor e o estudante na administração dos complexos do próprio estudante é sempre o tratamento do analisando. A discussão dos complexos do estudante se concentra na maneira como eles interferem no caso.

A supervisão significa praticamente criar uma atmosfera em que os estudantes tragam seus erros, sua falta de jeito, sua obtusidade na administração de um caso, bem como seu *insight*, sua inspiração, seu talento. Aqui, eles dirão da melhor maneira possível onde estão perplexos, ou confusos, ou desnorteados, ou que sabem que estão evitando questões. E dirão onde eles, de repente, compreenderam os fatos, fizeram

Perspectivas junguianas sobre supervisão clínica   237

a interpretação mutativa, correram um risco, conquistaram o coração do estudante e receberam na mesma moeda em seu próprio coração. Essa atmosfera da supervisão significa que os estudantes podem admitir ansiedade terrível, intrusões violentas de complexos pessoais no tratamento de um analisando, o frêmito de uma inspiração que acertou no alvo. Significa que eles podem correr o risco de fazer experimentos com a teoria, cultivar seu próprio plano básico que os acompanhará ao entrar no "território desconhecido do novo caso" (Winnicott, 1971, p. 6). Se a supervisão oferece um espaço suficientemente seguro, os estudantes ficarão surpresos ao tentar comunicar-se, sendo informados inesperadamente de algo mais profundo existente neles próprios.

Sempre me senti reconfortado pelo relato muito engraçado que Leslie Farber fez de sua supervisão com Harry Stack Sullivan. Utilizando as duas primeiras sessões para ilustrar como a prática de Sullivan era coerente com sua teoria – que o si-mesmo nasce na ansiedade – Farber relata como Sullivan provocou deliberadamente ansiedade nele como parte do processo de supervisão. Farber mal e mal conseguiu sobreviver a essa ansiedade. Depois de passar meses para marcar a primeira sessão, Farber sentiu que Sullivan não mostrou o "mínimo interesse" pelo relato que ele fez de seu paciente, mas apenas respondeu à sua busca de conselho com "um aceno de mão cansado", fez-lhe uma pergunta incompreensível e o despediu. No segundo encontro Sullivan perguntou se lhe havia ocorrido algum pensamento desde a última sessão. Farber confessou que não conseguira pensar: ficara tão ansioso e simplesmente foi dormir. A isso Sullivan respondeu: "muito bem. Isso é um tanto promissor. Eu realmente não havia esperado tanto" (Farber,

1976, p. 24). Qualquer um de nós, que lembre seu tempo de formação, sentirá resumidas aqui todas as contorções que fizemos na presença de um supervisor admirado, toda a ansiedade que nos inundou, toda a insegurança sufocante.

O progresso na supervisão vai muito além do aumento da habilidade. Devem aparecer evidências de um estilo analítico pessoal em evolução. Por exemplo, os estudantes se tornam menos defensivos, mais capazes de dizer o que não sabem e precisam aprender, uns dos outros e uns com os outros, como também em relação ao supervisor. Na supervisão em pequenos grupos, os estudantes se tornarão mais diretos a respeito da questão que desejam que os outros focalizem e sem papas na língua acerca de suas necessidades de apoio e, portanto, capazes e desejosos de aceitar uma correspondente rispidez em confronto com seus colegas. Um estudante que progride dessa maneira estará menos preocupado com uma avaliação do supervisor e mais concentrado em acolher tudo o que está disponível, não importando de quem isso vem, não importando como isso chega. Questões de formação ocupam um lugar secundário em relação às questões de aprendizado. Nasce um apetite pelo material: a realidade da realidade psíquica captura a imaginação. Boas sessões de supervisão, tanto em pequenos grupos como individuais, produzem estímulo e paixão compartilhada, de modo que todos nós presentes experimentamos a energia zunindo entre o material, o que os estudantes inserem e o que o supervisor traz. Cada um realça o outro. Cada qual aprende algo valioso que não poderia aprender sozinho. Esses momentos provocam gratidão pela dependência que é encontrada e alimentada e permite a alguém prosperar e tornar-se criativo.

Nessa atmosfera os estudantes conseguem ser capazes de observar como suas reações de contratransferência interferem nas respostas dadas a um analisando. Eles podem admitir isso para si mesmos, ouvir o que o supervisor ou seus pares no pequeno grupo de supervisão de casos têm a dizer sobre isso e levar a questão de volta para seu próprio trabalho analítico, sem transformar a supervisão numa análise substituta e sem evitar a relevância dos comentários para seu próprio crescimento pessoal. Os estudantes mostrarão um aumento de empatia para consigo mesmos e também para com seu analisando. Começarão a discernir quais constelações arquetípicas predominam em seu estilo de trabalho. Serão capazes de imaginar como seu próprio estilo de analisar pode desenvolver-se. Seu estilo pessoal passará da área da persona para a área da pessoa.

Em minha opinião, um critério importante para avaliar o progresso dos estudantes na supervisão é verificar se eles se mostram ou não capazes de receber formação. Conseguem utilizar o que o supervisor tem a oferecer, o que os livros podem comunicar, o que seus pares dizem para ampliar seu conhecimento e desenvolver seu próprio estilo de trabalho? Ou experimentam o aprendizado como humilhação? Desfrutam o trabalho ou este os cansa excessivamente e os deprime? Têm campo livre para jogar com ideias e diferentes modos de percepção e apercepção? Ou a supervisão é um cerrar os dentes, uma do afeto, um esquadrinhamento do supervisor para ver "como estou me saindo"? A capacidade de ser formado é a nota de graduação do progresso. Não agradar, não apaziguar, não defender, não pôr à prova, não derrotar ou competir, mas aprender e estar satisfeito com isso. Engordar com o alimento e apreciar o gosto. Porque o que esperamos, no fim, é realmente mais do que uma pessoa bem-equipada, mais do que uma exibição de habilidades. Queremos estudantes ativos em seu trabalho, que sintam prazer nele, de maneira muito pessoal. Às vezes, um estudante, mesmo de considerável talento e com muito conhecimento, pode revelar-se incapaz de receber formação. O padrão defensivo básico pode estar marcado por maneiras rígidas. Nenhuma mudança pode ser possível – exceto a desintegração e reconstrução a partir dos fundamentos – e o preço parece ser alto demais e sofre resistências a todo custo. Então, ao menos no meu entender, a supervisão fracassou.

Quando é bem-sucedida, a supervisão proporciona a todos os participantes um espaço psíquico maior. Eu me sinto mais livre para elaborar, para imaginar, para refletir sobre meu próprio estilo analítico. Posso, por exemplo, imaginar que sou um analisando desse estudante, ou procurar ver a maneira como eu poderia trabalhar com o analisando que o estudante apresenta e comparar isso com a administração real do caso por parte do estudante. Observar onde o estudante e eu divergimos na abordagem, bem como onde concordamos, é instrutivo para nós dois. Eu gosto de grandes espaços analíticos nos quais é possível olhar a partir de todos os ângulos a realidade psíquica manifesta na vida desta pessoa determinada. Os estudantes se permitem isso quando se permitem ser eles mesmos à medida que adquirem conhecimento e encontram seus próprios estilos de ser analítico. É por isso que alguns de nós continuamos ansiando por nossas sessões de supervisão. Porque sabemos, algumas vezes, pelo menos, que encontraremos nelas uma experiência de estarmos vivos e sermos reais, envolvidos numa profissão que, quando funciona, nos faz sentir-nos vivos e reais e satisfeitos por sermos assim. Jung resumiu o risco e a alegria

Perspectivas junguianas sobre supervisão clínica

quando advertiu: "aprendam suas teorias da melhor maneira possível, mas coloquem-nas de lado quando vocês tocarem o milagre da alma viva. O que deve decidir não são as teorias, mas apenas a individualidade criativa de vocês mesmos" (Jung apud Baynes, 1928, p, 36).

Nota: A origem deste artigo está no pedido que me fizeram, junto com outros, de responder à seguinte pergunta: como avalio o progresso na supervisão? Esse simpósio foi publicado no *The Journal of Analytical Psychology* 27(2), 1982, p. 105-131. Alterei-o ligeiramente nesta revisão.

Referências

Baynes, H.G & C.F. (1928). *Contributions to analytical psychology*. Kegan Paul Trench Trubner.

Farber, L.H. (1976). *Lying, despair, jealousy, envy, sex, suicide, drugs and the good life*. Basic Books.

Fordham, M. (1961). Suggestions toward a theory of supervision. *The Journal of Analytical Psychology, 6*(2).

Humbert, E. (1982). How do I assess progress in supervision? *The Journal of Analytical Psychology, 27*(2).

Kohut, H. (1962). The psychoanalytical curriculum. In P. H. Ornstein (Ed.), *The search for the Self. Selected writings of Heinz Kohut 1950-1978* (4. ed., Vol 1). International Universities Press.

Kohut, H. (1978). Introductory remarks to the panel on 'Self psychology and the sciences of man'. In Paul H. Ornstein (Ed.), *The search for the Self. Selected writings of Heinz Kohut 1950-1978* (4. ed., Vol. 3). International Universities Press.

Kohut, H. (1984). *How does analysis cure?* Chicago University Press.

Ulanov, A. (1979). Follow-up treatment in cases of patient/therapist sex. *Journal of the American Academy of Psychoanalysis, 7*(1), 101-110.

Ulanov, A., & B. (1987). *The witch and the clown: Two archetypes of human sexuality.* Chiron.

Winnicott, D.W. (1949). Hate in the countertransference. *The Journal of Analytical Psychology, 30,* 69-74.

Winnicott, D.W. (1975). *Through pediatrics to psycho-analysis.* Nova Basic Books.

Winnicott, D.W. (1971a). *Therapeutic consultations in child psychiatry.* Basic Books.

Winnicott, D.W. (1971b). *Playing and reality.* Tavistock.

[H] H.-J. Wilke

Até hoje pouco se escreveu sobre a importância central da supervisão na formação dos analistas. Nem foi, em minha opinião, tema de muita pesquisa metodológica. Isso não é tanto uma deficiência, mas uma demonstração do quanto a psicologia analítica é uma disciplina moderna que ainda está lutando para estabelecer-se em uma base científica e depende tradicionalmente da comunicação verbal e não verbal direta e do desenvolvimento dentro dessa tradição. Por isso, essa discussão sobre supervisão pode mudar pouca coisa, visto que os fatores cruciais, no processo de desenvolvimento da supervisão,

são a experiência pessoal e a comunicação: a reflexão crítica aumenta uma consciência desse processo de desenvolvimento. Os termos "supervisão" e "análise de controle", em minha opinião, obscurecem o processo em vez de elucidá-lo. Ambos os termos indicam um ponto de vista para além daquele onde os acontecimentos ocorrem; eles atribuem uma posição superior ao supervisor, fazem dele um superego ou controlador. Até certo ponto, o candidato experimenta seu supervisor dessa maneira; mas, em minha opinião, isso torna possível ao supervisor fracassar em seu objetivo essencial. Eu gostaria de ampliar essas observações em três tópicos.

Supervisão como assistência

O iniciante no campo da psicologia analítica profissional é inexperiente e, por conseguinte, ansioso. Ele precisa de ajuda (a) para compreender a dinâmica de seus pacientes, (b) no uso dos métodos terapêuticos e (c) para chegar a uma estimativa válida de seu próprio papel e descobrir como ele (com seus complexos) está integrado na análise do paciente.

Em tudo isso o supervisor desempenha o papel de assistente, como o cirurgião sênior que entrega ao iniciante os "instrumentos" corretos e requeridos (ideias, amplificações etc.), ajudando assim tanto o paciente quanto o candidato. É através do supervisor que o paciente será melhor compreendido por seu terapeuta. O supervisor contribui com *insights* e amplificações adicionais para a compreensão do paciente e assim assume uma função parcialmente interpretativa no tocante ao inconsciente do paciente quando consegue de maneira intuitiva participar corretamente do processo terapêutico. Se ele falhar nisso e seus *insights* não satisfizerem a situação terapêutica imediata e adotar conteúdos que talvez só mais tarde serão constelados e atualizados pelo paciente, então o candidato sai da supervisão e volta à terapia um tanto mal aconselhado.

Em latim o verbo *assisto* transmite uma sensação de ajudar e apoiar, como ocorre com a palavra "assistência" hoje. No tocante à supervisão, portanto, a assistência, fiel a seu sentido original, significa o fornecimento de ajuda tanto ao terapeuta quanto ao paciente. A isto o supervisor, em sua função de ajudante, acrescenta sua experiência profissional como também sua experiência de vida, sua "equação pessoal", seus complexos e seus problemas. Quando o supervisor perder contato com o conteúdo da análise e seguir sua própria dinâmica, o candidato será capaz de dizer-lhe isso, se a relação entre eles não for uma relação autoritária.

Supervisão como secundário (coadjuvante)

A palavra "segundo" deriva seu sentido do duelo e da esgrima. Em certas formas de esgrima, que era, em parte, um esporte e, em parte, uma espécie de rito de iniciação (e, além disso, no século XVIII, foi regulamentada pelas autoridades), o segundo desempenhava um papel protetor: era-lhe permitido agachar-se bem próximo e, com sua própria arma, interceptar os golpes proibidos pelas normas do duelo. A Enciclopédia registra que o navio que protegia ou acompanhava o chefe de esquadra se chamava *secundante* ou *segundo*. A palavra latina *secundus* designa o segundo lugar em uma ordem temporal sequencial ou numérica, mas posteriormente adquiriu o sentido de encorajador ou autorizador e significava também "afortunado" ou "que decorre de acordo com o planejado".

Desse esboço etimológico, surge a importante ideia da função protetora do secundante e do segundo lugar. O encontro terapêutico ocorre entre o candidato e o paciente e o supervisor deveria ocupar sempre o segundo lugar. Sabemos como é fatal se, na mente do candidato, a relação se inverte e ele faz a terapia servir às necessidades da supervisão, a fim de obter aprovação mediante sonhos interessantes ou outro material. O centro dos acontecimentos muda então da terapia para a supervisão. É notório que isso ocorre só raramente, mas existe o perigo de uma situação diádica tornar-se uma situação triádica. Por isso, a primeira coisa que quase todo analista faz no momento de sua qualificação é abandonar a supervisão e só reassumi-la mais tarde, se julgar necessário.

O papel secundário, subserviente, do supervisor é demonstrado muito claramente pelo fato de ele nunca estar atualizado no tocante ao tratamento. Só sei a respeito da terapia à medida que o candidato me informa. Somente se ele tem muito pouca compreensão do seu material é que estou numa situação vantajosa devido à minha compreensão do contexto analítico e, então, só posso intervir com base em minha posição superior (falsa ou aparente). Isso significa que não estou reforçando a confiança que o candidato deveria adquirir gradualmente através da supervisão, mas corro o perigo de confirmar seus sentimentos de inferioridade. Portanto, é importante para a supervisão que eu mantenha meu papel secundário e interprete os acontecimentos a partir "de baixo" e não a partir "de cima".

Juntamente com a supervisão enquanto secundária e assistente, vejo também nela uma importante função protetora. A proteção é valiosa tanto para o terapeuta candidato quanto para o paciente. Ambos precisam proteger-se contra aquilo que, em termos de pugilismo, são golpes "abaixo da cintura", inadmissíveis e perigosos, e é necessária a ajuda para resolvê-los quando se tornaram inevitáveis.

A função protetora está ali por causa da ameaça (muitas vezes enfatizada por Jung) que surge da dinâmica inconsciente dos complexos, da infecção da doença psíquica, contra a qual nem a consciência nem o eu do terapeuta conferem suficiente imunidade. Considerá-la uma concessão seria um equívoco, já que ela só se torna efetiva quando é necessária e exigida, e porque o terapeuta precisa estar sempre consciente do tipo de ajuda que ele precisa e de sua própria fraqueza e inferioridade. Da mesma forma, isso leva sempre àquele ponto fraco em nossa experiência e prática profissional que é difícil suportar, não só para o iniciante, mas para todos. Existe, então, uma oportunidade para que se desenvolva uma crescente relação de colegas. Finalmente se tornará claro para o candidato que a superioridade que ele experimenta de seu supervisor deriva, em grande parte, do papel do supervisor e que esse é um ponto de vista vantajoso. Ele pode então recebê-lo e beneficiar-se dele.

O supervisor como adjunto

A palavra "adjunto" evoca associações militares. Desde o tempo de Freud, estabeleceram-se nas imagens analíticas termos militares e esses indicam um conflito interior e exterior que muitas vezes ocorre no campo da transferência. O adjunto militar é um funcionário administrativo, não um oficial superior, e um fornecedor de informações no comando militar central. Isso transmite, com muita precisão, a função especial que o supervisor desempenha na formação analítica na Alemanha, onde, eu acrescentaria, raramente precisamos sussurrar formas e repassá-las a seguradoras e instituições para as quais o candidato ainda não está credenciado.

A função do ajudante militar tem uma influência distinta sobre a supervisão no sentido de que a coleta de informações múltiplas (desde estudos de caso até literatura e experiência profissional, comparáveis aos relatórios que o ajudante fornece a seus superiores) proporciona aquelas ampliações que supervisor fornece para o estagiário resolver com seu paciente.

Também aqui, o latim nos proporciona sentidos mais abrangentes do que os sentidos militares. Acho interessante que *adiutor* denota primeiramente alguém ou algo que apoia devotamente, estimula e assiste. Isso pode ser visto como a assiduidade de um oficial militar subordinado; mas, no tocante à situação analítica, pode ser imaginado como a vivacidade, o interesse interior e o valor emocional e intelectual que o supervisor assegura a ambas as partes. Por isso, frequentemente eu ultrapasso meu tempo prescrito durante as sessões de supervisão.

Pensamentos ulteriores

Esse compromisso, que se aplica ao supervisor e ao candidato, indica um processo que não se relaciona apenas com as funções cognitivas. Ele assegura a transmissão pessoal das normas e padrões profissionais, da nossa tradição viva que não está codificada e que, em sua plenitude, dificilmente admite codificação. Porque, durante a formação, o estagiário adquire gradualmente sua identidade profissional como analista junguiano. O supervisor, ao longo dos anos, adquire sua identidade como educador profissional.

Em minha opinião, existe em tudo isso um parâmetro decisivo de sucesso tanto para o paciente quanto para o terapeuta. Considero que a crescente estabilização da identidade profissional do candidato é uma importante precondição para o sucesso da análise do paciente, em todo caso no que se refere ao desenvolvimento intelectual e cognitivo. Por trás desse processo evolutivo positivo ocorrem os erros de método e de técnica que correm paralelamente a ele e os equívocos e intervenções neuróticas no tratamento do paciente que estão sempre sujeitos a ulterior correção. Esse processo, observável na supervisão, é a continuação do que começou na análise pessoal; desenvolve-se ulteriormente, mesmo após o término da análise da formação, através da análise do paciente, e ajuda a identidade profissional do candidato a tornar-se parte de sua identidade pessoal. Previne o desenvolvimento de uma persona profissional independente ou separada do resto da personalidade. Trata-se do processo que, para além e acima da formação, nos acompanha durante toda a nossa vida profissional.

Não causa surpresa que, nessas circunstâncias, a terapia de um paciente possa fracassar, enquanto a formação e a supervisão têm uma trajetória de sucesso. Achei uma interessante e importante observação o fato de que um candidato, cuja apresentação de caso teve uma recepção marcantemente cética, teve muito provavelmente, como resultado de discussões posteriores, o olhar dirigido mais para seu próprio desenvolvimento do que para o do paciente.

Para o supervisor, o desenvolvimento discordante do paciente e do terapeuta é difícil de detectar. Em minha opinião, isso ocorre raramente, mas pode dever-se ao fato de eu tomar o desenvolvimento do candidato como um parâmetro do desenvolvimento de seu paciente.

Perspectivas junguianas sobre supervisão clínica

Existem, naturalmente, diversos parâmetros pelos quais se pode avaliar o sucesso da terapia tanto para o paciente quanto para o terapeuta. Considerar o supervisor em seu papel de auxiliar e protetor, em termos de seu compromisso emocional, produzirá alguns critérios. Se a função protetora do supervisor é solicitada indevidamente, então o caso pode suscitar problemas e dificuldades especiais – por exemplo, existem crises suicidas, ou o terapeuta tem sérias dificuldades, ansiedade excessiva, falta de *insight* ou experiência inadequada da vida. Se a função auxiliadora é requerida indevidamente, isso pode ser um indício de que o candidato fez muito pouco esforço no tocante ao conhecimento da teoria, da literatura e do método. O que me causa mais problemas é quando não consigo assumir um compromisso emocional, seja no tocante ao caso ou às dificuldades do candidato. Quando isso acontece, suspeito que reflete um distúrbio na relação supervisória que também existe, como problema, na própria terapia. Todas as estimativas da supervisão devem mudar no decurso dela e estar sujeitas a um desenvolvimento que, mesmo quando é muito precário, pode servir como um padrão para avaliar a situação terapêutica do paciente.

O desenvolvimento por parte do supervisor durante uma longa supervisão indica processos criativos em andamento tanto no paciente quanto no terapeuta. Para mim, a supervisão começa geralmente com uma espécie de caos. Disso emerge, em primeiro lugar, uma imagem do candidato e depois, com ele e por trás dele, a imagem do seu paciente. Enquanto trabalhamos na imagem que se forma gradualmente entre nós, imperceptivelmente e em grau maior ou menor, mudam também as imagens que temos uns dos outros. Aprendemos a lidar uns com os outros de maneira sensível e produtiva, tanto para reconhecer nossas fraquezas quanto para respeitar-nos mutuamente: tornamo-nos colegas. A relação é o fator que posteriormente integra o grupo profissional e fornece uma base intelectual comum para nosso grupo nacional ou local, no qual está centrada a instituição de formação. E isso reflete também o sucesso de nossa supervisão.

PARTE V

Fases na vida de um supervisor

14 A transição de candidato em formação para analista supervisor

Paul Kugler

O período que se segue imediatamente à conclusão da formação analítica até a assunção das responsabilidades de analista supervisor pode ser emocionalmente turbulento, à medida que o recém-diplomado trabalha para consolidar uma prática analítica e passa pela aculturação na comunidade profissional. Geralmente, presume-se que um analista precisa esperar alguns anos, comumente cinco, após a graduação antes de empenhar-se em formar candidatos como um supervisor. Para entender melhor o papel desse período de transição no desenvolvimento da identidade do analista, eu gostaria de examinar algumas das dinâmicas psicológicas e sociais encontradas durante esta transição de candidato em formação para analista supervisor. Temos analisado detalhadamente o desenvolvimento da identidade dos nossos pacientes, seus conflitos intrapsíquicos e interpsíquicos, passados e presentes, como também seu contexto pessoal e cultural. Tradicionalmente, temos presumido que a análise da outra metade da díade terapêutica ocorre durante a análise do analista em treinamento. E isso é verdade até certo ponto. Uma porção significativa da identidade do analista só se desenvolve após a graduação e, muitas vezes, ocorre fora do contexto da análise pessoal.

A transição de candidato em formação para analista supervisor é um processo psicológico complicado sobre o qual pouco se escreveu. Os analistas recém-graduados carregam um pesado fardo de expectativas que eles podem não estar imediatamente preparados para cumprir. Muitas vezes, os novos analistas encontram certa pressão para manter uma presença de maturidade, estabilidade, autoridade e confiança que podem não coincidir necessariamente com sua verdadeira realidade psíquica. Além disso, existem dinâmicas institucionais inconscientes em torno de questões de formação e rivalidades profissionais com que se confrontam os novos analistas. E, raramente, essas dinâmicas presentes no desenvolvimento da identidade do analista são tornadas conscientes e discutidas diretamente no nível do instituto.

Os estágios do desenvolvimento profissional

Existem essencialmente quatro fases na vida profissional de um psicanalista. A primeira é o período de candidatura à formação, durante o qual a pessoa recebe educação formal em um Instituto de Formação. Durante esse período, adquirimos experiência em análise pessoal, participamos de colóquios de casos, somos supervisionados e frequentamos seminários didáticos. Depois, em alguns institutos, existe a redação de casos clínicos, uma tese e o processo de exame.

A segunda fase estende-se por cerca de cinco anos imediatamente após obter o diploma. Durante esse período, o analista é muitas vezes mencionado como analista júnior ou recém-graduado e pode ter cerceada a participação em certos aspectos da formação. Essa fase implica integrar-se na comunidade profissional e desenvolver ulteriormente sua identidade profissional e seu estilo pessoal de análise.

A terceira fase começa aproximadamente cinco anos após a graduação. Nesse estágio intermédio, os analistas são mencionados de várias formas: analistas supervisores, analistas didatas e analistas seniores. Este período implica, para alguns, uma participação ativa na formação dos candidatos e revela muitas facetas novas da individuação. Existe um foco maior nas questões didáticas e pedagógicas. Podemos escrever mais. Podemos ensinar mais. Pode-se intensificar a atenção às preocupações existenciais associadas à administração diária de um Instituto de Formação. À medida que o analista sênior enfrenta as realidades difíceis da formação, o processo é menos idealizado e abordado de maneira mais realista. Existe um foco maior na dinâmica do Instituto de Formação como um todo, trabalhando para resolver conflitos profissionais complicados e problemas éticos que requerem um controle sutil da tensão entre desejos dos candidatos, ideais dos analistas e realidades práticas do Instituto. Os analistas seniores assumem também a responsabilidade fiduciária de manter a solvência econômica do Instituto, mantendo o equilíbrio entre as necessidades do estudante e do corpo docente e as realidades financeiras.

Durante essa fase, temos a oportunidade de desenvolver nossa capacidade clínica de supervisionar e conduzir seminários de casos. Nossa atenção está focada na análise didática, na técnica analítica e no processo de conceitualizar o caso clínico e transmitir essa capacidade aos candidatos em seminários didáticos. Mais importância é dada à qualidade do processo de formação como um todo – entrevistas de admissão, seminários didáticos, procedimentos de exame, supervisão, colóquio de casos e, onde é exigido, a redação de tese e de casos clínicos.

Essencial para uma presidência bem sucedida destes comitês é uma compreensão precisa dos requisitos da formação, junto com uma combinação de maturidade psicológica, senso comum e boa vontade. Mediante seu trabalho de desenvolver a melhor qualidade possível das várias facetas da formação, o analista sênior trabalha para assegurar a qualidade futura da própria profissão.

Existe uma quarta e última fase na vida profissional do analista, que envolve a aposentadoria das atividades de formação e da prática clínica. Nessa fase, os analistas podem ser caracterizados como Anciãos da comunidade analítica. Nossa profissão é uma profissão na qual quase não se ouve falar de aposentadoria da prática analítica, exceto em casos de problemas de saúde ou desenvolvimento de uma vocação diferente. Aposentar-se simplesmente da prática privada ao chegar aos 65 ou 70 anos de idade é uma exceção e não a norma.

Este capítulo focalizará essencialmente a segunda fase: o período que se segue imediatamente à conclusão da formação analítica mediante a assunção das responsabilidades de analista supervisor. Esse período de transição pode ser emocionalmente turbulento, à medida que o novo graduado trabalha para consolidar uma prática analítica, passa pela aculturação na comunidade profissional, transforma a perspectiva da formação analítica passando de candidato a analista e começa a desenvolver as necessárias habilidades analíticas, didáticas e clínicas para exercer a função de analista supervisor. Adquirindo maior consciência das tensões intrapsíquicas e interpsíquicas encontradas durante este período de transição talvez possamos proporcionar uma experiência mais integrada no processo de tornar-se analista supervisor.

A transição de candidato à formação para analista

A primeira questão que eu gostaria de repassar é o efeito que a obtenção do diploma tem nos pacientes do novo analista. Quando eu era Diretor de Admissões, observei que a cada ano havia dois ou três pretendentes ao programa de formação que estavam em análise com analistas recém-graduados. Muitas vezes, esses pretendentes estavam psicologicamente mal preparados e suas pretensões à formação eram geralmente malsucedidas. Quando, durante as entrevistas de admissão, se perguntava por que haviam decidido candidatar-se à formação, havia muitas vezes um momento desconfortável quando esses pretendentes respondiam que seu analista os havia estimulado a prosseguir a formação ou havia interpretado determinado sonho como "um chamado a tornar-se um analista junguiano". Muitas vezes, perguntei-me se o que motivou a candidatura foi o desejo do pretendente de tornar-se um analista ou se foi o desejo de seu analista de tornar-se um analista. Os recém-graduados podem projetar sobre os clientes certos aspectos de sua identidade analítica, ainda parcialmente inconsciente, especialmente os que haviam ativado uma contratransferência idealizada, e procuram "material do analista" em seus analisandos. Resulta uma confusão inconsciente entre sua própria identidade analítica em desenvolvimento e a identidade pessoal de seus analisandos. Embora o recém-graduado tenha recebido objetivamente o diploma e seja um membro oficial da comunidade profissional, no nível subjetivo, a assunção da identidade de analista pode levar muitos anos.

Diferenciar-se da imagem de estudante

O novo analista passou muitos anos com sua identidade firmemente entrelaçada com a imagem de ser um estudante. Essa identificação não termina imediatamente após a graduação. A identidade do recém-graduado e sua relação com a sizígia arquetípica de estudante-professor podem assumir várias formas. Após receber o diploma, o analista pode permanecer parcialmente identificado com o polo de estudante. Quando isso acontece, o novo analista tende a tornar-se excessivamente identificado com os candidatos ainda em formação e assumir o papel de "advogado do candidato", tomando o partido dos estudantes no conflito com o comitê de formação.

Recém-graduados passaram muitos anos com aspectos inconscientes de sua identidade entrelaçados com várias porções do programa de formação. Antes da graduação, a relação do candidato com outros estudantes, professores, analistas pessoais e supervisores está impregnada de conteúdos inconscientes que vão do material da sombra a projeções do si-mesmo. Isso permite uma poderosa e rica experiência psicológica durante a formação. A análise pessoal e a supervisão proporcionam um recipiente para diferenciar e integrar esse material psíquico, mas, com a graduação, o novo analista, como o jovem adulto que deixa o lar, precisa introjetar esses conteúdos psíquicos ou encontrar novos lugares para alojá-los em outras relações interpessoais.

A separação em relação ao programa de formação, embora proporcione alívio da necessidade de satisfazer requisitos exteriores, apresenta um conjunto diferente de questões. De repente, o novo analista é independente e, muitas vezes, se confronta com uma inquietante ansiedade acerca da competência e capacidade analítica. Para compensar a falta de autoconfiança e a insegurança quanto às capacidades profissionais, o analista iniciante pode procurar segurança e certeza numa determinada escola de pensamento ou num determinado mentor. Um deles ou ambos funcionam como um *self-object* idealizado, proporcionando um sentimento de segurança, coesão e direção. A comunidade de analistas, conectada por uma ideologia ou um mentor comum, substitui a "família" do estudante perdida com a graduação. Finalmente pode surgir um grau saudável de decepção quando a projeção do si-mesmo é removida e a escola de pensamento ou o mentor são vistos de maneira mais realista.

Para o recém-graduado, outra reação à sizígia estudante-professor pode consistir em desidentificar-se do polo de estudante e identificar-se excessivamente com o professor. Nesse caso, o graduado tem um forte desejo de ensinar imediatamente, de praticar a supervisão e de assumir todas as responsabilidades da formação que até recentemente só haviam sido desempenhadas por seus analistas da formação e supervisores. O movimento de sair da imagem de estudante e assumir a identidade de analista é, muitas vezes, acompanhado também por uma reativação de conflitos adolescentes não resolvidos. Os novos analistas podem encontrar-se atuando fora dos antigos padrões familiares. Às vezes isso é experimentado em necessidades exageradas de idealizar ou repudiar figuras "parentais" na profissão a fim de individuar-se e conquistar uma identidade analítica.

Fronteiras e formação

Ao trabalhar para estabelecer uma relação psicológica com um Instituto de Formação, o recém-graduado encontrará muitas dinâmicas. Existem as transferências institucionais costumeiras, a luta entre as chamadas perspectivas clínicas e perspectivas simbólicas, a questão dos padrões para admissão a Institutos de Formação e sociedades profissionais e o potencial de conflitos geracionais entre os antigos analistas mais consagrados e os recém-graduados, que precisam encontrar suas próprias vozes e autoridade individuais.

Durante esse período imediatamente posterior à graduação, encontram-se também muitas questões complicadas de fronteiras. Por exemplo, até que ponto pode o novo analista ser "benevolente" com estudantes que até há pouco tempo eram colegas? Quando o novo analista fala aos candidatos, seus comentários são agora coloridos com a "imagem de analista", com seu poder e autoridade. Isso não é um grande problema quando o analista se gradua num instituto estrangeiro e retorna para casa, mas é um problema quando o recém-graduado continua envolvido com seu Instituto de Formação. Quando o novo analista começa a fazer parte de comitês de admissão e avaliação, a ensinar e a examinar, surgem outras questões de fronteiras. Por exemplo, devem os novos analistas ensinar aos candidatos conhecidos durante seu período de estudantes? De quais discussões deveriam os recém-graduados ausentar-se nos encontros de formação? Deveriam eles participar de avaliações de candidatos que estavam em formação junto com eles? Ou deveria o recém-graduado esperar uns quatro ou cinco anos por uma nova geração de estudantes? Essas preocupações são complicadas e é preciso haver um cuidadoso equilíbrio entre o valor da experiência da formação para o novo analista e a necessidade de respeitar as fronteiras dos candidatos.

Assimilação da identidade analítica

Muitas vezes, durante esse período de desidentificação da imagem de estudante e assimilação da identidade analítica, o recém-graduado pode experimentar flutuações emocionais entre sentimentos de inflação e sentimentos de insegurança e inadequação. Quando inflado, existe um forte desejo de ensinar ou talvez até de criar um novo instituto. Existe uma confiança excessiva na capacidade analítica e o sentimento de saber muito mais do que antigos professores e supervisores. Os novos analistas podem ter a impressão de que os requisitos de formação para a admissão ao Instituto não estão suficientemente à altura ou que a experiência clínica dos pretendentes não é suficientemente ampla ou que os requisitos para a obtenção do diploma não são suficientemente rigorosos. Podem surgir tensões entre os requisitos externos definidos pelo Instituto e a identidade interior do analista que está se desenvolvendo. Enquanto a identidade profissional não estiver firmemente consolidada e acompanhada de um sentimento integrado de individualidade e singularidade, o analista pode sentir-se ameaçado por regulamentos externos utilizados para definir o "analista junguiano". Durante essa fase, a identidade do analista ainda pode ser instável e vulnerável, procurando confirmação mediante uma reificação exterior de sua imagem nos requisitos do Instituto.

Por outro lado, quando afloram sentimentos deflacionados, o novo analista pode questionar a escolha da vocação e a capacidade de exercer a prática como analista, podendo temer que descubram tudo o que ele não sabe sobre a teoria e a prática da psicanálise. Aparecem sonhos nos quais o analista foi reprovado nos exames finais ou esqueceu de cumprir todos os requisitos para o diploma. A integração da identidade analítica implica cumprir não só os requisitos institucionais externos, mas também os requisitos da própria psique. Esses requisitos internos são, muitas vezes, mais difíceis de cumprir do que os especificados objetivamente no Manual de Formação do Instituto. À medida que nos empenhamos em descobrir e cumprir nossos próprios requisitos para ser um analista, torna-se cada vez mais evidente que esses não são necessariamente iguais aos formalizados no nível institucional. Os "juízes" já não estão localizados no Comitê de Admissão, no Comitê de Avaliação ou no Comitê de Exames. No processo de desenvolver nossa identidade analítica, essas figuras históricas transformam-se gradualmente em funções psíquicas, em figuras interiores que ajudam no processo do julgamento psicológico, das admissões pessoais e do autoexame. Quando essas figuras são deixadas na forma projetada, podemos tentar institucionalizá-las, criando o Instituto exterior e seus requisitos à nossa própria imagem. Se conseguirmos diferenciar nossos requisitos interiores dos requisitos institucionais exteriores, seremos mais capazes de pressionar, nas discussões profissionais, em favor de nosso ponto de vista singular, e também capazes de aceitar a modificação ou a rejeição de nossas propostas sem nos sentirmos feridos narcisisticamente. Uma maior diferenciação psicológica entre os requisitos interiores e os exteriores pode levar a menos divisão institucional e mais tolerância das diferenças e da individualidade na formação analítica.

Resumindo

Imediatamente após a obtenção do diploma em psicologia analítica, mediante a assunção das responsabilidades de supervisor, existe um período no qual a identidade profissional de analista está sendo integrada. Durante esse período de aculturação na comunidade analítica, podemos experimentar mais inflação, deflação, rigidez, ansiedade, zelo, vulnerabilidade e inferioridade do que durante outros períodos em nossa vida profissional. A consciência da possibilidade dessas tensões intrapsíquicas e interpsíquicas pode permitir uma passagem mais consciente e menos turbulenta pela fase de desenvolvimento profissional que se segue imediatamente à graduação e leva à assunção do papel de analista supervisor.

15 A educação do supervisor

Marga Speicher

Os supervisores desempenham um importante papel no desenvolvimento profissional de um analista: eles ensinam, facilitam, supervisionam, proporcionam apoio, sugestões, críticas, funcionam como modelos do papel a ser desempenhado. Enquanto membros do corpo docente, eles participam plenamente do processo educacional para a próxima geração de analistas. Mas como o analista se prepara para tornar-se supervisor, professor clínico, membro do corpo docente? Quais são os componentes do processo educacional mediante os quais um analista se torna um supervisor? Essas perguntas são feitas repetidamente na comunidade formadora junguiana e exigem ampla investigação por parte dos que estão empenhados na formação analítica.

Um processo educacional sempre se estende por um período considerável – geralmente por toda uma vida. Para ser eficaz, ele precisa atingir e afetar a pessoa em sua totalidade, entrando em contato com dimensões conscientes e inconscientes. A educação sempre exige consciência e conhecimento experiencial, emocional, intelectual e espiritual, como também exige de alguém a capacidade de aplicar seu conhecimento à prática. Desde tempos antigos, os esforços educacionais em ofícios, negócios, artes e profissões começaram com um modelo simples de aprender num processo de aprendizado. À medida que determinado campo se ampliava, esses esforços educacionais se transformaram em programas de estudo estruturados e de aprendizado.

Tornar-se um analista junguiano

O processo de tornar-se analista passou do modelo de aprendizado na primeira metade deste século para o atual modelo de programas estruturados de formação com três grandes componentes:

1. O desenvolvimento pessoal do candidato é fundamental e inclui uma imersão em um processo analítico que precede a formação e continua durante os anos de formação. Espera-se que esse processo leve a uma postura analítica para consigo mesmo que continue por toda a vida.

2. O estudo em campos relevantes do conhecimento visa uma compreensão da natureza humana como se manifesta no corpo e na psique, na emoção e no intelecto, no espírito e na alma; na sociedade, na cultura e na história; nas artes, nos mitos e nas tradições da prática religiosa. Os candidatos estudam as dimensões intrapsíquicas e interpessoais do processo analítico a partir das perspectivas clínicas, evolutivas e arquetípicas em séries de palestras, seminários e *workshops*.

3. A prática analítica sob supervisão é a fase final na preparação do analista. Durante a hora de supervisão, o desenvolvimento pessoal e o conhecimento teórico convergem à medida que candidato e supervisor se concentram no trabalho do estudante com os analisandos.

Na maioria dos institutos, espera-se que o candidato escreva um ensaio final (monografia) para demonstrar a capacidade de integrar o conhecimento e a compreensão obtidos na formação. O ensaio final mostra os frutos da imersão dos candidatos no processo didático e analítico e proporciona uma oportunidade de articulação de sua experiência. A monografia tem componentes experienciais, descritivos, reflexivos e cognitivos.

Tornar-se um supervisor junguiano dos candidatos

A supervisão dos candidatos analíticos cumpre diversas funções: (a) ensino da prática analítica, (b) supervisionar o trabalho do candidato com os analisandos, (c) atenção às questões do desenvolvimento pessoal no candidato, quando essas questões afetam seu trabalho com os analisandos, (d) avaliação da capacidade do candidato de trabalhar analiticamente com os clientes, o que inclui honestidade para com o candidato, a instituição e os futuros analisandos do candidato. Existe considerável diversidade e discussão entre os membros do corpo docente acerca da relativa importância e interação entre estas funções.

O termo "supervisor" realça a segunda das funções acima mencionadas. Eu sustento que todas as quatro funções são significativas e considero que os supervisores são membros do corpo docente de um instituto e uma parte essencial do processo geral de ensino do instituto.

O processo de tornar-se supervisor baseia-se no processo de tornar-se analista e vai além, exigindo a aquisição de experiência, reflexão e estudo adicionais. Até hoje, um analista torna-se supervisor no modelo do aprendizado: o analista teve a experiência de estar em supervisão enquanto candidato e

Perspectivas junguianas sobre supervisão clínica

muitas vezes nos anos seguintes à graduação. Como membro da comunidade profissional o analista observou o corpo docente do instituto, ouviu (ou escutou casualmente) comentários de analistas seniores sobre dilemas da supervisão e se tornou gradualmente um participante nas discussões acerca de assuntos de formação. Em algum momento, o analista torna-se um supervisor. Entre 1990 e 1992, conduzi um levantamento para o "Workshop sobre supervisão", no XII Congresso Internacional de Psicologia Analítica em Chicago/IL, realizado em 1992, sobre práticas relacionadas à supervisão em programas de formação junguiana. Os resultados do levantamento foram apresentados durante o "Workshop sobre supervisão" (Speicher, 1993, p. 536-539). Resumirei alguns pontos do levantamento que têm relação direta com este ensaio.

Os entrevistados no levantamento concordaram que o funcionamento como supervisor baseia-se em qualidades e habilidades de ser analista e também exige conhecimento e habilidades que vão além das do analista. Surgiram diferenças acerca da maneira como os institutos deveriam abordar questões pertinentes ao desenvolvimento pessoal dos supervisores:

1. Um grupo de institutos sustenta a posição de que a única responsabilidade do analista é a formação continuada após receber o diploma. Embora reconheçam o valor do desenvolvimento ulterior autodirigido, que leva à nomeação de alguns analistas como supervisores, esses institutos falam de ausência intencional de padrões, recomendações e critérios institucionais.

2. Outro grupo de institutos relata discussões e questionamentos acerca do desenvolvimento e da nomeação de supervisores. Eles exigem alguns anos de experiência (geralmente cinco anos) após a obtenção do diploma, a fim de proporcionar

um período de transição posterior à formação. Durante esse tempo, o analista pode consolidar uma identidade como analista e tornar-se membro pleno da comunidade profissional[5]. Os institutos especificaram várias qualidades que um supervisor precisa demonstrar. As respostas, no entanto, não fornecem detalhes sobre o que essa demonstração implica nem sobre a maneira como é avaliada. A lista de qualidades inclui: (a) maturidade pessoal e profissional; (b) capacidade de prosseguir o trabalho analítico em profundidade; (c) capacidade de reflexão analítica; (d) capacidade de tolerar as incertezas inerentes ao processo analítico e, portanto, de reduzir a tendência a compensar com uma pseudocerteza; (e) capacidade de refletir sobre e trabalhar com a dinâmica interpessoal entre analisando e candidato, bem como entre candidato e supervisor; (f) capacidade de integração da teoria e da prática analítica, que pode ser demonstrada na forma de ensaios ou palestras públicas; (g) capacidade demonstrada de ensinar; (h) participação numa série de grupos de estudo ou conferências que tratam de questões específicas da supervisão. – As respostas mostram, em sua totalidade, que os analistas seniores, na maioria dos institutos, estão ponderando e enfrentando questões relacionadas ao desenvolvimento profissional dos supervisores.

Minha preocupação com as questões relativas ao desenvolvimento profissional dos supervisores passou a ocupar o primeiro plano durante os anos (1987-1992) em que trabalhei no Conse-

---

5. Paul Kugler aborda questões pertinentes a esse período de transição em seu ensaio apresentado no Congresso da AIPA *From Training Candidate to Supervising Analyst*, pp. 528-535, reimpresso, em forma revisada, como capítulo 14 deste livro.

Perspectivas junguianas sobre supervisão clínica

lho do Instituto C.G. Jung de Nova York[6], inicialmente como membro do conselho e depois como presidente (1989-1992). Durante esse período, o Conselho analisou se convinha ter diretrizes articuladas para o desenvolvimento profissional dos supervisores[7]. Essas discussões e o envolvimento no *Workshop sobre supervisão* no Congresso da IAAP, em Chicago, levaram-me a empenhar-me intensivamente na reflexão pessoal e a pensar sobre minha experiência como candidata e supervisora, a revisar a literatura profissional sobre a supervisão na psicologia profunda, a empenhar-me na discussão com colegas de várias disciplinas e aprender como outras instituições lidaram com as questões referentes à supervisão.

Em minha revisão da literatura e das discussões com colegas, encontrei descrições de experiências provenientes de muitas perspectivas teóricas que eram valiosas e foram facilmente integradas no modo de pensar e na prática junguianos.

Desenvolvimento profissional dos supervisores no campo psicanalítico

Em muitas áreas metropolitanas dos Estados Unidos surgiram programas estruturados para supervisores de orientação

---

6. O Conselho faz políticas e toma decisões que regulam a formação, equivalendo ao Conselho de Formação ou Comitê de Formação em outros institutos.

7. Um retiro de fim-de-semana do conselho e do corpo docente foi dedicado a discussões sobre a supervisão em 1991. Concluiu-se que o analista que deseja trabalhar como supervisor precisa ter cinco anos de experiência de trabalho como analista, após a conclusão da formação. Posteriormente, foi criado pela sociedade profissional (NYAAP) um Comitê de Educação Contínua em Supervisão para discutir e formular diretrizes para a preparação de supervisores.

psicanalítica. Esses programas[8] estão abertos aos analistas graduados e oferecem um curso de estudo em tempo parcial de um ou dois anos, focalizando os aspectos teóricos e práticos do processo de supervisão. Leituras, conferências, seminários de discussão, observação de sessões de supervisão reais, inspeção de videoteipes, supervisão do trabalho de supervisão de um estudante, preparação de uma monografia – esses são alguns dos meios pelos quais o processo educacional facilita a transição da prática da análise para o ensino e supervisão dos analistas[9].

Literatura profissional sobre a supervisão

A literatura profissional sobre a supervisão tem crescido regularmente. Quando o Instituto C.G. Jung de Nova York dedicou um Retiro do Corpo Docente à discussão da supervisão, em 1991, compilamos uma lista de artigos de analistas junguianos como leitura de pano de fundo[10]. Organizamos

---

8. Em Nova York, três institutos de formação psicanalítica oferecem formação estruturada em supervisão: Instituto Nacional de Psicoterapias, Centro de Pós-graduação para Saúde Mental, Instituto de Psicanálise e Psicoterapia da Washington Square.

9. Os representantes dos programas no Instituto Nacional de Psicoterapias, James L. Fosshage, e do Centro de Pós-graduação, Mary Beth Cresci, discutiram seus respectivos programas na Conferência Anual da Federação Internacional de Educação Psicanalítica (FIEP), em 1992. Um programa de formação em supervisão em San Francisco também foi discutido na Conferência por Claire Allphin, analista junguiana em San Francisco. Esses três ensaios foram publicados no boletim informativo da FIEP, vol. II, primavera de 1993. O boletim circulou apenas entre os membros da FIEP, mas posso providenciar uma cópia a pedido.

10. A maioria dos artigos junguianos selecionados para o retiro do conselho está reimpressa neste volume.

Perspectivas junguianas sobre supervisão clínica

também uma pequena lista de escritos recentes de analistas de várias orientações teóricas[11]. Revisar a literatura com os colegas foi gratificante e estimulante.

Tornar-se um supervisor junguiano: uma perspectiva ulterior

Na comunidade junguiana de formação, a discussão sobre o processo de preparação de supervisores é animada. Dois pontos

---

11. O comitê que preparou os materiais para o retiro recomendou duas publicações: (1) *The Journal of the Postgraduate Center for Mental Health*, que dedicou à supervisão o fascículo primavera/verão, em 1990. O fascículo traz o título *Supervision of the Psychoanalytic Process* e contém onze ensaios da autoria do corpo docente do Centro de Pós-graduação. (*Psychoanalysis and Psychotherapy*, vol. 8, primavera/verão, 1990. Brunner/Mazel). (2) O volume *Clinical Perspectives on the Supervision of Psychoanalysis and Psychotherapy*, editado por Leopold Caligor, Philip M. Bromberg, James D. Meltzer, e publicado pela Plenum Press, em 1984. Contém 16 ensaios escritos por supervisores seniores do Instituto William Alanson White em Nova York. Cada autor apresenta sua compreensão e estilo de supervisão com exemplos tomados da prática de supervisão. No prefácio, os editores revisam o estabelecimento e o trabalho de um Grupo de Estudo sobre Supervisão no Instituto William Alanson White, em 1979. Esse Grupo de Estudo organizou uma série de programas para a Sociedade Profissional William Alanson White, em 1980-1981, na qual cinco analistas seniores supervisionaram um candidato diante da Sociedade, mais ou menos como fariam em seus consultórios. O resultante interesse pela discussão do processo supervisório levou à criação de grupos de pares de supervisores e à compilação dos artigos do volume. Alguns foram reimpressos de revistas; a maioria são publicações originais. Um membro do comitê preparou uma bibliografia de artigos recentes sobre questões de supervisão publicados em revistas psicanalíticas. Além disso, fizemos uma busca no computador sobre Extratos de Psicologia, sob o título "supervisão": essa busca rendeu uma bibliografia anotada de 132 verbetes, publicados entre 1966 e 1991, nem todos relacionados com a supervisão psicanalítica.

de vista bastante diferentes foram articulados em 1992: (a) necessidade de uma preparação formal para tornar-se supervisor e (b) preparação informal, mas sem requisitos formais. Surge, então, uma questão básica: como nos aplicamos ao processo de tornar-se supervisor? É necessário que a comunidade formadora se ocupe com o processo? Quais são as dinâmicas arquetípicas que podem estar por trás do processo que leva à transição de analista a supervisor na vida profissional? Para mim, o processo de iniciação serve como a dinâmica arquetípica que estimula o processo de tornar-se supervisor de candidatos[12]. Esse processo contém diversos aspectos: (a) o pretendente precisa possuir certas qualidades que o tornem qualificado para passar a outra fase; (b) entrada em um processo que tenha componentes conscientes e inconscientes – tarefas a serem cumpridas, passos a serem dados, novas atitudes a se tornarem manifestas; (c) designação do momento em que a comunidade confirma que o pretendente completou o processo.

Quando consideramos o processo de tornar-se supervisor a partir dessa perspectiva arquetípica, recai sobre a comunidade formadora a tarefa e a responsabilidade de dirigir e facilitar o processo. O cumprimento da responsabilidade exige um nível de cuidado análogo ao processo de preparação dos analistas. Quando a comunidade formadora assume essa perspectiva, a conexão com a energia arquetípica é facilitada para os supervisores atuais e futuros assumirem as responsabilidades do cargo: ser co-iniciadores (junto com todo o corpo docente) para a próxima geração de analistas.

---

12. Abordei essa questão no "Workshop sobre Supervisão" em Chicago (cf. Speicher (1993, pp. 538-539).

Perspectivas junguianas sobre supervisão clínica

Que forma pode assumir uma preparação de supervisores junguianos? Apresentarei pensamentos que brotaram de minha experiência, com a intenção e a esperança de estimular a reflexão, o modo de pensar e a discussão na comunidade formadora. Minhas opiniões se baseiam nos pressupostos seguintes:

1. Um analista graduado que deseja tornar-se supervisor e professor de candidatos está procurando entrar em uma nova fase da vida profissional na comunidade formadora. A entrada nessa nova fase está sob a imagem arquetípica da iniciação.

2. A comunidade de didatas carrega a responsabilidade de delinear as qualidades que o pretendente precisa possuir, os passos e tarefas envolvidos na preparação e o momento em que o supervisor é designado para sua nova posição.

3. A energia que a comunidade de didatas dedica à preparação dos supervisores traz múltiplos retornos em seu impacto sobre o processo de formação: intensifica, enriquece, aprofunda e apoia o processo.

Para um modelo de preparação de supervisores

À medida que a comunidade de didatas caminha para desenvolver um modelo de preparação de supervisores, o corpo docente sênior, nos programas de formação, precisa rever e articular sua postura em relação à preparação de novos corpos docentes e supervisores. Precisa decidir entre seguir o modelo de aprendizado ou desenvolver um modelo mais estruturado. A responsabilidade e a autoria de um programa de preparação de supervisores cabem inteiramente ao corpo docente sênior em cada programa de formação.

O processo de preparação para ser supervisor tem diversos componentes importantes:

1. A capacidade de trabalhar como analista é o fundamento da preparação para ser supervisor. A graduação obtida de um programa de formação junguiana é essencial e deveria ser seguida por um período de tempo (geralmente cinco anos), no qual o analista abandona mais completamente sua identidade de candidato, traz ao corpo docente do instituto os laços transferenciais para ulterior solução e consolida sua postura como analista. Essa consolidação inclui que o analista continue buscando exercer o trabalho analítico em profundidade durante um período de tempo (trabalho analítico de longo prazo) junto à permanente reflexão, estudo, leitura, discussão colegiada sobre questões da prática analítica. Uma participação regular em programas de conteúdo profissional, patrocinados por sociedades junguianas e também por organizações do campo analítico em geral, proporciona um fórum para intercâmbio com colegas. Assim, o analista cria para si um padrão de permanente estudo profissional autodirigido análogo à pesquisa pessoal contínua que se segue ao trabalho analítico diádico.

2. Um analista precisa ter o desejo e o interesse de tornar-se membro do corpo docente, supervisor e professor clínico. Nem todos os analistas desejam ser supervisores. Mas, se e quando desejar encaminhar-se para a supervisão, um analista precisa empenhar-se na preparação pertinente.

3. A preparação direta para trabalhar como supervisor pode ocorrer durante ou após o período de consolidação da identidade profissional do analista. Um meio muito bom para o trabalho preparatório é a formação de pequenos grupos de estudo para proporcionar um recipiente para o processo. Dependendo do

tamanho da comunidade formadora, esses grupos de estudo podem formar-se no nível local ou regional. Reunir-se-ão periodicamente sob a liderança de supervisores experientes e concentrarão seu trabalho em: (a) reflexão sobre a experiência de supervisão enquanto candidato; (b) estudo e debate teóricos da literatura relevante: (c) observação de sessões de supervisão; (d) questões pertinentes ao componente avaliativo na supervisão dos candidatos num programa de formação. O período de preparação pode ser concluído com a elaboração de um ensaio, monografia, sobre algum aspecto do processo de supervisão. A monografia proporcionaria um meio para revisão e integração da compreensão experiencial, descritiva, reflexiva e cognitiva de algum aspecto do processo de supervisão.

Reflexão sobre a experiência de supervisão. A reflexão sobre a experiência pessoal de ser supervisionado leva a uma maior consciência do processo de supervisão[13]. É um empenho de conscientização. Entre as perguntas a serem investigadas estão: quais foram os estilos dos meus supervisores? Qual estilo de supervisão foi o mais útil (menos útil) para mim, em qual ponto da formação? Por quê? Quais foram as lacunas em minha experiência supervisória como candidato? Como eu gostaria de preenchê-las? Quais funções da supervisão foram mais relevantes no processo de formação: foco nas necessidades do aprendizado; foco na compreensão clínica prática, combinan-

---

13. No trabalho com supervisores iniciantes, observou-se que os novos supervisores, cuja experiência pessoal não fora examinada, tendem a trabalhar reflexivamente à maneira de seu supervisor favorito ou de maneira oposta à sua experiência de supervisão menos produtiva. Portanto, o exame da experiência de ser supervisionado é essencial como fundamento do trabalho de supervisão voltado para as necessidades de aprendizado do supervisionando.

do teoria e prática; compreender o analisando, o processo analítico, a dinâmica intrapsíquica e interpessoal, os aspectos pessoais e/ou arquetípicos, o campo transferencial, questões de desenvolvimento pessoal que afetaram o campo analítico? Qual foi minha experiência na interação entre o ensino e o aspecto avaliativo da supervisão? Foram as avaliações plenamente discutidas? Caso contrário, por quê? Como eu teria gostado de vê-las administradas? – À medida que os futuros supervisores reveem e discutem suas experiências, aumentará a consciência de componentes importantes do processo de supervisão.

Estudo teórico da literatura relevante. A literatura junguiana sobre a supervisão pode ser estudada quase em sua totalidade. Os ensaios deste volume cobrem grande parte dela. A literatura relevante no campo analítico em geral é, no entanto, mais ampla. Cada grupo de estudo pode facilmente reunir uma bibliografia que serve para apresentar inúmeras questões para discussão. Recomendo o volume "Clinical perspectives on the supervision of psychoanalysis and psychotherapy" como um bom ponto de partida; os colaboradores deste volume proporcionam uma variedade de pontos de vista sobre o processo supervisório e referências a fontes adicionais. Amplas referências podem ser encontradas também na bibliografia no final deste livro.

Uma lista das questões importantes para um estudo frutífero se tornará rapidamente muito longa. Parece essencial, no entanto, que sejam consideradas questões relacionadas com o processo de aprendizado e ensino. Essas são também as áreas onde existem diferenças substanciais em relação à postura analítica. Um futuro supervisor precisa encontrar uma postura de supervisor que se ajuste à sua personalidade e que leve em consideração as diferentes maneiras de os candidatos apren-

Perspectivas junguianas sobre supervisão clínica

derem melhor. Aonde estiver o interesse teórico-analítico do supervisor atual, isso afetará a seleção do foco do trabalho do candidato, o que poderá ou não coincidir com o ponto focal mais significativo para o aprendizado do candidato. As questões de responsabilidade legal e ética precisam ser abordadas.

As questões relacionadas mais diretamente com o ensino vão desde a instrução sobre a maneira como adotar uma postura analítica para com o candidato iniciante até a facilitação sensível com o campo transferencial, com a dinâmica arquetípica e com os primeiros traumas da vida. Como promovemos o desenvolvimento de uma postura empática e a capacidade de manter-se firme? Como estimulamos um senso de curiosidade e engajamento na descoberta? Como ajudamos os candidatos a desenvolver um campo analítico no qual possam surgir compreensão, *insight* e desenvolvimento? Como diferenciamos claramente a dinâmica entre supervisor e candidato daquelas questões entre candidato e analisando que emergem como processo paralelo entre candidato e supervisor? Como lidamos com questões de personalidade de um candidato que se intrometem repetidamente no trabalho? Onde está a fronteira entre análise e supervisão e onde as duas zonas se sobrepõem? Como ajudamos os candidatos iniciantes a lidarem com as ansiedades que provêm da falta de conhecimento analítico? É também importante estabelecer a diferença entre a ansiedade associada ao fato de ser julgado e a ansiedade proveniente de fontes caracterológicas, que podem levar a evitar certas áreas com os analisandos.

A literatura sobre a supervisão aborda essas questões e nós podemos aprender da experiência dos supervisores seniores. A discussão com colegas que possuem uma abertura a novas ideias pode levar a uma maior consciência das lacunas presentes em nosso conhecimento e da natureza dos nossos vieses.

Observação de sessões de supervisão. Os grupos de estudo beneficiam-se muito da observação de sessões animadas de supervisão seguidas de discussão aberta. A discussão pode tocar uma variedade de áreas: estilo e ênfase da supervisão, necessidades de aprendizado do supervisionando, seleção de pontos de investigação para a sessão de supervisão, dinâmica entre supervisor e supervisionando etc. Um supervisor experiente poderia realizar uma sessão de supervisão com um dos membros do grupo de estudo ou um membro do grupo de estudo poderia realizar uma sessão de supervisão com outro membro do grupo de estudo. Nos programas de treinamento de supervisão já estabelecidos, foram feitos videoteipes de sessões de supervisão e é possível obtê-los. A literatura sobre supervisão contém transcrições de sessões de supervisão (Shafer, 1984, pp. 207-230) que são úteis para o estudo. O grupo pode também convidar supervisores experientes para discutir seus estilos de supervisionar.

O componente avaliativo na supervisão dos candidatos. Ao supervisor cabe a responsabilidade de avaliar o trabalho do candidato de maneira aberta, direta e honesta. Essa responsabilidade envolve uma reação oportuna ao candidato e também avaliações para a instituição. A responsabilidade última é para com os analisandos que podem procurar esse futuro analista. Os supervisores enfrentam inevitavelmente conflito entre estas funções: ensinar e facilitar o desenvolvimento do candidato *versus* avaliar a capacidade adquirida; preocupação com o candidato *versus* preocupação com o público *versus* preocupação com a instituição. No início da carreira de supervisão, um analista é especialmente vulnerável a ser disputado por lados opostos dos conflitos. Por exemplo, ele pode ser dominado pela responsabilidade avaliativa para com a instituição ou evitar defensivamente essa responsabilidade focalizando, ao invés, o aspecto facilitador.

4. A preparação do analista para tornar-se um supervisor pode concluir-se num encontro com um pequeno comitê do corpo docente sênior (por exemplo, um comitê de três pessoas). O encontro se dedicaria a uma discussão colegiada da preparação do analista, aos temas da prática de supervisão que ele considera importantes, ao ensaio do analista sobre algum aspecto do processo de supervisão. O comitê poderia concluir que: (a) o analista está pronto para tornar-se supervisor; (b) existem lacunas na preparação do analista que precisam ser preenchidas antes de tornar-se supervisor; (c) a abordagem da preparação pelo analista é completamente defeituosa e ele precisa reavaliar seu rumo.

Quando o analista tiver demonstrado à comunidade didática um estudo sério do processo de supervisão, o conselho da formação o nomeará formalmente supervisor e membro do corpo docente.

Como um programa de preparação para supervisores deveria ser desenvolvido, designado e implementado? Eu apoio uma abordagem que proporcione alguma estrutura e deixe considerável liberdade para a iniciativa individual. Os programas de formação podem desenvolver uma estrutura que se harmonize com as circunstâncias locais e deixe ao grupo de estudo a liberdade de determinar as especificidades[14]. O ponto

---

14. Os analistas que planejam essa estrutura podem encontrar considerações úteis num ensaio de Joan Fleming, "The education of a supervisor", apresen-

essencial é que os analistas assumam um processo de preparação mediante estudo individual e em grupo, envolvendo discussões com pares e supervisores experientes.

A responsabilidade e a autoria de um programa de desenvolvimento de supervisão competem inteiramente ao corpo docente sênior em cada programa de formação. No entanto, quando determinado corpo docente esclarece sua postura e esboça sua estrutura, ele pode juntar-se a programas que têm uma visão semelhante e desenvolver com eles oportunidades de estudo para potenciais supervisores em nível regional ou nacional. Posteriormente, podem ser projetados simpósios e *workshops* em conferências nacionais e internacionais para oferecer programas não disponíveis localmente.

Um dilema atual

Ninguém na comunidade formadora passou por um período formal de preparação para tornar-se supervisor, mas muitos se empenharam num estudo privado considerável e procuraram oportunidades de discussões colegiadas. Seria necessário pedir à próxima geração que faça mais preparação do que nós fizemos? Como preenchemos a lacuna?

---

tado em 1970, em Chicago, em um Simpósio sobre Supervisão patrocinado pela Associação Psicanalítica Americana, reimpresso em "The teaching and learning of psychoanalysis: selected papers de Joan Fleming" (1986). O ensaio focaliza a necessidade de fomentar nos supervisores o desenvolvimento da capacidade de ensinar. Fleming descreve armadilhas e obstáculos a esse ensino, revê esforços feitos para apoio educacional aos supervisores e esboça componentes significativos de uma abordagem da educação para supervisores no nível local.

Quanto à preparação para a supervisão, estamos no mesmo ponto em que o setor estava em relação à preparação de analistas em meados do século, quando os programas de formação analítica estavam sendo desenvolvidos (Londres em 1947; Zurique em 1948). Nosso trabalho para o desenvolvimento da formação na supervisão evoluirá à medida que evoluir a formação na análise. Devemos, no entanto, exigir de nós mesmos que invistamos em nossa educação contínua como supervisores e professores tanto esforço quanto esperamos da próxima geração em sua preparação para tornar-se supervisores e professores. Enquanto os institutos desenvolvem uma estrutura para formar em supervisão, os esforços do corpo docente sênior empenhado nesse trabalho despertarão a consciência de todos em determinada comunidade. Os grupos de estudo que são formados deveriam certamente estar abertos a supervisores e professores atuantes que contribuirão, a partir de sua experiência, e se beneficiarão dos intercâmbios colegiados. Com essa participação, os atuais supervisores se empenharão em partes do processo que propomos para a próxima geração.

Um processo educacional estende-se sempre por um considerável período de tempo. Nossa educação para sermos supervisores começa com nossa análise pessoal, continua com nossa formação para tornar-nos analista, baseia-se na capacidade de trabalhar como analista e requer a aquisição de conhecimento, compreensão e habilidade no processo de supervisão. Um processo de educação continuada estende-se por toda a vida profissional de um analista, exigindo permanente reflexão, estudo e discussão colegiada sobre questões da psique, da prática analítica e do ensino.

Referências

Speicher, M. (1993). Selection and training of supervisors. In M. A. Mattoon (Ed.), *Proceedings of the Twelfth International Congress for Analytical Psychology* (pp. 536-539). Daimon.

Shafer, R. (1984). Supervisory session with discussion. *Clinical perspectives on the supervision of psychoanalysis and psychotherapy*, 207-230.

16 O supervisor idoso

H.-J. Wilke

O superenvelhecimento do Velho Sábio

Adolph Guggenbühl-Craig (1986) expressou dúvida sobre a conexão essencial entre "velho e sábio" no arquétipo do Velho Sábio. Embora o mito da velhice não seja em si destrutivo, o uso que dele fazemos pode sê-lo. Guggenbühl-Craig considera corrupto e prejudicial o uso que fazemos do mito do Velho Sábio; esse uso favorece, em vez de reprimir, a realidade da fraqueza da velhice. A biologia e a medicina nos ensinam que as últimas e derradeiras aquisições ontogenéticas e filogenéticas são também as mais vulneráveis, facilmente danificadas e reduzidas. Muitas capacidades necessárias para a análise e a supervisão são adquiridas numa idade mais avançada e, por isso, são mais suscetíveis de serem danificadas ou diminuídas pelo processo de envelhecimento. De acordo com minha observação, existem três capacidades usadas especificamente para a formação analítica e o ensino que, se forem debilitadas ou destruídas pelo processo de envelhecimento, afetam notavelmente a performance e a autoestima do supervisor.

1. A capacidade de percepção autocrítica e reflexão que é cultivada especialmente durante o processo analítico.

2. A capacidade de monitorar com uma sensibilidade pré-verbal as interações sociais na análise e na supervisão, com especial atenção a um sentimento de vergonha e tato. Essa capacidade faz parte da função da sensação e nos possibilita perceber e respeitar o limiar da vergonha do outro, evitando embaraços.

3. A capacidade de cultivar e manter um interesse extrovertido pelas particularidades do mundo concreto exterior. À medida que envelhecemos essa capacidade dá lugar, muitas vezes, a uma atitude mais introvertida e a um interesse por preocupações mais básicas e gerais.

É difícil prever o processo de envelhecimento para as pessoas jovens, porque elas não têm nenhuma experiência pessoal do processo e têm uma percepção limitada do envelhecimento dos idosos. A lacuna geracional já pode começar com a dificuldade de comunicação no tocante às limitações biológicas e psicológicas da juventude e da velhice. Para evitar ou defender-se contra os aspectos dolorosos e às vezes trágicos dessa lacuna, tanto os velhos como os jovens se aferram, muitas vezes, a métodos que, às vezes, parecem ridículos: os jovens adquirem consciência do Velho louco que se esconde atrás da máscara do Velho Sábio e o aspecto Puella/Puer do candidato é facilmente transformado, sob o fardo moral proveniente do Velho, em ignorância e leviandade. A destrutividade dessa interação é bem conhecida e foi descrita graficamente por Goethe (1950) no diálogo entre Mefistófeles e seu discípulo.

> BACCALAUREUS: ... Reconhece: as coisas conhecidas desde sempre são totalmente indignas de conhecimento.

> MEFISTÓFELES: Pensei nisso por muito tempo. Eu era um tolo.
> Agora me sinto insosso e ridículo.

Perspectivas junguianas sobre supervisão clínica   285

BACCALAUREUS: Isto muito me alegra. Agora estou ouvindo a razão;
o primeiro Velho mais sensato que encontrei.

MEFISTÓFELES: Procurei tesouros, ouro escondido
e o que encontrei foi um carvão horroroso.

BACCALAUREUS: Reconhece então: Tua cabeça, tua careca,
não vale mais do que aquela caverna vazia.

MEFISTÓFELES (bem-humorado): Não sabes, meu amigo,
quão rude tu me pareces?

BACCALAUREUS: Em alemão alguém mente quando é polido.
... Sem dúvida, a idade é uma febre gelada,
no frio da necessidade excêntrica.
Quando passa dos trinta anos,
um homem já é tão bom quanto morto.
Seria melhor procurar a tempo um túmulo.
... Esta é a mais nobre profissão da juventude!
O mundo não existia antes de eu criá-lo...

MEFISTÓFELES: Homem singular, segue em frente em teu
esplendor! –
Como poderia o conhecimento magoar-te?
Quem pode pensar algo estúpido ou prudente,
que o mundo antigo já não pensou?
... Bons filhos, eu não vos repreendo.
Refleti: o Diabo é velho;
portanto, envelhecei para compreendê-lo (pp. 96-99).

Experiências

Todos nós sabemos, com base em experiências educacionais pessoais, seja na escola primária, no curso secundário ou na universidade ou durante a formação analítica de pós-graduação, como certos professores mais velhos podem parecer um pouco ridículos. Certos membros idosos do corpo docente são facilmente ridicularizados e sua capacidade de cumprir suas funções pedagógicas é, muitas vezes, limitada. Essas experiências comuns permitem a criação e manutenção de certas reações estereotipadas do professor mais velho por parte dos estudantes.

Hoje, após quase 25 anos como supervisor, observo, às vezes, como os candidatos divertem-se ligeiramente quando conseguem despertar meu interesse por um tema importante para mim. Então continuo falando mais demoradamente sobre o tema e de repente percebo que cheguei à beira do ridículo. Duas ou três décadas atrás, eu teria me sentido humilhado com essa percepção, mas hoje consigo lidar eficazmente com esses sentimentos. Muitas vezes refiro-me a Sêneca, que julgou até o "grande gênio" da seguinte maneira: *nullum magnum ingenium sine mixtura dementiae*, um juízo que geralmente é mais repudiado pelo admirador do "grande gênio" do que pelo próprio gênio.

A redução do limiar de vergonha nos idosos pode desempenhar uma função vital de serviço à vida. Sem ela, a taxa de suicídios entre os idosos talvez seria consideravelmente maior e a expectativa geral de vida seria reduzida. A idealização equivocada da velhice não beneficia nem os jovens nem os velhos.

No tocante à minha compreensão da situação com os candidatos, é significativa a seguinte discrepância: Compartilho apenas de maneira limitada o interesse dos candidatos, seu fascínio por novas teorias da neurose, pela mente e pelos seres humanos. Neste momento da minha vida, estou mais interessado por fatores gerais, invariáveis, constantes; que expressam coisas simples de maneira clara; que encontram expressões e fórmu-

Perspectivas junguianas sobre supervisão clínica

las numa linguagem que resume de forma simples toda uma variedade de coisas. Neste estágio da vida, meu ponto de vista agrupa "toda a variedade" em fórmulas simples. O candidato pode considerar que essas fórmulas simples em nossa profissão não são mais do que um verso do "Ditado popular". Mas essas formulações talvez sejam uma parte essencial do sentido e da cosmovisão deste estágio da vida. Talvez essas formulações simples ajudarão nossos candidatos a compreender melhor a vida psicológica dos idosos.

Meu período de aprendizado causou em mim um efeito longo e duradouro. Quando olho para o passado, verifico que assimilei, com certa falta de discernimento, muitos temas ensinados por professores mais velhos. Consequentemente, após anos, voltaram à minha mente coisas que só agora consigo compreender em seu significado real, confiando em minha extensa experiência de vida e conhecimento profissional.

Aprender das autoridades e aprender no grupo de pares

O aprendizado tradicional mostra que o conhecimento e a prática são transmitidos dos velhos para os jovens. Mesmo hoje, geralmente os professores são mais velhos do que seus alunos. Em alguns campos, no entanto, esse fato pode inverter-se. Hoje, por exemplo, sou informado acerca de novas tendências na ciência por pesquisadores muito mais jovens. Margaret Mead (1971) foi provavelmente a primeira pessoa a tornar o público consciente dessa inversão de rumo nos processos de aprendizado nas sociedades modernas.

Esse processo de aprendizado não ocorre só entre estudante e professor – autoridade –, mas pode ocorrer também em grupos de coetâneos. Geralmente as crianças precisam aprender "técnicas culturais" de pessoas mais velhas ou de seus pais. No entanto, todas as simples "técnicas de sobrevivência" – como desafio, rebeldia, condescendência, defender ou entregar pertences, esconder-se ou fugir – as crianças aprendem nos grupos de recreação e entre coetâneos. Essa observação suscita uma pergunta interessante acerca do papel didático dos grupos de pares na vida posterior: "qual é a relação entre os conteúdos e habilidades adquiridos em nossos grupos de pares durante o aprendizado analítico e os que nos foram ensinados pelos professores? Evidentemente, isso depende de quão autoritária ou liberal é a estrutura da instituição educacional.

Refletindo sobre minha própria experiência durante o ensino secundário, a universidade e minha formação analítica, nesse tempo, eu estava totalmente orientado para os que tinham autoridade. Mas melhorei consideravelmente meu conhecimento através das várias interações de grupo com colegas e amigos. Somente com meus pares comecei a ponderar sobre vários tópicos durante infindáveis noites de discussão. A partir da influência combinada de meus professores, pares e análise pessoal, desenvolvi finalmente minha própria compreensão da psicologia analítica. Só então cheguei a reconhecer e apreciar a importância das discussões em grupo de pares para a formação.

Duas recomendações

1. Quanto à competência social dos analistas – muitas vezes considerada em más condições – precisamos dar mais importância ao aprendizado que ocorre nos grupos de pares do candidato. Um exemplo desse tipo de educação, já existente e

Perspectivas junguianas sobre supervisão clínica 289

que funciona muito bem, é o grupo de supervisão de caso, que no passado não recebeu suficiente apoio e valor. Geralmente, a supervisão em grupo começa com três ou quatro estagiários, mais ou menos orientados para um líder do grupo. Esse grupo de pares pode evoluir para um grupo sem líder, um grupo mais ou menos livre de autoridade, e continuar trabalhando em conjunto após a formação, levando a uma relação estável de colegas e amigos. Pode ser possível, por volta do final da formação, institucionalizar este modelo de supervisão de pares, que pode evoluir naturalmente, após a graduação, para a chamada "supervisão de colegas", supervisão de pares na comunidade de analistas. Um modelo, que tem sido praticado durante toda a nossa vida de trabalho, se baseia no intercâmbio natural e recíproco entre amigos e colegas.

Existem, certamente, ainda outras estruturas institucionais nas quais o modelo tutorial de pares pode ser praticado. Estou convencido de que os padrões de ensino e formação que utilizam grupos de pares compensam o potencial de conflitos que se originam da formação com o modelo orientado para a autoridade. O objetivo da formação nunca deveria consistir em criar um local isento de conflitos. Mas, complementando o campo de conflito estudante-professor por outro, o campo do grupo de pares, podemos finalmente criar um clima educacional mais sadio.

2. As organizações profissionais mais amplas (por exemplo, a Associação Internacional de Psicologia Analítica) podem exercer uma influência sutil sobre institutos e departamentos locais, estabelecendo alguma política clara, simples e flexível no tocante ao envelhecimento e à prática profissional. Pode ser estabelecido certo acordo comum referente às responsabilida-

des particulares dos analistas de formação e dos supervisores. Em muitas disciplinas, as funções profissionais definidas com responsabilidades particulares estão vinculadas pela idade. Em outros campos, por exemplo os negócios e a indústria, onde essas normas não são praticadas, podemos observar como industriais importantes de idade avançada começam a destruir seu próprio negócio. Suponho que essa dinâmica destrutiva possa ser observada também, com certa frequência, em comunidades analíticas, especialmente em relação ao envelhecimento e aos processos de degeneração. Não estou sugerindo que haja uma idade-limite para analistas de formação, supervisores e instrutores, fixada por uma associação internacional. Eu não estaria preparado para aceitar isto. Um dos motivos para eu refletir sobre o tópico do supervisor idoso é desenvolver uma compreensão melhor das questões psicológicas associadas às responsabilidades da formação e ao processo de envelhecimento. Mediante essa compreensão, talvez possamos encontrar um terreno comum para discutir sobre a maneira de lidar com questões que envolvem os analistas idosos. Qualquer decisão reguladora tomada por uma associação internacional afetaria a mim e a muitos dos meus colegas e amigos, como também muitas instituições. Eu gostaria de sugerir a seguinte afirmação como um possível princípio heurístico: "a Associação Internacional recomenda que todos os seus analistas de formação e supervisores reconhecidos, como também os Institutos, fiscalizem, a intervalos (periódicos) regulares, se os que ultrapassaram a idade habitual da aposentadoria podem ainda confiar em todas as suas funções necessárias para a formação e utilizá-las com suficiente segurança, competência e perspectiva de vida". Se, no entanto, meu potencial autocrítico não for suficiente o bastante

Perspectivas junguianas sobre supervisão clínica

para esse exame, espero realmente ser capaz de compreender e suportar o conselho dado a mim por um amigo ou mesmo pela instituição. Os analistas de formação do Instituto C.G. Jung de Berlim fizeram muitos debates sobre esse problema e por fim introduziram esse princípio no instituto mediante um ensaio que define as "funções e deveres dos analistas em formação".

Em minha opinião, a falta de compreensão entre as gerações no tocante ao envelhecimento, e à antecipação do morrer, suscita mais problemas para as pessoas jovens do que para os que são imediatamente afetados pelo envelhecimento. Em nossa seleção de analistas de formação e supervisores, talvez tenhamos, às vezes, ideais excessivamente elevados e um senso equivocado de rigor, que leva a um superenvelhecimento do quadro de funcionários da formação. Para os Institutos de Formação, a compensação mais fácil e mais natural pode consistir em terem à sua disposição um número suficiente de supervisores, analistas didatas e instrutores. Por outro lado, a tarefa de conseguir um número suficiente de membros do corpo docente é às vezes impedida por exigências de padrões mais elevados de qualificação e experiência. Compreensão e mútuo respeito entre os jovens e os idosos poderiam ser também complementares: os jovens moderadamente embaraçados por serem inexperientes e os idosos comportando-se com reserva moderada no tocante à experiência que nos sobrecarrega de preconceitos.

Resumo

Negar o processo natural de envelhecimento com a ajuda do arquétipo do Velho Sábio pode produzir uma lacuna geracional, que pode levar a impedir a compreensão e a interação. Na supervisão, os problemas do envelhecimento são produzidos, em sua maioria, pela redução da percepção autocrítica e da reflexão, por um limiar reduzido de vergonha e pelo aumento da introversão. A fim de reduzir a resultante dinâmica de conflito, o aprendizado orientado para a autoridade durante a formação poderia ser compensado pela introdução do aprendizado em grupos de pares. Através da orientação de nossa Associação Internacional, os problemas das modalidades de aprendizado podem ser mantidos mais conscientes. Além disso, diretrizes concernentes aos profissionais idosos poderiam ser formuladas em uma discussão mais ampla do processo do envelhecimento e idade-limite relacionado aos supervisores e analistas em formação.

Referências

Mead, M. (1971). *Der konflikt der generationen, Jugend ohne vorbild*. Olten.

Goethe, J.W. (1950). *Faust / part two*. Penguin Classics.

Guggenbühl-CRAIG, A. (1986). *Die närrischen Alten. Betrachtungen über moderne Mythen*. Schweizer.

PARTE VI

Supervisão e instituições

17 Supervisão, formação e a instituição como uma pressão interna

James Astor

Neste capítulo, faço um contraste entre a supervisão que faz parte da formação de psicoterapeutas e analistas e a supervisão que é buscada pelo profissional como parte de seu próprio desenvolvimento, mas independentemente de qualquer requisito de formação. Tenho utilizado a Sociedade de Psicologia Analítica como meu modelo de instituição, mas minhas reflexões não são exclusivas dessa organização. Minha leitura preparatória para este capítulo incluiu os dois volumes de ensaios de Isabel Menzies Lyth: "Containing anxiety in institutions" e "The dynamics of the social" (Menzies Lyth 14 e 15). Além disso, tive muitos debates com amigos e colegas cuja formação foi feita em organizações diferentes da Sociedade de Psicologia Analítica. Meu trabalho como supervisor e professor põe-me em contato com estudantes do Centro de Psicoterapia de Londres, com a Associação Britânica de Psicoterapeutas e com a Associação de Psicoterapeutas Infantis.

Introdução

Assim como para um protestante não existe nada mais anticristão do que a história da Igreja Católica, para um psicólogo analítico não existe nada mais antianalítico do que a história institucional da análise. Mas a prática da análise é fascinante. A supervisão e a formação implicam a relação do indivíduo com uma instituição e também com seu próprio desenvolvimento. O foco dos meus pensamentos e ideias gira em torno das dificuldades de ser leal à beleza do processo analítico no contexto das pressões institucionais.

Em outros tempos a psicanálise foi revolucionária, assim como o darwinismo o fora diante da religião. Foi tão inaceitável para os indivíduos e tão desafiadora para os "pressupostos básicos" [suas atitudes não examinadas] que o sistema dominante [a expressão coletiva destas atitudes] e seus órgãos [as instituições] fizeram campanha contra ela.

De início, a psicanálise foi condenada, depois, foi negada e, finalmente, modificada, mudada e desenvolvida. Todas essas foram, e são, tentativas de restringi-la. No início, os médicos atacaram a psicanálise porque olhava para além dos sintomas histéricos das relações interpessoais do indivíduo. Em seguida, os filósofos, os psicólogos e os acadêmicos, cuja esfera de ação fora tradicionalmente a mente, a condenaram por suas inexatidões, ilogicidades e uso da metáfora. Algumas dessas chamadas críticas são agora nossas credenciais. A mente nutre-se da verdade emocional e as atrofias nutrem-se de mentiras e autoilusão. Podemos expressar nossas descobertas na linguagem da ciência, mas são nossas imaginações que reúnem o material. A fim de ajudar a organizar nossos pensamentos e gerar hipóteses, os profissionais clínicos produziram teorias que evoluem no decorrer do tempo e então são modificadas por novas evidências.

Teoria e mentalidade institucional

Jung, que tinha muitas teorias, não quis iniciar uma escola ou um movimento de análise junguiana. Ao fundar a Sociedade de Psicologia Analítica (o primeiro instituto a oferecer uma formação em psicologia analítica), nossos fundadores foram, em certo sentido, contra os desejos de Jung, embora ele tenha concordado em tornar-se o primeiro presidente. As escolas podem desenvolver corpos de conhecimento e teorias que podem transformar-se em ortodoxias e, assim, destruir o espírito que está por trás de sua origem. Um motivo para Jung desconfiar da fundação de instituições de psicologia analítica talvez fosse que, assim como as teorias, essas instituições podem ser utilizadas para restringir a natureza revolucionária das descobertas do grupo de trabalho. Isso porque as teorias tendem a reduzir a experiência e a observação ao conhecimento consciente. Jung, como sabemos, valorizava a incerteza, o irracional e a luta que acompanha a individuação.

Uma dificuldade reconhecida no tocante ao ensino institucional é que ele se baseia em teorias. Essas teorias são, muitas vezes, incompatíveis, mas são ensinadas como base para muitos dos intercâmbios conscientes que temos com nossos pacientes. A escolha da formação, como a escolha do analista e a escolha do supervisor, é, muitas vezes, uma escolha neurótica. O processo de formação pode ser equiparado ao candidato que chega em um estado fragmentado, ao qual são ensinadas as ideias subjacentes à fragmentação organizada da profissão e, então, se espera que ele, enquanto candidato, integre aquilo que os próprios formadores não conseguiram integrar. Esses pontos de vista são bem conhecidos (e foram analisados pelo

Dr. Robert Hinshelwood (1985)). Eles apresentam apenas um aspecto da "sombra" de nossa instituição. Outro ponto de vista é a maneira como a linguagem é sequestrada de tal modo que já não possui um sentido consensual. Isso tem ocorrido na psicologia analítica. "A imaginação ativa é utilizada indevidamente quando se refere à atividade imaginativa" (Fordham, 1956). A transferência já não parece referir-se aos obstáculos encontrados no caminho da comunicação e da compreensão que têm uma origem infantil. A identificação projetiva já não significa aquilo que Melanie Klein tinha em mente quando derivou de Freud essa expressão (Klein, 1946). É difícil dizer como essas palavras são utilizadas, porque seu uso tornou-se demasiadamente idiossincrático, mas posso dar um exemplo geral: o trabalho pioneiro de Fordham sobre a contratransferência é hoje citado por alguns psicólogos analíticos de Nova York como a base para suas confissões a seus pacientes, ou seja, como se seu abandono do método analítico nesses momentos fosse uma expressão da contratransferência sintônica!

Parte de minha tese é que o perigo para a análise deve ser descoberto naquelas mesmas instituições que professam formar e preparar o analista novato para a trajetória de sua vida. Historicamente a fonte disso pode remontar a Freud, que começou a decadência ao iniciar um movimento que não tinha espaço para dissidentes, como descobriu Jung. Mas, enquanto psicólogos analistas, nós também fazemos parte de um movimento. Um dos problemas de um movimento é que ele requer uma propaganda, no sentido religioso da palavra – uma congregação para propagar a fé. Isso representa um problema para o desenvolvimento individual. Para o analista aprendiz, uma parte da formação consiste na luta para não ser um neófito institucional estampado numa narrativa imaginária institucional, banindo nossos pensamentos dissidentes em virtude deste processo inconsciente. Também é bom estar atento à advertência espirituosa de Bertrand Russell: "se você quer começar uma propaganda, você precisa propagar com um pateta adequado" (contada ao autor por Michael Fordham).

Essas preocupações subjazem à questão: qual é a melhor maneira de conduzir uma formação compatível com seu motivo consciente, ou seja, o desejo de melhorar naquilo que fazemos, sem transformar uma formação analítica numa formação geral de psicoterapia? Embora eu reconheça que a análise é uma especialização no campo da psicoterapia, permanece uma diferença fundamental. Fordham (1991) distingue análise e psicoterapia da seguinte maneira:

> Um terapeuta tem uma meta terapêutica que controla suas atividades, que pode ser qualquer coisa desde a supressão de sintomas até uma alteração da personalidade para uma direção desejável, como fomentar maior adaptação, aumentar a consciência e assim por diante. Um analista, embora não indiferente a "melhoras" em seu paciente, está preocupado principalmente em definir, da forma mais simples possível, o estado da mente do paciente em relação a si próprio. Ele faz o melhor que pode para não ter metas para seu paciente; mas, sustentando sua atitude analítica, deixa o paciente definir suas próprias metas.

Na psicoterapia os pacientes são informados sobre aquilo de que o psicoterapeuta tem consciência. Isso consiste, geralmente, em fazer construções, manter-se dentro dos limites das ideias recebidas, geralmente arquetipicamente distorcidas, muitas vezes acerca de mães e crianças ou modelos de vida familiar e história como uma ordem natural. Isso não é análise da maneira como Jung a concebia, que o profissional não deveria saber de antemão, abstendo-se da memória e do desejo como se expressava Bion (Bion, 1970). O que a análise requer é a capacidade de contentar-se em ser um iniciante, não apenas durante a formação, mas cada dia de nossa vida, em cada sessão em que trabalhamos. O problema com a psicoterapia é que o paciente pode tornar-se a encarnação da teoria do psicoterapeuta e o psicoterapeuta torna-se, então, objetivado, ou seja, perde sua verdadeira subjetividade. Com isso quero dizer que o psicoterapeuta, por tratar as comunicações do paciente como uma metáfora de seu próprio modelo teórico, está utilizando seu "conhecimento" (outra metáfora) como uma barreira contra a experiência subjetiva. Quando essa barreira existe, ele já não está ouvindo o paciente. Ao profissionalizar esse trabalho, nós o institucionalizamos. Menzies Lyth cita que Fenichel escreveu o seguinte: "as instituições sociais surgem mediante os esforços dos seres humanos no sentido de satisfazer suas necessidades, mas então se tornam realidades externas relativamente independentes dos indivíduos que, mesmo assim, afetam a estrutura do indivíduo" (Menzies Lyth, 1989).

O risco para o indivíduo é que a instituição, em suas funções de ensino e formação, desenvolva a habilidade exoesqueletal do indivíduo, um "aprendizado" a partir de fora, em vez do aprendizado endoesqueletal a partir do sofrimento no interior. Esse aprendizado endoesqueletal é o que Margot Waddell descreveu, em um de seus ensaios recentes sobre George Eliot, como "sofrer e avançar em vez de explicar e olhar para trás" (Waddell, 1989). O aprendizado institucional é muitas vezes do tipo "explicar e olhar para trás", apegando-se à narrativa segura da reconstrução.

Meltzer, seguindo Freud, sugeriu que talvez a análise se tornará sempre mais um método para investigar estados da mente e não necessariamente um tratamento (Meltzer, 1973). Essa afirmação provocativa, dirigida, em minha opinião, a desestimular alguém da procura da interpretação correta, é contestada nos numerosos exemplos clínicos presentes em seus livros que mostram as mudanças provocadas pela análise. Mas, se a análise é uma arte, então a psicoterapia corre o risco de tornar-se um *tratamento* e a proliferação de formações de psicoterapia é um indício de que isso já está acontecendo. A psicoterapia pode ser ensinada e hoje pode-se até obter um diploma de mestrado em psicoterapia na Universidade de Londres. Ela é ensinada principalmente através do estudo da teoria como explicação do comportamento. Os problemas são suportáveis para o paciente e para o terapeuta ao encontrar suas causas, geralmente históricas. Meltzer (1988) escreve:

> A tendência da psicanálise enquanto organização social tem sido a de considerar-se, nas palavras de Bion, um pressuposto básico de Grupo Luta-fuga, sempre no processo de fragmentar-se enquanto se espera pelo próximo Messias. A busca de respeitabilidade e os fatores econômicos inconfessáveis presentes na vida de seus profissionais sempre serviram para reforçar o controle desse nível organizacional sobre a assim chamada formação. Já que qualquer organização precisa selecionar seus profissionais por obediência e não por criatividade, sempre foi seguida a política de formar profissionais ao invés de educar pessoas interessadas. O resultado foi uma rápida difusão, mas, como uma mancha de óleo, muito fina. Sua estrutura de grêmio sempre foi "o inimigo da promessa", reivindicando um inexistente monopólio de seus "mistérios" demasiado públicos. Por outro lado, as funções do grupo de trabalho

continuaram a progredir durante quase um século. Seu desenvolvimento permaneceu quase totalmente desconhecido dos críticos da psicanálise, que parecem, quase sem exceção, estar contentes por ler o primeiro Freud.

A tarefa que a instituição enfrenta é como conduzir uma formação que encarne os princípios do "grupo de trabalho" (Bion, 1961). O desenvolvimento como parte da vida profissional e pessoal contínua do analista da Sociedade de Psicologia Analítica está curiosamente ausente da estrutura institucional da Sociedade. Quando a formação está "completa", nenhum estudo sistemático ou supervisionado posterior é incluído no progresso através das etapas da hierarquia analítica, desde membro profissional associado, passando por membro profissional, até chegar a analista da formação. Em nenhum lugar, portanto, é fomentado pela instituição o ethos do "grupo de trabalho" como parte necessária do desenvolvimento individual.

Supervisão como parte de uma formação

Plaut (1961), Newton (1961) e Fordham (1961), no simpósio de 1960 da Sociedade (publicado em 1961), deram contribuições características para nossa compreensão dos problemas da supervisão. Plaut mostrou que a introdução dos candidatos na sociedade, a iniciação, veio através do supervisor e, num modelo topográfico, esboçou a complexidade da relação estudante / analista / supervisor / caso de formação / pioneiros-fundadores, não esquecendo de apontar, de maneira inigualável, que ninguém havia formado os formadores quando procurou a formação e que as gerações sucessivas tornam mais difícil a próxima geração qualificar-se. A contribuição de Newton foi igualmente característica pelo fato de ter concentrado seu interesse na interação entre teoria e prática e, em particular, no fato de que a teoria, não relacionada à prática ou à experiência clínica de um estudante, podia ser persecutória. Entre outros elementos persecutórios constelados na situação da formação, ela chamou a atenção para um ideal que sentiu estar veladamente presente em seu tempo, ou seja, que os analistas dos candidatos não deviam mostrar qualquer neurose residual e que, concomitantemente, os analistas de formação estavam, eles próprios, isentos de qualquer neurose. A contribuição de Fordham apresentou as razões para a decisão historicamente importante de separar formação e supervisão e passou a discutir os problemas de transferência/contratransferência que surgem na supervisão dos candidatos. O motivo dessa separação foi que se considerava importante não permitir ao analista o papel avaliador do supervisor que precisava emitir uma opinião quanto à aptidão do candidato para ser membro da sociedade. Antigamente, os analistas costumavam também apresentar ao comitê profissional um relatório sobre seus analisandos. Os problemas possíveis são inúmeros nessa área e foram interrompidos. Mas, quando a sociedade estava começando a funcionar como uma organização de formação, esses relatórios feitos pelo analista permitiam que a qualidade do seu trabalho fosse monitorada por seus colegas. O motivo, nesse tempo, era manter os padrões e, de forma limitada, o Instituto de Psicanálise ainda continua com essa exigência de relatórios em sua formação. Vale a pena resumir as visões de Fordham expressas em 1961, porque o que segue se desenvolve a partir delas.

O efeito da formação consiste em interferir na transferência dos candidatos para seus analistas: a) pela sutil mudança dos fenômenos de transferência para o grupo de formação; b) pelo fato de o candidato projetar-se nos casos de controle e depois desenvolver uma transferência para o supervisor; c) pelo aumento no conhecimento real do analista que surge da situação de formação, ou seja, contrapondo as projeções às percepções diretas. Ele afirma, também categoricamente, que os candidatos devem ser tratados como colegas juniores, que suas contratransferências para seus pacientes devem se apontadas, mas não analisadas, e que o supervisor deveria abster-se de manipulações como: "penso que você deveria levar isto ao seu analista". O corolário disso é que os analistas deveriam abster-se de expressar opiniões sobre supervisores escolhidos por seus pacientes. Subjacente às reflexões de Fordham está sua consciência da maneira como a relação triangular candidato/analista/ supervisor pode estimular a competição e a rivalidade, destrutivas para o desenvolvimento das habilidades do próprio candidato. Fordham realça a necessidade de os supervisores facilitarem o objetivo deliberado do candidato de adquirir conhecimento. É necessário que o supervisor deixe de lado a consciência da neurose residual do candidato e se abstenha de pensar que o analista do candidato não está fazendo um bom trabalho. A observação final de Fordham, que é tão verdadeira hoje como o era então, foi a seguinte: "os candidatos são submetidos a uma pressão maior do que qualquer analista formado e, por isso, precisamos descobrir como diminuí-la" (Fordham, 1961). Não encontro nada para eu discordar nessas três contribuições, que se referem todas à supervisão como parte da formação e podem ser a base para o desenvolvimento da supervisão como um processo no qual o aprendiz define suas próprias metas, adquirindo conhecimento de maneira endoesqueletal. Mas,

Perspectivas junguianas sobre supervisão clínica

nas supervisões de formação, abundam os problemas e alguns deles, que passarei a descrever, podem também contribuir para a ausência de um ethos do "grupo de trabalho" de pós-graduação nessa formação.

Dificuldades de cooperação na supervisão durante a formação

Durante a formação está sempre presente a pressão interna que brota da presença avaliativa do comitê de formação. Também está presente a compatibilidade ou incompatibilidade entre a maneira como o supervisionando foi analisado e a maneira como o supervisor está lhe mostrando como analisar. Isso pode causar conflitos de lealdade. De vez em quando, pode provocar a neurose residual do supervisionando. Isso pode manifestar-se no relatório defensivo do trabalho, de maneira que é impossível compreender o que está acontecendo realmente na análise. Igualmente obstrutivo é registrar por escrito o que o supervisor está dizendo durante a supervisão. Esse pode ser um processo de assumir o conhecimento do supervisor sem primeiro pensar sobre ele. Nos primeiros estágios da supervisão, isso pode assemelhar-se ao aprendizado. É uma defesa projetiva, já que a mente do analista supervisor é assumida por identificação projetiva.

Por exemplo, tive a seguinte experiência: um supervisionando consciencioso, com uma agenda na mão, anotou e aplicou minhas ideias ao material do caso por ele supervisionado. Ao fazê-lo, ele demonstrou-me quão pouco eu sabia e quão absurdas eram minhas ideias. A aplicação diligente dessas ideias, sem compreendê-las, demonstrou sua ineficácia clínica. Semana após semana, o supervisionando vinha, relatava as entrevistas detalhadamente e anotava o que eu dizia. Superficialmente parecia que estava em andamento uma análise; mas, na melhor das hipóteses, o paciente estava tendo alguma psicoterapia e, na pior, nenhum de nós estava fazendo aquilo pelo qual éramos pagos. Problemas fundamentais de personalidade permaneciam inalterados. O paciente continuou encenando a transferência, o psicoterapeuta continuou, entre outras dificuldades, a tratar o infantil como erótico e objetos parciais com objetos inteiros; esse foi, tanto para ele quanto para mim, um exemplo convincente de aprendizado exoesquelético. Nós nos recuperamos disso quando suspendemos todas as anotações durante as supervisões e, ao invés, focalizamos as minúcias do clima emocional que existia entre terapeuta e paciente. Isso levou gradualmente a uma maior franqueza acerca dos sentimentos e das ideias dos supervisionandos, e, então, consegui afirmar que eles têm valor e uso como base para interpretações de suas interações com seus pacientes.

Um problema diferente, mas comum, de supervisão na formação ocorreu recentemente, quando um supervisionando veio sem nenhuma anotação, afirmando que havia deixado para trás o paciente. Seguiu-se, então, um relato da forma como o paciente havia respondido bem ao trabalho da última semana, que havia incorporado muita coisa dos *insights* supervisórios da semana anterior. Havíamos, portanto, constelado na supervisão uma reação terapêutica negativa. Esperei para ver se isso estava presente no paciente. O supervisionando contou-me como a sessão subsequente com seu caso de formação também mostrou evidência de que o paciente se melindrou com o conhecimento do estagiário, assim como ele melindrara-se com o meu. A partir disso, foi possível, então, conectar as anotações que ele havia deixado para trás com a identificação do candidato com o paciente. Nessa sessão, a supervisão prosseguiu com minha análise da transferência/contratransferência do candidato para mim, mas em forma projetada, deixando-o reconhecer a identificação, ao invés de eu mesmo apontá-la. Não fiz interpretações disso. Devo enfatizar que não estou analisando o candidato, mas utilizando minha compreensão analítica para discutir seu caso. Por exemplo, não estou dizendo nada sobre a relação do candidato comigo no contexto da relação do paciente com ele; não digo que existe uma dificuldade com o pai, embora eu esteja ciente disto.

Projeção, identificação e formação

Subjacentes às dificuldades existentes na supervisão do trabalho de outro terapeuta em formação estão, em primeiro lugar, as razões para os candidatos fazerem o trabalho. Se, como pode acontecer, eles estão empenhados em uma espécie de trabalho reparador pessoal, sob o arquétipo do curador ferido, então, a fronteira entre empatia criativa e identificação com a onipotência do paciente pode ficar embaçada (cf. Hinshelwood, 1985), particularmente se o supervisionando é desmoralizado pelo conhecimento do supervisor, tornando com isso pior o problema. (Isso acontece porque é absolutamente incomum começar a vida de trabalho terapêutico com sucessos no tratamento. Um bom resultado é não só difícil de definir, mas, muitas vezes, só se manifesta algum tempo após o término do trabalho.) A partir de minha própria experiência de ser supervisionado durante a formação e de supervisionar, fui alimentado tanto pela supervisão quanto por meu supervisor e estive na extremidade receptora desse sentimento.

Durante minha formação analítica com crianças, estive analisando um rapaz psicótico, que me ocupava todo o meu tempo com seu mundo louco e com a impossibilidade de compreendê-lo. Gradualmente, cresceu em mim um sentimento de que meu supervisor era inútil. Semana após semana eu falava sobre o que estava acontecendo, sobre o que eu estava sentindo, mas não, significativamente, sobre meu desespero na supervisão. Isso era uma expressão da transferência para a criança. Finalmente explodi, disse a meu supervisor que ele era inútil, que sabia menos do que eu e que não tivera nenhuma boa ideia durante semanas. Que alívio! O supervisor, sendo uma pessoa madura e experiente, com real capacidade de suportar a incerteza, recebeu minha explosão com desconforto, mas com tolerância. Minha explosão não foi revidada, mas aceita sem rancor ou amargura. Pude então descobrir, gradualmente, a natureza inconsciente da identificação projetiva que me dominava. Essa foi uma experiência que deixou a ambos com sentimentos muito desconfortáveis, mas sobrevivemos e ela aumentou muito minha capacidade de trabalhar com uma criança psicótica. Comportar-me de maneira um tanto inesperada (para um candidato) como me comportei nessa ocasião reflete a confiança e a segurança que senti com meu supervisor, segurança de que não haveria consequências retaliatórias.

Aqui, estou preocupado também com a pressão sobre os supervisionandos, em particular com seus sentimentos de valor como analistas. Porque, no início de uma formação, os supervisionandos se veem presos, por um lado, entre a crítica que o paciente lhes faz e, por outro, ao sentimento de que também o supervisor lhes está dizendo que não estão fazendo o trabalho corretamente. Para o supervisor, o corolário disso é que ele precisa ser capaz de suportar o sentimento de que não teve muita serventia para seu supervisionando. O supervisionando, como recomenda Fordham, precisa ser tratado como um colega júnior, como eu fui tratado por meu supervisor com quem tive essa explosão. Pergunto-me se uma maneira de incorporar o reconhecimento do *status* desse colega júnior na estrutura da formação não seria permitir aos candidatos envolverem-se na seleção, sob supervisão, dos casos de formação, como sugeriu Barry Proner (em uma comunicação verbal).

Supervisão, o problema de Perceval e o papel do eremita

Em sua busca do Graal, Perceval teve um problema de iniciação quase da mesma forma como os candidatos têm problemas de tornar-se analistas e ser aprendizes. Zinkin (1989) resumiu o progresso de Perceval em seu ensaio sobre a busca do Graal. Os problemas de Perceval são semelhantes aos que descrevi, que surgem da interação entre a instituição e o indivíduo. Ao final de sua luta (sua formação), Perceval descobre o eremita. A importância do eremita é significativa na comparação que desejo fazer. Ele tem em torno de si algo do velho sábio, é facilitador e isento de julgamento. Ele representa abandonar a busca da interpretação "correta" para chegar à "capacidade negativa" (Keats, 1817).

> Perceval começa com a ideia de que a maneira de conseguir o objeto que ele deseja é conquistá-lo. Com efeito, ele é aconselhado, pela mãe, que, se ele desejar o anel de uma moça, deveria arrancá-lo de seu dedo; e, logo depois de fazê-lo, ele mata o Cavaleiro Vermelho para obter sua armadura. Ele o faz não seguindo as normas do combate, mas exigindo que lhe seja dada a armadura. Quando o Ca-

valeiro Vermelho fica irritado e o golpeia com seu bastão, Perceval arremessa contra ele seu dardo e o mata. Tudo isso ocorre bem no início de sua carreira e subsequentemente ele precisa aprender as normas, adquirir cortesia e respeito tanto para com as damas quanto para com os cavalheiros inimigos. Precisa conquistar um lugar adequado na Távola Redonda antes de tornar-se qualificado para a disputa do Graal. Mais tarde, ele precisa ir além disso e, na verdade, é sua cortesia equivocada que o leva a não ser mais curioso, a não fazer a pergunta vital logo que chega ao Castelo do Graal. Então, ele perde de vista o Graal e, só depois de muitos anos de privação, o encontra novamente. Durante esses anos, ele precisa não só abandonar sua saudade regressiva de sua mãe e de sua esposa, mas também aprender por intermédio de um eremita a verdadeira história e natureza do Graal e o sentido da Sexta-feira Santa. Tudo isso constitui uma longa e árdua formação para torná-lo digno do Graal (Zinkin, 1989).

Podemos ver aqui os paralelos com a formação dos analistas. O rude começo, a necessidade de formação, os requisitos de conformidade, a perda da iniciativa e da curiosidade que a formação produz. A recuperação disso, que implica abandonar a saudade regressiva de mais análise, é seguida então pela descoberta do eremita e por um novo aprendizado.

Até muito recentemente, os potenciais candidatos eram desestimulados ativamente de trabalhar com pacientes antes de iniciar sua formação analítica. Agora ocorre o inverso. Os potenciais candidatos são estimulados a obter alguma experiência da psicoterapia antes de dedicar-se a ela. Pode-se, portanto, argumentar que, quando chegam à instituição de formação analítica, os candidatos estão prontos para o papel do eremita. Mas será que nossos candidatos vêm em busca de

Perspectivas junguianas sobre supervisão clínica

um novo aprendizado? Debateu-se, nas discussões ocorridas na Sociedade de Psicologia Analítica, que os candidatos, por exemplo, chegam até nós em busca de Jung. Posteriormente sugeriu-se que essa é uma escolha, que surge presumivelmente por terem estudado os estudos analíticos pioneiros de Freud e o trabalho inspiracional de Klein sobre a identificação projetiva, o esquizoide paranoico e as posturas depressivas. Mas minha experiência dos candidatos e pós-candidatos é que o apreço deles pela sociedade e da sociedade por eles deriva, principalmente, de seu potencial de desenvolvimento. Estou sugerindo que a escolha de uma formação analítica raramente é uma escolha que surgiu do estudo dos pioneiros do pensamento analítico (Freud, Jung, Klein, Bion, Fordham, Meltzer). Além disso, em minha experiência de trabalho dos pós-candidatos, não consta que eles confiam na conceitualização psicanalítica ou numa conceitualização psicológica analítica do material dos seus pacientes.

Foi expressa alguma confusão sobre que tipo de espécie psicológica é o graduado da Sociedade de Psicologia no final de sua formação, uma afirmação que sintetiza a ausência de formação na formação. Ora, se na realidade nossa formação não é uma formação, mas uma tentativa de promover o desenvolvimento de pessoas interessadas na aplicação clínica e desenvolvimento das ideias de Jung, então certo grau de confusão é um preço pequeno a pagar por aquilo que de resto se pensa ser uma boa formação. Pode acontecer, no entanto, que corramos o risco de não fundamentar suficientemente nossos estudantes na psicologia dinâmica básica, para poderem avaliar que compreender e amar Jung pode ser expresso em sua maneira mais inspiracional na beleza do modo de pensar presente na transferência (geralmente associado com a psicanálise). Da mesma forma, amar a Srta. Klein pode ser expresso no estudo da literatura ou na pintura de um quadro (como também trabalhando na transferência). No microcosmo de nossa própria sociedade, uma questão importante é o papel que a psicanálise desempenha em nossa formação, como um ingrediente necessário na estrutura interna que pretendemos proporcionar aos nossos estagiários. Não pode haver qualquer dúvida quanto à necessidade desse ingrediente, se estamos proporcionando uma formação clínica, mas a quantidade está sendo revisada. Não estaríamos criando falsos opostos ao colocar a psicanálise contra a psicologia analítica? A competição é realmente viável no momento? Isso significa inevitavelmente discutir o que consideramos essencial para nosso equipamento psicológico. Em minha opinião, é básico um bom fundamento na teoria das relações objetais, por exemplo, e seus desdobramentos pós-kleinianos. Se a análise implica, em parte, reduzir estruturas complexas à sua forma mais simples, então a aplicação disto implica a redução do comportamento arquetípico às suas representações corporais infantis (cf. Fordham, (1991) sobre essa questão). Nenhum praticante da psicoterapia e de sua especialização, a análise, argumentaria contra uma compreensão de mais do que um ponto de vista. Uma formação clínica mais rigorosa do que a nossa implicaria que os candidatos apresentem seus casos de formação a líderes de diferentes seminários clínicos como também a seu supervisor. Isso os exporia à experiência das ênfases diferentes que os analistas trazem à sua compreensão da interação paciente-analista. Existem, porém, os que apoiam mais estudos da obra de Jung na formação. Eu não discordaria disso, mas perguntaria se não pode ser utilizado melhor depois de estudar o desenvolvimento do caráter e a psicopatologia no modelo de relações objetais da mente. Mas, Jung poderia ser, então, semelhante à necessária imersão do profissional interessado, que está livre das restrições da formação, num novo aprendizado, mas, um aprendizado baseado na experiência clínica. Na prática, isso significa que a formação de analistas de adultos deveria seguir o padrão histórico desenvolvido por Fordham (1991).

Voltando ao problema de Perceval, eu sugeri que os estágios pelos quais ele precisou passar podem ser comparados aos estágios do analista aprendiz. Comparo a conquista inicial do anel e da armadura à aceitação demasiado rápida das ideias e do conhecimento do supervisor, que depois são aplicados sem convicção, não são levados adiante, mas morrem. Essas ideias e conhecimento não se originam da experiência assimilada pelo supervisionando, mas dos processos identificatórios adesivos muito apressados, ativados pelo "querer ser capaz de analisar como a outra pessoa". Os supervisionandos precisam não se apressar em assimilar seu supervisor.

A preparação visando a qualificação para a busca é equivalente à iniciação de entrada na sociedade: participar de encontros, considerar seu analista sob outra luz, iniciar seminários, fazer novos amigos. A aludida diminuição da originalidade e do interesse equivale a uma mentalidade básica de pressuposição que se infiltra durante a formação. É contra isso que Fenichel advertiu: a inevitabilidade de a instituição tornar-se uma estrutura interna é que afeta o indivíduo (cf. também Bion (1970)). A manifestação real disso deve ser encontrada na mentalidade corporativa expressa com a locução "os confortos da institucionalização". Isso aparece da maneira mais evidente nos vários editais que ligam o progresso profissional ao trabalho do comitê em prol da sociedade. A pressuposição básica aqui é a seguinte: o membro a ser promovido deve ser "um dos nossos".

Também as dificuldades de aprender a adquirir um lugar adequado na távola redonda devem ser encontradas na resposta dos estudantes à conformidade exigida deles quando se trata dos requisitos da formação. A conveniência pode substituir a veracidade e as normas podem assumir o lugar do interesse, por exemplo, contando as horas e não as mudanças ocorridas no paciente. Estritamente falando, isso é uma perversão do processo de aprendizado, onde a perversão é entendida como uma função negativista e caricatural "sob a égide de uma parte destrutiva do si-mesmo [...] dedicada à distorção e a ataques à verdade" (Waddell & Williams, 1991). Os requisitos da formação tornam-se um biscate e isso pode fomentar uma atitude rebelde, muitas vezes disfarçada de real independência. Na supervisão, isso pode aparecer no comparecimento irregular do estudante, ou, quando eles comparecem, na apresentação de excesso de material para o tempo disponível. O analista supervisor é, então, excluído como se o supervisionando estivesse dizendo que é ele quem "faz o trabalho efetivo" e que o supervisor se assemelha ao analista descomprometido caricatural que confia em sua autoridade sustentada por sua defensividade intelectual. Outra forma extrema disso, que a maioria dos supervisores encontrou em algum momento ou outro, são aqueles cujo relatório trata mais deles próprios do que das observações do paciente, ou seja, eles estão apresentando a si mesmos e não o paciente.

Em minha opinião, os "anseios regressivos" que Perceval sofre são semelhantes ao sentimento presente nos candidatos de que, se tivessem tido mais análise, seriam analistas melhores. O

Perspectivas junguianas sobre supervisão clínica

que isso significa, pressupondo que os candidatos tiveram uma boa análise, especialmente de sua sexualidade, é que, quando se sentem desmoralizados na supervisão, eles deixaram de pensar analiticamente. Deixaram de pensar sobre sua supervisão da maneira como pensariam acerca das dificuldades que surgem no trabalho com seus pacientes.

De especial interesse para mim é a experiência que Perceval teve do ensino do eremita, que eu comparo à busca do nosso próprio supervisor quando a experiência de formação e suas limitações e virtudes já foram assimiladas. Esse pode ser uma pessoa, ou possivelmente um grupo, ou para alguns ela vem da imersão na obra publicada de Jung. A evolução de Perceval, como a do analista, precisa de todo esse processo que vai de seus inícios ingênuos, passando pelo aprendizado árduo até chegar ao reconhecimento final do valor do eremita para manter a busca do Graal. Esse é o quadro expresso linearmente. Como todos sabemos, nós entramos e saímos desse estado da mente em períodos que duram desde alguns segundos até dias e semanas. Uma fase não substitui a outra. Esse segundo tipo de supervisão com o eremita não tem nenhum objetivo; existe apenas uma direção. Em vez de aprovação ou reprovação, existe um processo, independente de juízos de valor. Essa mudança pode ser reconhecida tanto nos supervisionandos quanto em seus pacientes *e no analista supervisor*. A supervisão torna-se um debater, refletir e esmiuçar as interações na sessão, com a oportunidade de ter o material ouvido atentamente por outro analista como se fosse seu próprio analista (cf. Meltzer, 1967). É como se o supervisor dissesse, para parafrasear Margot Waddell (1990):

"é assim que eu o vejo à minha maneira; isto ajuda você a vê-lo mais claramente à sua maneira?"[15]. É quase como se o material apresentado fosse um sonho e o supervisor o tornasse seu para os objetivos de sua compreensão. Importante, nesse processo é que o analista que apresenta não inclui no relatório seus próprios comentários (cf. Meltzer, 1967).

É como olhar por sobre o ombro de um artista enquanto ele pinta um quadro. Como artista, você deve fazê-lo para aprender como fazê-lo e, em algum momento durante essa luta, você percebe que aquilo que você pensava ser outro começo é de fato a chegada; você é um analista, seu trabalho tem sua própria integridade.

A incerteza criativa assegura que a rigidez é sempre combatida para prevenir a ossificação clerical, a perigosa monopolização das verdades públicas. Essencialmente, o que se requer para ser capaz de progredir como analista é sentir prazer em ser um iniciante. Se não forem realmente psicóticos, a maioria dos pacientes dos estudantes melhora, não porque os estudantes são necessariamente habilidosos, mas porque estão interessados. A tendência da formação é reprimir as iniciativas que acompanham este interesse; ao invés, a função da supervisão deveria ser a de fomentar essas iniciativas. O eremita torna-se um objeto interno e a análise funciona por causa do método que permite que os objetos do paciente se encontrem com os objetos do analista. Em outras palavras, como analistas estamos presidindo um processo. Comparamos toda a nossa humanidade demasiado frágil com os intensos afetos de transferência de nossos pacientes para nós; no entanto, a maioria

---

15. Conferência pública, não publicada, intitulada *The vale of soul making*.

Perspectivas junguianas sobre supervisão clínica

melhora, considera a experiência interessante, mesmo que nem sempre tenhamos conseguido fazer um trabalho tão bom como, retrospectivamente, gostaríamos de ter feito. O mundo interior dos objetos é realmente um grande mistério e é nossa constante busca do Graal.

Resumo e conclusão

Assim, voltamos ao ponto de partida? Ao não querer institutos junguianos, sabia Jung o que espero trazer à discussão neste ensaio, ou seja, que essa contribuição particular para nossa compreensão da alma, não pode ser ensinada como uma formação? Uma formação em psicologia analítica é, no melhor dos casos, uma formação baseada inicialmente em uma análise pessoal completa, à qual se segue o estudo das grandes descobertas da psicanálise ligadas às atitudes e ideias originais de Jung. À medida que o profissional se torna experiente, essas ideias começam a tomar forma em sua mente. A valiosa função da instituição deve ser a de tentar providenciar o rigor, a disciplina, os padrões e a regulamentação de uma nova profissão, mas isso pode criar dificuldades no indivíduo no tocante aos aspectos vocacionais do trabalho analítico.

Quando a formação acaba é necessário um período de recuperação. Mas, depois que isso ocorreu, a minha experiência como supervisor do trabalho dos graduados e também como supervisionando, levando meu próprio trabalho a um supervisor, tem sido a de que é nessa segunda supervisão e na concomitante imersão que o progresso individual pode levar à descoberta de nossa própria voz analítica. Todos nós precisamos de supervisão para contrapor-nos à mão-morta da institucionalização interior.

Em nossa busca do Graal é necessário trabalhar no limiar de uma constante tensão criativa na qual o trabalho e o desejo do coração da pessoa se fundem imperceptivelmente.

Pós-escrito

Na carta de Jung para Bernhard Lang sobre a crença em Deus, na qual discute a controvérsia Buber/Jung, ele escreve:

> Eu começo com a confissão do não saber, do não conhecer e do não poder. Os crentes começam afirmando o saber, o conhecer e o poder. Só existe, portanto, uma única verdade, e quando perguntamos aos crentes qual é essa verdade, recebemos as mais diversas respostas, onde apenas uma coisa é certa: aquele que crê anuncia sua própria e particular verdade; em vez de dizer: a mim parece ser isso, ele diz: é assim e todos os demais estão *eo ipso* errados.

Mais adiante, na mesma carta, ele escreve:

> Como poderia entender-me com as pessoas em geral, se me aproximasse delas com a pretensão de absolutismo, próprio do crente? Estou certo de minha experiência subjetiva, mas devo impor-me toda restrição concebível na interpretação dela. Por isso, eu me cuido para não me identificar com minha experiência subjetiva (Jung, 1957).

Isso pode ser aprendido através da experiência, não pode ser ensinado.

Referências

Bion, W.R. (1961). *Experience in groups*. Tavistock.

Bion, W.R. (1970). *Attention and interpretation*. Tavistock.

Fordham, M. (1956). Active imagination and imaginative activity. *Journal of Analytical Psychology, 1*(2).

Fordham, M. (1961). Suggestions towards a theory of supervision. *Journal of Analytical Psychology, 6*(2).

Fordham, M. (1989). Some historical reflections. *Journal of Analytical Psychology, 34*(3).

Fordham, M. (1991). The supposed limits of interpretation. *Journal of Analytical Psychology, 36*(2).

Hinshelwood, R. (1985). Questions of training. *Free Associations* 2.

Jung, C.G. (1957). Carta a Bernhard Lang. In *C. G.* Jung *Cartas* (Vol. 3, pp. 93-94).

Keats, J. (1817). Carta a seus irmãos. In: M. B. Forman (Ed.), *Letters of John Keats* (n. 32). Oxford University Press.

Klein, M. (1946). Notes on some schizoid mechanisms. *International Journal of Psycho-Analysis, 27*, 99-110.

Meltzer, D. (1967). *The psychoanalytical process*. Heinemann.

Meltzer, D. (1973). *Sexual states of mind*. Clunie.

Meltzer, D., & Harris Williams, M. (1988). *The apprehension of beauty*. Clunie.

Menzies Lyth, I. (1988). *Containing anxiety in institutions*. Free Association Books.

Menzies Lyth, I. (1989). *The dynamics of the social*. Free Association Books.

Newton, K. (1961). Personal reflections on training. *Journal of Analytical Psychology, 6*(2).

Plaut, A. (1961). A dynamic outline on the training situation. *Journal of Analytical Psychology, 6*(2).

Waddell, M. (1989). Experience and identification in George Eliot's novels. *Free Associations, 17*.

Waddell, M., & Williams, G. (1991). Reflections on perverse states of mind. *Free Associations, 2*(2).

Zinkin, L. (1989). The grail quest and the analytic setting. *Free Associations, 17*.

18 Um modelo de supervisão clínica

Jean Carr

A supervisão clínica é um processo que ocorre entre o supervisor e o supervisionando. No entanto, essa relação é só uma parte de um sistema mais amplo, que pode ser utilizado para providenciar uma estrutura na qual podem ser examinados vários aspectos do processo de supervisão. A supervisão é um componente essencial de toda a formação e desenvolvimento profissional permanente. Houve várias contribuições que consideraram partes do sistema total. Este capítulo apresenta uma visão geral do sistema no qual essas contribuições podem ser situadas.

Esboçamos abaixo um modelo para o sistema de supervisão, delineando os vários componentes e as relações entre eles.

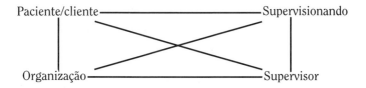

Os participantes do sistema são:

1. O *Supervisionando* que pode estar se formando em psicoterapia: empregado numa agência e sujeito a vários requisitos para a supervisão estabelecidos pela agência; vinculado de alguma forma a um hospital ou a uma clínica etc. Existem muitos exemplos; provavelmente o menos comum é o do psicoterapeuta, ocupado com o trabalho em consultório particular, que procura a supervisão somente para seu próprio progresso, sem quaisquer requisitos de uma agência ou corpo de formadores.

2. *A Organização* que é o Departamento de Serviços Sociais, o hospital, a clínica, o corpo de voluntários etc. ou o corpo de didatas formadores com seus requisitos. Também deve ser incluído aqui todo o edifício da "psicoterapia". Referimo-nos a isso como um conjunto de teorias, comportamentos, formação etc. que terão diferentes significados para cada indivíduo. Para uma pessoa, pode ser um "clube" um tanto exclusivo, ao qual ela deseja, mas teme, associar-se; para outra, é uma forma de refúgio profissional, no qual ela pode integrar-se e desenvolver as muitas vertentes de sua vida e trabalho profissional.

3. *O Supervisor* pode estar empregado na mesma agência do supervisionando, que pode ter opção limitada de supervisor. Em um corpo de didatas formadores, o supervisionando pode escolher seu supervisor e eles podem conhecer-se mutuamente em vários contextos fora do cenário da formação. O supervisor pode ser visto de várias maneiras – de uma maneira realista e de outras – por exemplo, como um especialista aclamado, como alguém colocado em um pedestal a cujos pés alguém pode sentar-se. Alternativamente, é muito provável que se desenvolvam transferências parentais e de professor.

Perspectivas junguianas sobre supervisão clínica

4. O *Paciente/Cliente*, cujo tratamento está no cerne do sistema, mas não é de maneira alguma a única fonte motivadora no sistema.

Se o terapeuta está em análise pessoal, isso introduz ainda outra parte que influencia o sistema, mas essa será excluída à medida que cria outro conjunto de relações.

Esse modelo esboça um sistema de relações diádicas e triádicas, cada qual com suas características e exercendo uma influência sobre toda a rede. Os fatores envolvidos em cada uma podem encontrar-se em um nível racional e também serem determinados por processos inconscientes. Cada fator tem seus próprios sistemas de transferência e contratransferência, sua própria combinação de eu e sombra, comportamentos ritualizados individuais e coletivos, seu próprio conjunto de necessidades públicas e veladas, alianças etc.

Mais importante: o que acontece na relação (1) é influencia-do pelo resto do sistema e o influencia. Considerando o sistema do ponto de vista do supervisionando, pode-se identificar e examinar várias relações.

Considerando primeiramente (1)

O supervisionando traz a essa situação de formação, como a qualquer outra, esperanças e temores acerca de si mesmo, do professor, do resultado do aprendizado. Essa relação incluirá as respostas racionais conscientes que vão contra o trabalho, o desenvolvimento e a mudança. Uma discussão útil desses processos encontra-se em "The emotional experience of learning and teaching" (Salzberger-Wittenberg, et al., 1983). O supervisionando traz de seu passado, e especialmente das relações parentais, vários temores e expectativas. Pode haver a crença no "professor onisciente", a fonte de todo conhecimento e bondade, um padrão visto frequentemente, talvez até exacerbado, pelas organizações de psicoterapia. Por outro lado, o estudante tem a impressão de não saber nada. A supervisão da psicoterapia, pela própria natureza do trabalho e pela intimidade e profundidade da situação de formação, pode ativar especialmente elementos que se encontram em todas as situações de ensino/aprendizado. Os vários debates sobre a maneira como a psicoterapia ajuda, quais são os fatores curativos, que papel a personalidade do terapeuta representa – tudo pode levar a intensas dúvidas no supervisionando acerca de si mesmo e de seu trabalho. Alguém pode ter dificuldade, e até falhar, em compreender a teoria da física ou um texto de literatura sem sentir o sentimento intensivo de dano real ao si-mesmo que pode estar associado ao aprendizado no processo psicoterapêutico. Por outro lado, ao longo do tempo, a intensidade e a privacidade da supervisão da psicoterapia podem atuar como um forte recipiente e minimizar temores que podem ser mais difíceis num grupo mais aberto ou numa situação de sala de aula. Esse medo que alguém tem de ser julgado, ou seja, de avaliarem se ele é "suficientemente bom", pode levar os supervisionandos a serem supersensíveis a comentários críticos, influenciando, assim, seu trabalho com o paciente ou simplesmente deixando de ouvi-lo e até adotando o "saber como fazer de qualquer maneira, sem meu supervisor". Em outras formações profissionais é possível arranjar-se sem demasiada exposição e sendo "tocado" pelo trabalho, mas na psicoterapia não é assim.

O supervisionando pode também sentir grande admiração pelo supervisor, mas essa admiração deve inevitavelmente

Perspectivas junguianas sobre supervisão clínica

estar vinculada a algum grau de inveja. Isso pode levar a um aprendizado positivo através da identificação, mas também a uma idealização e quase a um culto ao herói. A inveja, se for predominante, pode levar a atacar o que é oferecido e a destruir os comentários do supervisor. Alguns estudantes, para evitar debater-se com estas questões, presumem que podem ser simplesmente aquilo que é desejado e experimentam a supervisão como parte do processo pelo qual se deve passar, mas sem compromisso real.

Triângulo 1, 2, 6

Um dos fatores presentes nessa rede é o número e a complexidade das relações triangulares que se formam. Algumas das dinâmicas presentes nesse triângulo particular são exploradas por Mattinson (1975) em "The reflection process". A tese principal disso é que "os processos em andamento na relação entre cliente e supervisionando (trabalhador) (2) se refletem, muitas vezes, na relação entre supervisionando (trabalhador) e supervisor (1)". É necessário observar como as relações (2) e (1) influenciam-se mutuamente e, por sua vez, são influenciadas pela "relação" (6) do supervisor com o paciente. Embora o supervisor provavelmente não queira encontrar-se com o paciente, pode desenvolver-se uma forte relação com o paciente "imaginado".

Uma questão, muitas vezes debatida, é se o paciente deveria saber que seu terapeuta está em formação e tem alguém que o supervisiona. Sem responder a essa questão, é útil examinar a maneira como esse conhecimento pode influenciar o processo de terapia e supervisão. Se o paciente tem, no plano de fundo, algum conhecimento acerca do supervisor, isso pode levar a uma intensa transferência edipiana. Para o paciente, existe no plano de fundo uma figura que tem poder, conhecimento, mas com a qual é proibido o contato. O paciente pode separar os maus sentimentos acerca do supervisor, deixando o terapeuta em boa situação. Por exemplo, a visão de que: "você, meu terapeuta, seria mais útil, carinhoso etc., se não fosse a autoridade no plano de fundo dizendo-me o que fazer". O paciente pode temer que o terapeuta e o supervisor tenham uma relação mais interessante e empolgante do que a sua com o terapeuta e sentir-se excluído. Alternativamente, descobri que, se existe uma relação triangular como essa, alguns pacientes limítrofes podem sentir-se mais "apoiados" por essas duas pessoas e, então, pode ser iniciado um trabalho útil nessa recriação da situação familiar.

Uma relação triangular de natureza muito diferente é 1, 5, 4.

A organização de formação é uma força poderosa e onipresente que influencia a relação entre supervisor e supervisionando. Ambos podem sentir-se julgados de diferentes maneiras com seu trabalho em supervisão, não só com o trabalho do supervisionando sob exame. O supervisionando pode sentir que existe um forte vínculo entre seu supervisor e o corpo de formadores, sendo excluído dele como uma criança é excluída das relações entre adultos. Às vezes podem surgir dificuldades entre o supervisor e o corpo de didatas formadores, em que o supervisionando pode procurar envolver o primeiro em uma relação conspiratória contra o segundo. Os supervisores podem identificar-se excessivamente com seus estudantes e talvez estejamos familiarizados com o supervisor, que superestima tudo o que lhe pertence. Nesta seção que focaliza o supervisionando, a relação 5 é uma relação complexa, que possui uma dinâmica que repercute em todo o resto do sistema. O supervisionando é grato por estar no curso, ele depende deste para o desenvolvimento e reconhecimento pessoal e, possivelmente, empregou dinheiro e certamente tempo e energia no processo. Às vezes essa situação deve ativar alguma irritação e um modo de pensar ou comportamento rebeldes. Um supervisionando pode querer "fazer o que mais lhe agrada", estar livre de restrições, mas precisando permanecer dentro das fronteiras da formação, que podem em outras ocasiões ser experimentadas como solidárias e abrangentes.

Nessa relação estão contidos os elementos rituais de "tornar-se um psicoterapeuta", que contêm uma dimensão que vai além do processo de aprendizado e avaliação. Em cada organização existe um processo pelo qual os estudantes devem passar, elementos que precisam ser completados. Todos eles, embora totalmente racionais e orientados para o trabalho, contêm também elementos de "ritos de passagem" mais primitivos. Algumas dessas questões são identificadas por Meltzer (1988), que considera a psicanálise uma organização social, utilizando a descrição que Bion faz dos grupos de trabalho e dos grupos de assunção básica.

Considerando o sistema a partir do ponto de vista do supervisor, a relação (1) pode ser experimentada de maneira muito diferente da maneira do supervisionando. Um eminente analista freudiano disse que nunca deixou de maravilhar-se com o fato de pacientes e colegas o procurarem para ajuda e conselho, sem perceber até que ponto ele se sentia inadequado e ainda "um garotinho por dentro". Também os supervisores serão, em diferentes momentos de sua vida pessoal e profissional, mais ou menos vulneráveis, em diferentes situações, às pressões e dinâmicas da supervisão. Isso vale especialmente para os novos supervisores que, na relação (4), podem sentir-se expostos, sendo eles próprios avaliados pela organização de formação e talvez até pelo analista da formação do próprio supervisionando, discussões das quais o supervisor é excluído. O supervisor pode ter opiniões variadas sobre os padrões da formação, dependendo se essa está ou não em sua própria organização, e ter vários níveis de compromisso com ela e visões sobre padrões da prática aceitáveis para o supervisionando. A maneira como o supervisor vê os requisitos da agência influenciará a percepção do tipo de trabalho esperado e da competência do estagiário.

Embora o supervisor geralmente, mas nem sempre, não tenha nenhum contato direto com o paciente, desenvolve-se um quadro detalhado. O supervisor trabalha com seu próprio paciente "imaginado".

É um fato inexorável no qual são feitos juízos sobre o trabalho do supervisionando, especialmente nas organizações de formação, mas também em várias agências nas quais se requer que o trabalhador cumpra os padrões de trabalho estabelecidos pela agência. Se existem dificuldades, o supervisor pode continuar esperando que as coisas melhorem e tentando fazer o melhor possível. Pode-se perguntar: "quem fracassa?" É o candidato, que foi incapaz de compreender as questões teóricas e práticas do trabalho psicoterapêutico? É o supervisor, que "não consegue ensinar", que tem um conflito pessoal com o supervisionando? Alternativamente, é de alguma forma o paciente? Pode o paciente ser um bode expiatório enquanto "limítrofe", "difícil" etc., quando as dificuldades devem ser encontradas na relação supervisória, inconfessadas ou difíceis de tratar e projetadas sobre o paciente?

Perspectivas junguianas sobre supervisão clínica

O foco deste ensaio recaiu sobre o ponto de vista do supervisor e do supervisionando. Existem muitas outras influências que poderiam ser exploradas ao estabelecer a estrutura na qual duas pessoas, o supervisor e o supervisionando, se encontram para discutir e tentar compreender o trabalho em andamento com uma terceira pessoa, o paciente. Apesar das dificuldades identificadas, a supervisão geralmente funciona, e as pessoas podem ser ajudadas ao se praticar a psicoterapia nesta infinidade de influências. A coisa mais importante talvez seja a seguinte: enquanto se tenta compreender, na medida do possível, as dinâmicas e suas influências sobre a supervisão, é aconselhável estabelecer limites e visar a alguma definição pessoal que mostre se o supervisor adquiriu conhecimento e habilidade suficientes para empreender o trabalho psicoterapêutico.

Referências

Salzberger-Wittenberg, G., Osborne, E. (1983). *The emotional experience of learning and teaching*. Routledge and Kegan Paul.

Mattinson, J. (1975). *The reflection process in casework supervision*. Institute of Marital Studies, Tavistock Institute of Human Relations.

Meltzer, D., & Harris, W. (1988). *The apprehension of beauty*. Clunie.

19 Supervisão: a profissão impossível

Louis Zinkin

Imagino que, em sua maioria, as pessoas que leem este livro foram, em algum momento ou outro, ou um supervisor ou um supervisionando. Seja qual for o papel que assumimos, sabemos que a supervisão pode ser um prazer, mas, muitas vezes, pode ser um tormento. Quem de nós não experimentou certo aperto no coração quando, após trocar alguns gracejos e esperar em tranquila antecipação, o supervisionando começa a abrir seu caderno de anotações? E quem de nós não lembra uma sensação de desespero quando procuramos um supervisor, olhamos fixamente nossas anotações, aliviados por descobrir que não as deixamos em casa, e começamos a perguntar-nos como é que vamos utilizar esses comentários para explicar o encontro analítico de maneira a satisfazer nosso supervisor? Entrementes, nosso supervisor olha para nós, parecendo talvez muito gentil e encorajador, mas parece, no entanto, estar esperando de nós algo que não temos nenhuma esperança de proporcionar? Todos nós, evidentemente, aprovamos a supervisão e concordamos que provavelmente não existe uma maneira melhor de aprender a profissão, a arte, a ciência da psicoterapia. Mas precisamos, ao mesmo tempo, admitir nossa sensação de tormento.

Reconheçamos que nosso método tradicional de ensino pode ser o melhor método disponível, mas não é realmente adequado. Com efeito, é muito melhor aliviar a situação e admitir que isso é impossível. Esse reconhecimento não deve produzir desespero. Ainda podemos fazer um bom uso da situação. De fato, ela pode deixar de ser um tormento e podemos até divertir-nos perfeitamente quando percebemos isso, embora, por falta de nome melhor, tenhamos desenvolvido nos institutos analíticos algo que denominamos "supervisão". Um parceiro é denominado "supervisor" e o outro recebe um nome ainda pior, "supervisionando". O problema com o termo "supervisionando" é que sugere que o objeto da supervisão é a outra pessoa, em vez do trabalho da terapia. Apesar de utilizar essa linguagem, não chegamos realmente perto daquilo que a supervisão significa em qualquer outro contexto. Por exemplo, não é de forma alguma como uma aula de direção. Essa pode também ser um tormento, mas sabemos que a maneira como dirigimos, seja boa ou ruim, está sendo supervisionada. Eu gostaria, portanto, nesta contribuição final para um livro sobre supervisão, ajudar-nos a entender melhor a impossibilidade de nossa tarefa.

Uma boa maneira de começar consiste em apresentar uma pergunta difícil, em vez de uma pergunta impossível. O que faz de alguém um bom supervisor? Essa é uma pergunta importante para quatro grupos de pessoas: (1) em primeiro lugar, para os comitês de formação que nomeiam os supervisores, (2) para os estagiários que procuram o supervisor certo para abordar, (3) para os analistas aos quais se pede que assumam a responsabilidade de recomendar um supervisor a seus pacientes em formação e (4) para os próprios supervisores.

Todos esses quatro grupos encontram enormes desvantagens que os prejudicam ao *avaliar quem é um bom supervisor*. Para começar, cabe aos Comitês de Formação uma grande responsabilidade, especialmente porque os supervisores do candidato são geralmente nomeados para toda a vida. Ao contrário de praticamente qualquer outra profissão, os supervisores são escolhidos sem nenhuma demonstração convincente de que são capazes de desempenhar sua tarefa. Ninguém forma os supervisores. Os Comitês de Formação são bons para a votação, mas o que os votantes têm para fundamentar sua decisão é lamentavelmente inadequado. Eles chegam a decisões estatísticas que dão resposta de sim ou não, quase da mesma maneira como o estagiário é julgado apto para receber o certificado de terapeuta. Determinar a aptidão de um terapeuta é bastante difícil, mas pelo menos os terapeutas são formados e seu trabalho é examinado minuciosamente ao longo de toda a sua preparação. Essa formação tem critérios relativamente claros que podem ser aplicados ao potencial terapeuta. Isso não ocorre com a nomeação institucional do *status* de supervisor.

O segundo grupo que precisa saber como avaliar um bom supervisor é o grupo de candidatos aos quais se pode pedir que escolham um supervisor. Os candidatos supõem que todos são julgados competentes por um comitê de formação. O que, então, o potencial supervisionando pode procurar? Uma figura famosa com grande reputação terapêutica? Talvez um supervisor que escreveu livros e ensaios? Seria esse analista um bom professor ou até um bom comunicador? Poderia o potencial supervisionando procurar alguém benevolente e solidário que lhe facilite as coisas ou alguém exigente e questionador, que estabelece altos padrões? Essas são apenas algumas das perguntas que o potencial

Perspectivas junguianas sobre supervisão clínica 333

supervisionando enfrenta. Outras questões envolvem a relação do supervisor com o analista pessoal. Deveria o supervisor ser alguém semelhante ao seu analista ou alguém totalmente diferente? Deveria ser permitido aos candidatos à supervisão pesquisar para descobrir o melhor? E têm os supervisores e os supervisionandos a liberdade de recusar-se mutuamente se não se sentem qualificados?

Sejam quais forem as ideias dos potenciais supervisionandos acerca destas questões, eles têm muito pouco para prosseguir. No pior dos casos, os potenciais supervisionandos serão influenciados por fofocas e boatos. No melhor dos casos, frequentarão alguém cujos seminários eles apreciaram.

Podemos descartar facilmente o meu terceiro grupo. Esse grupo é composto pelos analistas pessoais aos quais seus analisandos pedem que sugiram um supervisor. Depois de um angustiante método de tentativa e erro, cheguei à conclusão de que o analisando deveria rejeitar a ideia de pedir que seu analista pessoal recomende um supervisor. Esse pedido pode causar um dano incalculável à análise, não só porque o analista fica comprometido se for envolvido num debate sobre os méritos relativos dos colegas, mas também porque, mesmo no que pode parecer uma posição ideal de parceria, a pessoa toma muitas vezes uma decisão desesperadamente errada.

Mas, evidentemente, as dificuldades dos candidatos não terminam com a escolha de um supervisor. Meu quarto grupo são os próprios supervisores. Quando estou supervisionando, procuro, na medida do possível, ser um bom supervisor. Os principais fatores que me nortearam quando comecei eram os supervisores avaliados durante minha formação. Mas, embora tivesse formação como analista, eu não tinha nenhuma formação para tornar-me um supervisor. Ao refletir sobre a supervisão ao longo dos anos, o que faço especialmente quando encontro dificuldades com um supervisionando, cheguei à conclusão de que, ao fazer a supervisão, estamos realmente tentando fazer o impossível. A dificuldade surge no exato momento em que o que pensamos que aquilo que é necessário é a supervisão – uma super-visão que nos permite ver o paciente real sendo examina-do – e esquecemos que isso não é possível. A dificuldade surge quando pensamos que o papel do supervisor é corrigir aquilo que, com base nas anotações clínicas, parece estar errado na terapia do supervisionando. O problema surge quando esque-cemos que só o terapeuta pode corrigir a situação, porque só o terapeuta sabe o que realmente aconteceu.

Se não podemos supervisionar, o que então podemos fa-zer? Podemos, afinal de contas, ter muita coisa a ensinar. E ao longo do processo aprendemos algo sobre a maneira como determinado supervisionando trabalha. Temos também acesso a algum material do paciente, como um sonho e as associações do paciente. Podemos sugerir interpretações, e eu, pessoalmente, faço questão de expressar as interpretações em palavras exatas. Podemos selecionar um tema que permeia uma sessão. Podemos trazer uma nova perspectiva para o material de caso com uma discussão das questões da transferência, ou um mito, ou uma reconstrução do passado. Podemos observar a interação que ocorre entre os dois participantes, algo sempre difícil para o terapeuta que está envolvido no processo analítico. Podemos ensinar sobre a técnica: por exemplo, como e quando intervir, como utilizar a contratransferência, como formular interpre-tações, como lidar com a mecânica da administração do caso, por exemplo feriados, remunerações, salas de espera, barulho,

Perspectivas junguianas sobre supervisão clínica 335

sessões canceladas etc. Podemos selecionar formas sutis de representar e sugerir maneiras de trabalhar com isso. Podemos apoiar e tranquilizar o candidato que não compreende o que está acontecendo e ajudá-lo a tolerar a incerteza, a ambiguidade e a confusão. Quando surgem problemas, podemos encaminhar o supervisionando para a literatura relevante. E acima de tudo, por nossa conduta geral, atuamos como modelo que o estagiário pode introjetar. A lista de funções valiosas que o supervisor pode desempenhar vai desde o ensino dos "macetes da profissão" até inspirar o supervisionando com a beleza pura do processo analítico.

Por que então digo que a supervisão é uma profissão impossível? A razão é que aquilo que pensamos estar fazendo é supervisão literal. Não podemos realmente supervisionar o trabalho da análise porque, para fazê-lo, precisaríamos comparecer ao consultório real. Se fizermos isso, o processo terapêutico já não seria uma análise. Também nenhum expediente mecânico, como um áudio ou um registro de vídeo ou espelhos unidimensionais, resolveria este problema. *A análise simplesmente não pode ser supervisionada*. Nosso equívoco é pensar que o nosso método presente é literalmente supervisão. Nosso erro consiste em pressupor que o supervisionando, ao qual agora me referirei como o *pretenso supervisionando*, pode escrever repetidamente anotações sobre o que acontece na terapia e relatar estas anotações de caso na supervisão. O equívoco está em pressupor que, ao supervisionar estas anotações, podemos supervisionar a análise. Não estou apontando simplesmente as dificuldades bem conhecidas de recordar com precisão o que foi dito ou a impossibilidade de transmitir ao supervisor a atmosfera presente no consultório, as muitas interações sutis não verbais, os pressentimentos intuitivos e assim por diante. Todos nós admitimos francamente que aquilo que estamos supervisionando é apenas uma aproximação grosseiramente empobrecida da "coisa real". Estou sugerindo, ao invés, que uma análise supervisionada não é uma análise, que é um assunto privado entre duas pessoas, mas algo diferente. O supervisor está, todo o tempo, presente e ao mesmo tempo não presente – o que é impossível.

Recentemente fui abordado por um pretenso supervisionando, que solicitou supervisão sobre um caso privado porque, sendo "apenas um candidato", ele só poderia estar assegurado contra alegações de procedimento condenável se o caso fosse supervisionado. A companhia de seguros estava utilizando o modelo médico em que um médico supervisiona um médico residente num hospital. Mas o médico pode a qualquer momento observar ele próprio esse paciente, pode examinar os registros de raio-X ou as amostras de sangue. O médico tem acesso ao mesmo material que o médico residente tem e pode a qualquer momento assumir o tratamento. Nada disso vale para o supervisor analítico que, na maioria dos casos, nunca examinou o paciente e teria muita relutância em fazê-lo. É como um aprendizado, mas normalmente o aprendiz, digamos um mecânico de carros, ocupa-se com um objeto, um carro, que o mecânico chefe também pode examinar e aperfeiçoar.

Não posso dizer que tenho sempre plena consciência da importância destas diferenças na supervisão, mas de vez em quando me vejo forçado a lembrá-las. Atualmente estou supervisionando, em meu trabalho de hospital, a psicoterapia analítica de uma jovem mulher que eu próprio havia visto para uma avaliação inicial. Quando comecei a ouvir a respeito dela na supervisão, tive uma desconfortável sensação de que essa não era a mesma paciente. Eu podia imaginar a paciente que estava sendo descrita e, à medida que as semanas passavam, a imagem que fiz dela tornou-se cada vez mais viva. Mas minha imagem da mulher na apresentação do caso não era a mesma imagem da paciente que me lembro ter visto. Às vezes, comecei a perguntar-me se eu tivera dela uma percepção errônea. Minha formulação diagnóstica podia ter sido totalmente errada. Afinal de contas, eu a tinha visto apenas uma vez e podia facilmente ter-me enganado. O fato é que consegui estabelecer uma boa conexão com a moça na entrevista de avaliação, mas agora tinha a maior dificuldade de estabelecer uma conexão com sua imagem relatada pelo terapeuta.

Normalmente, ao supervisionar, procuro imaginar o paciente, procuro ouvir o cliente através das palavras e ações a mim relatadas pelo terapeuta. Mas, nesse caso, achei impossível fazê-lo. Gradualmente, porém, descobri que podia imaginar a paciente, mas somente esquecendo que algum dia eu a tinha visto. Deixando de lado a memória original que eu tinha dela, consegui abrir espaço para uma nova imagem dela. Essa não era apenas a imagem de outra mulher que parecia diferente e soava diferente, mas essa imagem requeria um diagnóstico diferente daquele que foi feito originalmente. No entanto, estou convencido de que, se eu a visse novamente, a imagem original que eu tinha dela voltaria.

Essa experiência levou-me a questionar a prática, comum nos institutos analíticos, de ter um assessor avaliando a adequação do caso potencial para candidato. Quando considero o relato da avaliação feito pelo analista de admissão e imagino a apresentação do paciente feita pelo candidato à medida que a análise evolui, às vezes me pergunto se o assessor e o terapeuta encontraram a mesma pessoa. Pode ser que não tenha sido o assessor que "entendeu mal" nem que o terapeuta, que pode ser um iniciante, não tenha entendido o caso, mas que uma pessoa não possa ser considerada fora do contexto do relacionamento com outra pessoa.

Uma experiência semelhante ocorreu quando um supervisionando começou a apresentar gravações de sua sessão. Estive supervisionando a terapeuta por cerca de oito meses. Ela era uma terapeuta dotada e muito capacitada e bastante experiente. Tinha a mais extraordinária memória e podia apresentar-me o que soava como relatos *verbatim* das sessões sem anotações, inclusive o que muitas vezes é omitido – um relato detalhado do que ela disse ao paciente. Apesar de tudo isso, ela e eu nos sentimos paralisados. Também o paciente sentiu que não progredia. Após muita discussão, a terapeuta começou a fazer gravações de áudio. Ouvimos as gravações juntos. Após ouvir o paciente na gravação por alguns minutos, tive a mesma experiência estranha. Esse não era de modo algum o paciente que eu imaginara. Gostei realmente dele e dei-me conta de que anteriormente eu o achara irritante e não sentira empatia por ele. Será que eu havia assimilado inconscientemente a contratransferência negativa da terapeuta? Caso positivo, isso foi inconsciente também da parte dela. Eu poderia dizer que a fala do paciente, se fosse transcrita, seria muito semelhante à que ela me havia relatado anteriormente. Então o que era diferente? Estaria na esfera não verbal, nas *nuances* do tom da voz, nas hesitações, nos silêncios entre as palavras? Rapidamente percebi um som estranho. Perguntei: "O que é essa tosse?" Ela respondeu: "Que tosse?" O que ouvi realmente foi um leve pigarro, que soava bastante alto na gravação. Verificou-se que era um maneirismo nervoso. O paciente o fazia sempre que se referia a alguma ansiedade e estava comunicando especificamente pensamentos e fantasias agressivos. A terapeuta simplesmente nunca o notara e, portanto, não o relatou.

Em uma gravação, o supervisor ouve também o quanto o terapeuta parece diferente do que se havia imaginado, às vezes mais ou menos confiante, mais ou menos empático, mais ou menos confuso, mais ou menos articulado. Toda a interação parece bastante diferente. Não estou defendendo o uso de gravações de áudio. Ao invés, o que quero dizer é o seguinte: mesmo estando fisicamente no mesmo consultório ou entrevistando o mesmo paciente, nunca se pode entrar na posição do médico consultor responsável ou do mecânico chefe com seu aprendiz. Isso é simplesmente impossível.

Seria necessário, portanto, abandonar a ideia da supervisão ou designá-la com outro nome, por exemplo "consulta"? Um problema com a palavra "supervisão" está na metáfora da visão, que o supervisor "vê" a análise. Outro problema está no prefixo "super", a ideia de que o supervisor está olhando para baixo a partir de uma posição superior, como um professor para um aluno. O supervisor está certamente supervisionando algo, mas com certeza não está supervisionando a análise.

Apesar disso, não me parece que, quando se trata de avaliar candidatos a serem aceitos pela instituição que afirma tê-los formado, o melhor princípio orientador seja a experiência de seus supervisores, ao invés da performance do candidato em seminários, de sua capacidade de escrever ensaios ou dissertações, da visão do analista da formação ou da visão do próprio candidato. Embora ninguém possa saber realmente como o candidato trabalha analiticamente, como ele trabalharia se fosse possível estar presente invisivelmente durante as sessões do candidato com o cliente, a pessoa que tem a melhor visão geral é aquela que, ao longo do tempo, ouviu o relato das sessões feito pelo estagiário e as examinou com ele. Por ter recebido a responsabilidade de emitir seu juízo, o supervisor é um supervisor (no sentido de supervisionar o candidato) e não apenas um ajudante afável e amigo, como um colega simpático poderá ser posteriormente na vida profissional.

No entanto, como todos os comitês de formação sabem, os supervisores podem discordar nitidamente a respeito do mesmo candidato e esses desacordos são inevitáveis e insolúveis.

O supervisor que procura ser professor, amigo, pai, mãe, o velho sábio ou a velha sábia, o espelho refletor, advogado de defesa e de acusação, juiz e júri, não só uma mas todas essas coisas, está em uma posição insustentável, uma posição para a qual não existe formação. Bem ou mal, ele, pobre diabo, está exercendo uma profissão impossível.

Pós-escrito

Após completar este capítulo, forneci uma resposta possível ao problema levantado. O que suponho que devamos continuar chamando de "supervisão" é realmente uma fantasia compartilhada. O processo é o resultado do fato de o candidato tentar imaginar o que ele e seu paciente estiveram fazendo juntos e o supervisor tentar também imaginar a mesma coisa. A supervisão funciona melhor se ambos permanecem conscientes de que aquilo que estão imaginando conjuntamente não é verdade. Ambos podem tirar um enorme proveito. Ambos podem desfrutar a experiência e também passar por dificuldades. E existe também ensino e aprendizado a serem encontrados nessa aventura imaginativa conjunta. Evidentemente, eu sabia tudo isso intuitivamente antes de escrever este capítulo; mas, depois de assumir a tarefa de abordar conscientemente o tópico, agora o conheço um pouco melhor.

Bibliografia seleta

Livros

Alonso, A. (1985). *The quiet profession: Supervisors of psychotherapy*. Mcmillan.

Caligor, L., Bromberg, P., & Meltzer, J. (1984). *Clinical perspectives on the supervision of psychoanalysis and psychotherapy*. Plenum Press.

Dewald, P. (1987). *Learning process in psychoanalytic supervision: Complexities and challenges – A case illustration*. International Universities Press.

Fleming, J., & Benedek, T. (1966). *Psychoanalytic supervision*. Grune & Stratton.

Weiss, S. S. (Ed.). (1987). *The teaching and learning of psychoanalysis: Selected papers of Joan Fleming*, M.D. The Guilford Press.

Hess, A. K. (1980). *Psychotherapy supervision: Theory, research and practice*. John Willey & Sons.

Lane, R. (1990). *Psychoanalytic approaches to supervision*. Brunner/Mazel Publishers.

Langs, R. (1979). *The supervisory experience*. Jason Aronson.

Lewin, B. D., & Ross, H. (1960). *Psychoanalytic education in the United States*. Norton.

Meisels, M., & Shapiro, E. (1990). *Tradition and innovation in psychoanalytic education*. Lawrence Erlbaum.

Searles, H.F. (1962). Problems of psychoanalytic supervision. In H. F. Searles. *Collected papers on schizophrenia and related subjects*. International Universities Press.

Wallerstein, R.S. (1981). *Becoming a psychoanalyst: A study of psychoanalytic supervision*. International Universities Press.

Weiss, S. (Ed.). (1987). *The teaching and learning of psychoanalysis*. Guilford.

Artigos

Ackerman, N.W. (1953). Selected problems in supervised analysis. *Psychiatry, 16*, 283-290.

Anderson, A.R., & McLaughlin, F. (1963). Some observations on psychoanalytic supervision. *Psychoanalytic Quarterly, 32*(1), 77-93.

Angel, V. (1990). Discussion. *Psychoanalysis and Psychotherapy, Special Issue: The supervision of the psychoanalytic process, 8*(1), 46-50.

Arkowitz, S. (1990). Perfectionism in the supervisee. *Psychoanalysis and Psychotherapy, Special Issue: The supervision of the psychoanalytic process, 8*(1), 51-68.

Arlow, J.A. (1963). The supervisory situation. *Journal of the American Psychoanalytic Association, 11*, 576-594.

Aronson, M. (1990). A group therapist's perspectives on the use of supervisory groups in the training of psychotherapists. *Psychoanalysis and Psychotherapy, Special Issue: The supervision of the psychoanalytic process, 8*(1), 88-94.

Atwood, J. (1986). Self-awareness in supervision. *Clinical Supervisor, 4*(3), 79-96.

Bagarozzi, D. (1980). Wholistic family therapy and clinical supervision: Systems, behavioral and psychoanalytic perspectives. *Family Therapy, 7*(2), 153-165.

Balint, M. (1948). On the psychoanalytic training system. *International Journal of Psychoanalysis, 29*, 163-173.

Beckett, T. (1969). A candidate's reflections on the supervisory process. *Contemporary Psychoanalysis, 5*(2), 169-179.

Berger, Simon, Gregory, & Finestone. (1990). The supervisor's conference. *Academic Psychiatry, 14*(3), 137-141.

Bernstein, A.E., & Katz, S.C. (1987). When supervisor and therapist dream: The use of an unusual countertransference phenomenon. *Journal of the American Academy of Psychoanalysis, 15*(2), 261-271.

Bibring, E. (1937). Methods and techniques of control analysis: Report of Second Fourth Countries Conference. *International Journal of Psychoanalysis, 18*, 369-372.

Blitzsten, N. L., & Fleming, J. (1953). What is a supervisory analysis? *Bulletin of the Menninger Clinic, 17*, 117-129.

Bloomfiled, O. H. (1985). Psychoanalytic supervision: An overview. *International Review of Psycho-analysis, 12*(4), 401-409.

Bromberg, P. (1981). The supervisory process and parallel process in psychoanalysis. *Contemporary Psychoanalysis, 18,* 92-111.

Bush, G. (1969). Transference, countertransference and identification in supervision. *Contemporary Psychoanalysis, 5*(2), 158-162.

Caligor, L. (1981). Parallel and reciprocal processes in psychoanalytic supervision. *Contemporary Psychoanalysis, 17*(1), 1-27.

Carifio, M. S., & Hess, A. K. (1987). Who is the ideal supervisor? *Professional Psychology, 18*(3), 244-250.

Cohen, L. (1980). Behavioral and analytic supervisees' evaluations of the desirability of certain characteristics in the ideal and typical supervisor. *Dissertation Abstracts International, 41*(4-B), 1496.

Cohn, O. (1992). Analytic candidates' experiences: Internalization and supervisory styles". *Dissertation Abstracts International, 53*(6-B), 3150.

Cole, P. (1989). The impact of an empathic orientation in a psychoanalytically oriented supervisory role on the accuracy and depth of the evaluative process. *Dissertation Abstracts International, 49*(9-B), 3997.

Cook, H. (1990). Countertransference in psychoanalytic supervision. *Psychoanalysis and Psychotherapy, Special Issue: The supervision of the psychoanalytic process, 8*(1), 77-87.

Cooper, A., & Witenberg, E.G. (1983). Stimulation of curiosity in the supervisory process of psychoanalysis. *Contemporary Psychoanalysis, 19*(2), 249-264.

Davidson, L. (1987). Integration and learning in the supervisory process. *American Journal of Psychoanalysis, 47*(4), 331-341.

DeBell, D.E. (1963). A critical digest of the literature on psychoanalytic supervision. *Journal of the American Psychoanalytic Association, 11*(3), 546-575.

Deutsch, H. (1983). On supervised analysis. *Contemporary Psychoanalysis, 19*(1), 67-70.

Deutsch, H. (1983). Control analysis. *Contemporary Psychoanalysis, 19*(1), 59-67.

Dewald, P. (1969). Learning problems in psychoanalytic supervision: Diagnosis and management. *Comprehensive Psychiatry, 10*(2), 107-121.

Doehrman, M. (1976). Parallel processes in supervision and psychotherapy. *Bulletin of the Menninger Clinic, 40*(1), 3-104.

Emch, M. (1955). The social context of supervision. *International Journal of Psychoanalysis, 36*, 298-306.

Epstein, L. (1986). Collusive selective inattention to the negative impact of the supervisory interaction. *Contemporary Psychoanalysis, 22*(3), 389-409.

Felner, A.H. (1986). Discussion: Collusive selective inattention to the negative impact of the supervisory interaction. *Contemporary Psychoanalysis, 22*(3), 389-409.

Feixas, G. (1992). A constructivist approach to supervision: Some preliminary thoughts. *International Journal of Personal Psychology, 5*(2), 183-200.

Fiscalini, J. (1985). On supervisory parataxis and dialogue. *Contemporary Psychoanalysis*, *21*(4), 591-608.

Fleming, J., & Weiss, S. (1978). Assessment of progress in a training analysis. *International Review of Psycho-analysis*, *5*(1), 33-43.

Frayn, D. (1991). Supervising and supervisors: The evolution of a psychotherapy supervisors' group. *American Journal of Psychotherapy*, *45*(1), 31-42.

Frijling-Schreuder, E. C. M., Isaac-Edersheim, E., & Van Der Leeuw, P. J. (1981). The supervisor's evaluation of the candidate. *International Review of Psycho-analysis*, *8*(4), 393-400.

Frijling-Schreuder, E.C.M. (1970). On individual supervision. *International Journal of Psycho-analysis*, *51*, 363-370.

Galler, R. (1990). Thoughts on the impact of psychoanalytic theory. *Psychoanalysis and Psychotherapy, Special Issue: The supervision of the psychoanalytic process*, *8*(1), 37-45.

Gaoni, B. (1974). Supervision from the point of view of the supervisee. *American Journal of Psychotherapy*, *28*(1), 108-114.

Gediman, H., & Wolkenfeld, F. (1980). The parallelism phenomenon in psychoanalysis and supervision: Its reconsideration as a triadic system. *Psychoanalytic Quarterly*, *49*(2), 234-255.

Glenn, Jules (1987). Supervision of child analyses. *Psychoanalytic Study of the Child*, *42*, 575-596.

Grinberg, L. (1970). The problems of supervision in psychoanalytic education. *International Journal of Psycho-Analysis*, *51*(3), 371-383.

Grossman, W. (1992). Comments on the concept of the analytic instrument. *Journal of Clinical Psychoanalysis*, *1*(2), 262-271.

Harris, A. (1985). The rules of the game': Discussion. *Contemporary Psychoanalysis*, *21*(1), 17-26.

Isakower, O. (1992). The analyzing instrument: An illustrative example: A student's account of a period of analysis and supervision: 'The Mona Lisa theme'. *Journal of Clinical Psychoanalysis*, *1*(2), 209-215.

Issacharoff, A. (1982). Countertransference in supervision. *Contemporary Psychoanalysis*, *18*(4), 455-472.

Jackson, J. (1989). Supervision and the problem of grandiosity in novice therapists. *Psychotherapy Patient*, *5*(3-4), 113-124.

Josephs, L. (1990). The concrete attitude and the supervision of beginning psychotherapists. *Psychoanalysis and Psychotherapy, Special Issue: The supervision of the psychoanalytic process*, *8*(1), 11-22.

Kavaler-Adler, S. (1990). "The supervisor as an internal object". *Psychoanalysis and Psychotherapy, Special Issue: The supervision of the psychoanalytic process*, *8*(1), 69-76.

Keiser, S. (1956). Panel report: The technique of supervised analysis. *Journal of the American Psychoanalytic Association*, *4*(3), 539-549.

Lambert, M. J., & Arnold, R.C. (1987). Research and the supervisory process. *Professional Psychology*, *18*(3), 217-224.

Lane, R. (1985). The recalcitrant supervisee: The negative supervisory reaction. *Current Issues in Psychoanalytic Practice*, *2*(2), 65-81.

Langs, R. (1982). Supervisory crises and Dreams from supervisees. *Contemporary Psychoanalysis*, *18*(4), 575- 612.

Langs, R. (1994). Supervision in training institutes. *Contemporary Psychoanalysis*, *30*(1), 75-82.

Langs, R. (1989). Reactions of supervisees (and supervisors) to new levels of psychoanalytic discovery and meaning. *Contemporary Psychoanalysis*, *25*(1), 76-97.

Lawner, P. (1989). Counteridentification, therapeutic impasse and supervisory process. *Contemporary Psychoanalysis*, *25*(4), 592-607.

Leavy, S. (1985). The rules of the game. *Contemporary Psychoanalysis*, *21*(1), 1-17.

Lebovici, S. (1983). Supervision in French psychoanalytic education: Its history and evolution. *Annual of Psychoanalysis*, *11*, 79-89.

Lebovici, S. (1970). Technical remarks on the supervision of psychoanalytic treatment. *International Journal of Psychoanalysis*, *51*(3), 385-392.

Lederman, S. (1982-1983). A contribution to the theory and practice of supervision. *Psychoanalytic Review*, *69*(4), 423-439.

Lesser, R. (1983). Supervision: Illusions, anxieties and questions. *Contemporary Psychoanalysis*, *19*(1).

Levenson, E. A. (1982). Follow the fox: An inquiry into the vicissitudes of psychoanalytic supervision. *Contemporary Psychoanalysis*, *18*(1), 1-15.

London, A. (1989). Unconscious hatred of the analyst and its displacement to a patient and supervisor. *Modern Psychoanalysis*, *14*(2), 197-220.

Lubin, M. (1984-1985). Another source of danger for psychotherapists: The supervisory introject. *International Journal of Psychoanalysis*, *10*, 25-45.

Martin, G., Mayerson, P., Olsen, H., Wiberg, L. (1978). Candidates' evaluation of psychoanalytic supervision. *Journal of the American Psychoanalytic Association*, *26*(2), 407-424.

Mendell, D. (1986). Cross-gender supervision of cross-gender therapy: Female supervisor, male candidate, female patient. *American Journal of Psychoanalysis*, *46*(3), 270-275.

Moulton, R. (1969). Multiple dimensions in supervision. *Contemporary Psychoanalysis*, *5*(2), 146-150.

Newman, C. (1986). Psychoanalytic supervision and the larger truth. *American Journal of Psychoanalysis*, *46*(3), 263-269.

Olivieri-Larsson, R. (1993). Superego conflicts in supervision. *Group Analysis*, *26*(2), 169-176.

Paidoussi, R. (1969). Varied experiences in supervision. *Contemporary Psychoanalysis*, *5*(2), 163-168.

Pedder, J. (1986). Reflections on the theory and practice of supervision. *Psychoanalytic Psychotherapy*, *2*(1), 1-12.

Rilton, A. (1988). Some thoughts on supervision. *Scandinavian Psychoanalytic Review*, *11*(2), 106-116.

Rozaen, P. (1983). Introduction to H. Deutsch's 'On supervised analysis'. *Contemporary Psychoanalysis*, *19*(1), 53-59.

Robiner, W., & Schofield, W. (1990). References on supervision in clinical and counseling psychology. *Professional Psychology*, *21*(4), 297-312.

Salvendy, J. (1993). Control and power in supervision. *International Journal of Group Psychotherapy*, *43*(3), 363-376.

Schlierf, C. (1982). A critical remark on supervisory technique. *Psychosomatic Medicine*, *2*(2), 48.

Schneider, S. (1992). Transference, countertransference, projective identification and role responsiveness in the supervisory process. *Clinical Supervisor*, *10*(2), 71-84.

Searles, H.F. (1955). The transformational value of the supervisor's emotional experiences. *Psychiatry*,*18*(2), 135-146.

Shechter, R. (1990). Becoming a supervisor: A phase in professional development. *Psychoanalysis and Psychotherapy, Special Issue: The supervision of the psychoanalytic process*, *8*(1), 23-28.

Sloane, P. (1957). Panel Report: The technique of supervised analysis. *Journal of the American Psychoanalytic Association*, *5*, 539-547.

Solnit, A. J. (1970). Learning from psychoanalytic supervision. *International Journal of Psychoanalysis*, *51*(3), 359-362.

Spotnitz, H. (1976). Trends in modern psychoanalytic supervision. *Modern Psychoanalysis*, *1*(2), 201-217.

Spotnitz, H. (1982). Supervision of psychoanalysts treating borderline patients. *Modern Psychoanalysis*, *7*(2), 185-213.

Springman, Rafael R. (1986). Countertransference: Clarifications in supervision. *Contemporary Psychoanalysis*, *22*(2), 253-277.

Szecsody, Kachele, & Dreyer (1993). Supervision: An intricate tool for psychoanalytic training. *Zeitschrift für Psychoanalytische Theorie und Praxis*, *8*(1), 52-70.

Szecsody, I. (1990). Supervision: A didactic or mutative situation. *Psychoanalytic Psychotherapy*, *4*(3), 245-261.

Teitelbaum, S. (1990). The impact of psychoanalytic supervision on the development of professional identity: introduction. *Psychoanalysis and Psychotherapy, Special Issue: The supervision of the psychoanalytic process*, *8*(1), 3-4.

Teitelbaum, S. (1990). Aspects of the contract in psychotherapy supervision. *Psychoanalysis and Psychotherapy, Special Issue: The supervision of the psychoanalytic process*, *8*(1), 95-98.

Teitelbaum, S. (1990). Supertransference: The role of the supervisor's blind spots. *Psychoanalytic Psychology*, *7*(2), 243-258.

Treese, G. (1990). The phenomenon of shame in supervision and its role in the development of professional identity in psychologists. *Dissertation Abstracts International*, *51*(1-B), 445.

Weiss, S., & Fleming, J. (1975). Evaluation of progress in supervision. *Psychoanalytic Quarterly*, *44*(2), 191-205.

Widlocher, D. (1983). The supervisee and the supervisor: Interpretations and interventions. *Annual of Psychoanalysis*, *11*, 91-98.

Windholz, E. (1970). The theory of supervision in psychoanalytic education. *International Journal of Psychoanalysis*, *51*(3), 393-406.

Wolstein, B. (1972). Supervision as experience. *Contemporary Psychoanalysis*, *8*(2), 165-172.

Wolstein, B. (1984) A proposal to enlarge the individual model of psychoanalytic supervision. *Contemporary Psychoanalysis*, *20*(1), 131-155.

Yerushalmi, H. (1992). Psychoanalytic supervision and the need to be alone. *Psychotherapy*, *29*(2), 262-268.

Zaphiropoulos, M.L. (1983). An appraisal of H. Deutsch's 'on supervised analysis'. *Contemporary Psychoanalysis*, *19*(1), 67-70.

Índice

A

Abandono 46, 141, 218
Abordagem junguiana 25-27, 79
Acontecimentos psíquicos 162
Aculturação 33, 253, 256, 263
Administração 25-27, 51, 55-57, 71, 116-117, 193, 232, 334
Adolescente 194, 199, 216, 259
Afeto 100-101, 107, 234, 239
África 13
Agonias 28, 145, 151
Agressão 27, 95, 107
Agressor 86
Água 209
AIPA 41-42, 268
Alma 213-215, 241, 265, 317
Alquimia 13, 70, 140
Alterego 125, 135
Amadurecimento 105
Amante 82
Amargura 308
Ambiguidade 213-215
Ambivalente 58-59

Amizade 83, 125
Amor 27, 84, 107, 125, 160
Amplificação 106, 225, 243, 247
Análise de controle 169, 243
Análise junguiana 228, 297
Análise pessoal 21, 24, 28, 37, 40-44, 97, 105, 109, 116-117, 134, 137-140
Analista de controle 40-44, 130, 134-142, 213, 216-218
Analista freudiano 327
Analista supervisor 14, 22-23, 33, 115-116, 253-256, 262-263, 265-266, 314-316
Analistas junguianos 46, 160, 270
Anciãos 256
Anima 139, 224, 233
Animus 224, 233
Anotações 26, 36-40, 89, 134, 199, 306, 330, 334-335
Ansiedade 27, 54, 69, 80, 96, 131-133, 145-146, 151, 158-159, 179-180,

185-187, 199-202, 209-210, 215, 237, 258, 263, 277, 339

Ansiedade de castração 209-210

Aplicação clínica 311

Apolíneo 79

Aposentadoria 15, 256, 290

Aprendizado 83, 118-120, 128, 265, 266, 273, 315, 336

Aqui e agora 171

Argélia 38

Arquétipo da iniciação 31, 218

Arquétipo do *trickster* 140

Arquétipos 217-218

Assimilação 261

Assistência 32, 243-244

Assisto 244

Associação psiquiátrica 10

Associações 233, 246, 320, 344

Astor, James 9, 18, 34, 44, 295

Atena 81

Atitude analítica 30, 80, 299

Atitude junguiana 100

Atitudes 56, 79, 94, 98, 164, 181, 225, 272, 296, 317

Atmosfera 23, 28, 80, 147-150, 156, 164, 205, 236-239, 335

Atwood, G. 80, 104

Autodirigido 267, 274

Autoestima 86, 98, 128, 136

Autoexame 262

Autoridade 81-83, 96, 113, 183, 244, 254, 260, 287-289, 314, 326

Axiomático 90

B

Balint 97, 345

Bateson 140-141

Baynes, Goodwin H. 38, 241

Beebe, John 9, 47, 134, 140, 142

Beleza 295, 311, 335

Benedek, Therese 37, 47, 343

Bibring 97, 345

Biologia 283

Bion, W.R. 151, 300-302, 311-313, 318

Blobbs, Peter 38

Bode expiatório 151, 170, 328

Bostrom-Wong, Susan 45, 47

Bowditch, Fanny 37

Bromberg 271, 346

Brookes, Crittenden 9-10, 29, 162

Budapest 97

Burton 82, 104

C

Cama 220

Campo analítico 14, 138, 274, 276

Campo interativo 26, 105-111

Caos 249

Capacitar 133

Carr, Jean 10, 18, 34, 152, 321

Carreira 78, 134, 278, 310

Caso clínico 28, 130, 163, 173, 254, 255

Castigos 140

Cego 125

Científicos 11

Círculo 152-153

Cirurgião 243

Cliente 41, 111-112, 165, 169, 174, 186, 190, 257, 266, 325, 337, 340

Clínica 146, 199, 210, 230, 321, 345

Codependência 28

Coesão 259

Colega júnior 25, 44, 56, 131, 304, 309

Coletivo 151, 163, 167-174, 178, 296

Colóquio de Casos 24, 28, 169

Compensação 170, 224, 291

Compensar 172, 259, 268, 289, 291

Compensatório 207

Competição 170, 206, 312

Complexo 23, 34, 100, 109

Complexo materno 119

Complexo materno negativo 119

Complexo paterno 96, 106

Comportamento impulsivo 28, 159, 179, 221

Compreensão simbólica 14, 113, 229

Comunicação 28, 74, 107, 117, 140, 150-151, 160, 227, 235, 242-243

Comunicação inconsciente 28, 150-151, 160

Condescendência 90, 288

Conexão 337

Confiança 157, 186, 189, 206, 234, 245, 254

Confiar 68, 80, 84, 113, 137, 186, 202, 205-206, 226, 308

Confissão 149, 298, 318

Consciência coletiva 163, 173

Consciência do eu 151, 218

Conscientização 275

Constelação 78, 99, 171, 239

Conteúdo arquetípico 39, 222

Contexto analítico 245

Contínuo 29, 162, 166-167, 169, 172-173

Contratransferência 66, 74, 116, 298

Contratransferência sintônica 66, 74, 116, 298

Controle 9, 36, 40-44, 51, 55-57, 60-61, 64, 73, 120, 135-137, 139, 154, 214-215

Coração 330

Corbett, Lionel 10, 26, 77, 123

Cornualha 38

Crescimento 83, 96, 157, 178, 218, 230, 234, 239

Criação 286

Crianças 86-87, 208-209, 288

Criatividade 96, 99, 188, 192, 301

Critérios 30-32, 200, 204, 213, 230, 249-267, 332

Cuidado 206, 235, 272

Culpa 206, 221

Culpar 87, 95

Cultura 105, 150, 153, 167, 171, 173, 216, 223, 265

D

Decepção 83, 84, 259

Defensivo 56, 86, 98-100, 111, 187, 238, 240, 305

Defesas 72-73, 151, 231

Dependência 221, 238

Depreciação 27, 107

Desamparo 139

Desilusão 99, 147

Desintegração 94, 240

Desmoralização 135-136

Destino 135

Destrutivo 80, 97, 120, 141, 148, 157-159, 283, 290, 304

Deus 15, 140, 318

Diabo 285, 340

Diádico 274

Diálogo 109, 110, 117, 200, 284

Dilema 140-141

Diluição 25, 54-55

Dinâmica arquetípica 272, 277

Dinheiro 122, 327

Diploma 12-13, 40, 45, 254, 257, 261-262, 301

Discípulos 87, 124

Disfuncional 151, 156, 158

Divisão 28, 67, 78, 83, 96, 116-117, 120, 149, 262

Dreifuss, G. 10, 18, 30, 48, 203

E

Educação 14, 17, 21, 33, 45, 87, 123, 254, 264, 269, 281

Einstellung 225

Elliot, T.S. 99

Emch, Minna 56

Emoção 70, 110, 253, 265

Empatia 23, 30, 108, 127, 204-207, 226, 239, 307

Encenação 150-151

Entonação 110

Entrega 217

Perspectivas junguianas sobre supervisão clínica

Entrevista 72, 132, 209, 211, 213, 255, 257, 267, 297

Envelhecimento 32-33, 283-284, 289-290

Eros 119

Escola 10, 11, 37, 89, 105-106, 124, 172, 203, 259, 287, 297

Escola freudiana 37

Espectro 100, 131

Espelhamento 84

Espiritual 22, 85, 183, 264

Esquizoide 156, 311

Estado de ânimo 27, 134

Estágios 90, 121, 132, 254, 305, 313

Estatutos 41

Estilos 23, 27, 130-131, 175, 208, 275

Estímulo 115, 217

Estrutura 23, 25, 26, 54, 64, 70, 85, 88, 103, 107, 146, 165, 167-168, 183, 208, 211, 227, 265, 279-281, 288-289, 300, 312

Ético 31, 115, 219-220, 255

Etnologia 228

Evangelho 128

Evangelho de Tomé 128

Expectativas 27, 113, 115, 137, 166, 185, 254

Experiência analítica 139, 141, 188

Experiência clínica 26, 51, 261, 303, 313

Experiência psicológica 166, 258

Êxtase 148

Extremos 201

Extrovertido 29, 284

F

Facilitar 133, 148, 168, 211, 272

Fantasia 22-23, 35, 80, 110, 113, 147, 149, 229, 339

Fantasia inconsciente 95

Farber 237, 241

Fases 17, 25, 32, 113, 163, 251, 254

Fé 34, 65, 135, 138, 295, 298

Feriados 334

Ferida 28, 123, 136, 138-139, 224-225

Ferida narcísica 123

Figuras parentais 67

Filho 122, 206, 285

Filosofia 83, 103

Fleming 37, 47, 279, 280

Força do eu 233

Fordham 9-11, 17, 25, 30, 42, 44, 51, 53, 65-74, 108, 208, 231, 298, 302-304, 311-312, 319

Formas arquetípicas 58, 67

Formular 146, 334

Fragmentado 94, 297

Franz, M.L. von 17

Fraqueza 74, 84, 87, 97, 124, 235, 246, 250, 283

Freudiano 82

Freudianos 42

Fronteiras 74, 125, 127, 179, 259, 327

Frustração 90, 95, 226

Fundamento 53, 194, 227, 274

G

Goethe, J. W. von 207, 292

Graal 217, 309-310, 315, 317, 318

Gratificação 95, 114, 119-121,128

Gravações 109, 192, 227, 338-339

Greenberg 119, 129

Grupo de trabalho 47, 148, 151, 297, 301-302, 305

Guerra 38

Guggenbühl-Craig, Adolf 17, 283, 292

H

Hannah, Barbara 39, 47

Harding, Ester 38, 47

Henderson, Joseph 11, 18, 31, 48, 213, 216, 222

Herói 123, 325

Hetaira 220

Hierarquia 29, 81

Hieros gamos 224-225

Hillman, James 43-44, 47, 70, 76, 139, 142

História 25, 105, 170, 228, 295, 310

Histórico 25, 36, 171, 228, 313

Homogêneos 77

Hospital 9-10, 14-15, 71, 203, 322, 336

Hubback, Judith 11, 18, 27, 130

Humbert, Elie 11, 18, 31, 126, 223, 235

Humilhação 239

I

Idealização 28, 123, 136, 170, 325

Ideologia 259

Imagem arquetípica 140, 273

Imagem de estudante 258-259

Imagens 23, 84, 92, 101, 246

imaginação 23, 30, 39, 238, 298

Impossível 18, 34, 142, 221, 305, 308, 330-331

Inadequação 68, 261

Incesto 31, 182, 221

Inconsciência 107

Independência 314

Individuação 11, 98, 100, 105, 202, 218, 255

Individualidade 110, 112, 131, 241, 261-262

Infância 13, 90

Infantil 74, 79, 84, 298, 306

Infantilização 79

Inferioridade 245, 263

Inflação 159, 218, 225, 261, 263

Inglaterra 10, 13, 37, 38

Inglês 12, 39

Ingram 126, 128

Iniciação 224, 31, 136, 139, 215-216, 218, 272-273, 302, 309, 313

Iniciador 58, 65

Insegurança 43, 111, 207, 258-259

Instinto 96, 108

Instintual 119, 121, 226

Instituições 25, 33, 167, 247, 269, 290, 296-300

Integração 27, 55, 66, 70, 94, 225, 240, 261, 268, 275

Intencionalidade 135, 138

Internalização 83, 192

Internalizar 184

Interno 18, 34, 44, 47, 147, 148, 156, 162, 169, 219, 262, 316

Interpessoal 25-26, 77, 128, 268, 276

Interpsíquicos 253, 256, 263

Intervenção 44, 113, 133, 137, 150, 163, 227, 229, 248

Introversão 292

Intuição 150, 204-205

Intuitivo 23, 36, 183, 201, 243, 336, 341

Inveja 28, 78, 151, 155, 187, 325

Irritação 158, 177, 178, 327

Isolamento 117

Israel 10, 203

Ítaca 81

J

Jacoby, Mario 12, 18-19, 26, 31, 48, 105, 226

Jesus 128

Jornada 65, 138

Juízo 286, 315, 328, 340

Julgamento 28, 29, 73, 99, 118-119, 123, 146, 149, 154, 167-169, 173, 213, 223, 262, 309

Jung, C.G. 9-15, 37-40, 42-44, 48, 69, 76, 82, 100, 105-106,

113, 128, 140-142, 151, 172, 213, 221, 224-226, 228-230, 240, 246, 269-270, 297-299, 311-313, 318

K

Kalsched, Donald 12, 28
Kernberg, O. 174
Klein, M. 77, 93, 298, 311, 319
Kleinianos 77, 92
Koan 95
Kohut, H. 13, 93, 113, 119, 123, 234, 241
Kohutianos 77, 92
Kugler, Paul 12, 18, 123, 129, 253

L

Langsianos 78
Legado 134
Lesão 84, 86
Levantamento 267
Levenson 159, 174, 351
Liberdade 106, 279
Libido 221
Linguagem corporal 107, 110
Long, Constance 38

M

Maduro 96, 206, 222
Manipulações 122, 304

Manipuladoras 61, 304
Marido 14
Material clínico 29, 162-163, 168, 171-173, 216
Maternagem 192-193
Mattinson 325
Mattoon, Mary Ann 13, 25, 36, 282
McGuire, William 38-39, 48
Mead, Margaret 287, 292
Mecanismos 99, 214
Médico clínico 132, 139, 183
Medo 99, 120-121, 201-202, 207, 324
Meltzer, D. 271, 301, 311, 315-316, 319
Membros 38, 41, 55, 73, 121, 135, 158
Mentor 26, 81-85, 103-104, 259
Mentorando 81
Mercúrio 140, 225
Messias 301
Mestre-de-iniciação 31, 218
Metáfora 296, 300, 339
Metapsicologia 119
Método analítico 298
Milagre 241
Miller, A. 17
Minnesota 13, 42, 45-46
Mistérios 149, 301
Mitchell 119, 129

Mitologia 51, 81

Mitos 216, 265

Modelo arquetípico 102

Modo de pensar 30, 45, 52, 65, 114, 204, 240, 269, 273, 311, 327

Moore, Norah 13, 18, 26, 44, 65

Morrer 291

Morte 206

Motivadores 94

Mutualidade 87, 109, 171, 184, 187

Mútuo 82, 187, 193, 221-222, 225, 227, 291, 325, 333

N

Narcisista 12, 31, 79, 84, 86, 87, 96, 114, 202, 209

Natureza 30, 43, 61, 68, 79, 89, 101, 108, 123, 173, 206, 209, 214, 223, 265, 308, 310, 326

Neumann, E. 215, 222

Neurose 60, 63, 141, 228, 286, 303-304, 305

Neuróticos 60, 122, 248, 297

Newton, Kathleen 42, 48, 302, 320

Numinosidade 100

O

Objetivo 30, 34, 90, 111, 115, 204, 243, 289, 316

Ódio 232

Onipotência 191, 207, 307

Onisciente 87, 98, 324

Opostos 201, 312

Ortodoxia 103

Ouro 285

Oxford 319

P

Padrões 31, 68, 72, 182, 209, 212, 220, 247, 259, 267, 291, 303, 317, 328, 332

Pai 81-82, 86-87, 206, 288, 307, 340

Pai/mãe 82, 89, 95, 122, 155

Pai/mãe-criança 80, 83-84, 123

Pânico 140-141

Par 31, 46, 218, 239, 271, 280, 287-290, 292

Par supervisor-supervisionando 234

Paranoide 118, 151, 156

Parentalidade 79

Participação ativa 255

Participation mystique 204

Paterson 81, 104

Patologia 31, 71, 78, 127, 224

Pedagógico 23, 79, 100

Pênis 211

Pensamentos 22, 29, 172, 175-176, 182, 189, 203, 259, 296, 299, 311

Perda 90, 124, 127, 310

Permissão 17-18, 231

Persecutórios 80, 117, 130, 303

Persona 32, 90, 224, 239, 248

Plaut, Alfred 13, 18, 30, 41-42, 44, 48, 55, 64, 181, 195, 199, 302

Poder 42, 91, 95, 112, 118-120, 172-173, 184, 201, 214, 217, 326

Político 87, 103

Posse 224

Prática analítica 33, 38, 51, 63, 67, 212, 214, 253, 256, 265-266, 268, 274, 281

Prática clínica 35, 148, 256

Preconceitos 160, 176, 291

Preguiça 98

Pressão 34, 44, 56, 155, 160, 254, 295, 304-305, 308

Pressupostos 23, 31, 46, 58, 86, 93, 273

Pretendentes 223, 257, 261

Princípios 90, 164, 302

Processo analítico 22, 29-30, 34, 130, 135-139, 162-163, 165-166, 173, 180, 209, 265, 268, 276, 334-335

Processo de individuação 105, 218

Processo paralelo 148, 277

Processo terapêutico 96, 162, 172, 180, 243, 335

Programas de formação 21, 31, 33, 152, 156, 267, 273, 279, 281

Projeção inconsciente 74, 80, 123, 127

Projetor 74, 124-127

Protestante 295

Proximidade 115, 118, 125-128

Pseudoanálise 45

Psicologia clínica 45-46

Psicologia junguiana 21, 25, 77, 207

Psicólogos analíticos 116, 290

Psicopatologia 71, 228, 313

Psicoterapia analítica 105, 111, 182, 188, 336

Psicótico 308, 316

Psique 29, 33, 45, 70, 100-101, 132, 140, 141, 150, 162-163, 169, 172, 206, 219, 229, 235, 262, 265, 281

Psiquiatria 9-10, 13-14, 22, 203

Pulsões 27, 119, 121

R

Racker, H. 65, 76

Raiva 89, 94, 123, 125, 140-141

Reação pós-traumática 139

Realidade psíquica 169, 234, 236, 238, 240, 254

Recipiente 124, 128, 164, 179, 183, 186, 188, 258, 274, 324

Reggiori, Joan 14, 18, 29, 175, 189

Regressão 116-117

Regressivo 90, 152, 310, 314

Reificação 261

Rejeição 52, 73, 221-262

Relação analítica 179, 190-191, 222, 224

Relação psicológica 259

Relação terapêutica 85, 102, 207

Relações objetais 27, 119, 121-122, 222, 233, 312-313

Religião 14, 228, 296

Resistência 59, 85-86, 132, 137-138, 166-167, 209, 240

Resistências 137, 138, 214, 219, 240

Ressentimento 90, 124

Retiro 270

Ritualizados 34, 323

Rival 191, 254

Rivalidade 28, 63, 68, 151, 187, 254, 304

Rússia 205

S

Sabedoria 81, 84, 201

Sadismo 232

Samuels, Andrew 17

Sangue 336

Santo 122

Sapiencial 81

Searles 231-232, 344, 352

Secundante 244-245

Sedução 13, 210

Segurança 259, 290

Seleção 88-89, 157, 182, 277-278, 291, 309

Self-object 84, 86, 89, 95, 98, 101, 124, 135-136, 259

Seminário de casos 145, 147, 149, 151

Sensação 23, 30, 111, 204, 214, 244

Separação 43, 65, 97, 184, 220, 258

Serviços sociais 10, 322

Sexualidade 94, 313

Shafer 278, 282

Simbólico 214-215, 221, 230

Si-mesmo 26-27, 73, 87-88, 93-95, 99-102, 123, 126-128, 136, 141, 151, 233, 237, 258, 314, 324

Simpósio 42-44, 199, 241, 280, 302

Sincronicidade 100, 174

Sizígia 258-259

Sombra 23, 28, 34, 78, 148, 151, 159, 177, 204-205, 212, 217, 228-229, 234, 258, 298, 323

Sonhos 31, 36, 39, 73, 88-89, 95, 100, 106-107, 110, 146, 150, 171, 206, 222, 225-229, 232, 245, 261

SPA 41-42

Speicher, Marga 14, 17, 33, 45, 48, 264, 267, 282

Stevens, Anthony 216, 223

Stolorow 80, 104

Sugestões 25, 51, 113, 131, 230, 231, 264

Suicídios 286

Sullivan 237

Superego 220, 243, 351

Superenvelhecimento 283, 291

Supervisor-mentor 83

T

Tavistock 195, 222, 242, 318, 329

Telêmaco 81

Telos 135

Temperamento 79, 101

Terapia de grupo 149, 176

Teste de Associação 38, 227

Thanatos 119

Thompson 46

Tipologia 23, 30, 36, 204

Tolerância 166, 229, 262, 308

Totalidade 151, 168

Trabalho social 22, 46

Trabalho terapêutico 101, 170, 307

Traços de personalidade 111

Traição 139

Transferência analítica 25, 134

Transferência arquetípica 60

Transferência gemelar 125

Transferência idealizada 25

Transferência idealizadora 123-124

Transferência infantil 84

Transferência narcísica 123

Transferência negativa 68, 89, 191, 231-232

Transferências 34, 122, 124, 130, 167, 260, 304, 322

Transformação 217

Transição 33, 82, 217, 253-254, 256-257, 268, 270, 272

Trauma 12, 78, 86-87, 90, 136, 138-139, 277

Traumáticos 78

Triangulação 156

Triangular 63, 151, 156-157, 304, 325-326

Trickster 140, 142

Túnis 38

Perspectivas junguianas sobre supervisão clínica

U

Ulanov, Ann 14, 18, 32, 48, 230, 233, 242

Ulisses 81

União 220

V

Velho Sábio 119, 283-284, 291, 309, 340

Verbatim 226, 338

Vergonha 80, 90, 284, 286, 292

Vicissitudes 174, 351

Vida familiar 299

Videoteipes 109, 227, 270, 278

Vítima 140-141

Vocação 136, 211, 215, 217, 256, 261

Voz 27, 107, 110, 151, 189, 226-227, 260, 317, 338

Vulnerabilidade 96, 135, 138-139, 141, 263

W

W.A. White Institute 159

Wakefield 15, 17, 27, 115

Wilke 15, 18, 32-33, 48, 242, 283

Williams 314, 319-320

Wilmer 15, 129

Winnicott 113, 137, 149, 232, 235, 237, 242

Wolff 18, 38, 82

Workshop 265, 267, 269, 280

Z

Zen 23, 95

Zinkin 15-16, 18, 34-35, 160-161, 309, 320

Zurique 10, 12-13, 15, 25, 36-43, 45, 215, 227, 281

Indice dos autores

Astor, James 295
Beebe, John 134
Brookes, Crittenden E. 162
Carr, Jean 321
Corbett, Lionel 77
Dreifuss, Gustav 203
Fordham, Michael 51, 208
Henderson, J.L. 213
Hubback, Judith 130
Humbert, Elie 223
Jacoby, Mario 105, 226

Kalsched, Donald 145
Kugler, Paul 253
Mattoon, Mary Ann 36
Moore, Norah 65
Plaut, Alfred 199
Reggiori, Joan 175
Speicher, Marga 264
Ulanov, A.B. 167
Wakefield, Joseph 115
Wilke, H.-J. 242
Zinkin, Louis 330

Coleção Reflexões Junguianas
Assessoria: Dr. Walter Boechat

- *Puer-senex – Dinâmicas relacionais*
Dulcinéa da Mata Ribeiro Monteiro (org.)
- *A mitopoese da psique – Mito e individuação*
Walter Boechat
- *Paranoia*
James Hillman
- *Suicídio e alma*
James Hillman
- *Corpo e individuação*
Elisabeth Zimmermann (org.)
- *O irmão: psicologia do arquétipo fraterno*
Gustavo Barcellos
- *Viver a vida não vivida*
Robert A. Johnson e Jerry M. Ruhl
- *Sonhos – A linguagem enigmática do inconsciente*
Verena Kast
- *O encontro analítico*
Mario Jacoby
- *O amor nos contos de fadas*
Verena Kast
- *Psicologia alquímica*
James Hillman
- *A criança divina*
C.G. Jung e Karl Kerényi
- *Sonhos – Um estudo dos sonhos de Jung*
Marie-Louise von Franz
- O livro grego de Jó
Antonio Aranha
- *Ártemis e Hipólito*
Rafael López-Pedraza
- *Psique e imagem*
Gustavo Barcellos
- *Sincronicidade*
Joseph Cambray
- *A psicologia de C.G. Jung*
Jolande Jacobi
- *O sonho e o mundo das trevas*
James Hillman
- *Quando a alma fala através do corpo*
Hans Morschitzky e Sigrid Sator
- *A dinâmica dos símbolos*
Verena Kast
- *O asno de ouro*
Marie-Louise von Franz

- *O corpo sutil de eco*
Patricia Berry
- *A alma brasileira*
Walter Boechat (org.)
- *A alma precisa de tempo*
Verena Kast
- *Complexo, arquétipo e símbolo*
Jolande Jacobi
- *O animal como símbolo nos sonhos, mitos e contos de fadas*
Helen I. Bachmann
- *Uma investigação sobre a imagem*
James Hillman
- *Desvelando a alma brasileira*
Humbertho Oliveira (org.)
- *Jung e os desafios contemporâneos*
Joyce Werres
- *Morte e renascimento da ancestralidade da alma brasileira*
Humbertho Oliveira (org.)
- *O homem que lutou com Deus*
John A. Sanford
- *O insaciável espírito da época*
Humbertho Oliveira, Roque Tadeu Gui e Rubens Bragarnich (org.)
- *A vida lógica da alma*
Wolfgang Giegerich
- *Filhas de pai, filhos de mãe*
Verena Kast
- *Abandonar o papel de vítima*
Verena Kast
- *Psique e família*
Editado por Laura S. Dodson e Terrill L. Gibson
- *Dois casos da prática clínica de Jung*
Vicente L. de Moura
- *Arquétipo do Apocalipse*
Edward F. Edinger
- *Perspectivas junguianas sobre supervisão clínica*
Paul Kugler

Conecte-se conosco:

- **f** facebook.com/editoravozes
- **@editoravozes**
- **@editora_vozes**
- youtube.com/editoravozes
- +55 24 2233-9033

www.vozes.com.br

Conheça nossas lojas:

www.livrariavozes.com.br

Belo Horizonte – Brasília – Campinas – Cuiabá – Curitiba
Fortaleza – Juiz de Fora – Petrópolis – Recife – São Paulo

EDITORA VOZES LTDA.
Rua Frei Luís, 100 – Centro – Cep 25689-900 – Petrópolis, RJ
Tel.: (24) 2233-9000 – E-mail: vendas@vozes.com.br